조선의 숨겨진
왕가 이야기

조선의 숨겨진 왕가 이야기

역사도 몰랐던 조선 왕실 가족사

이순자 글·사진

王家

평단

나는 초·중·고등학교를 서울 사대문 안에서 다녔고, 대학교도 사대문 밖 청파동에서 다녔다. 지금은 서울을 벗어나 수도권에 살고 있지만 평생을 거의 서울 사대문 근처에서 살았다. 그러다 보니 내 추억거리는 모두 서울 안에 있다. 그래서 가끔씩 추억을 찾아 서울의 거리를 헤매기도 한다.

나이가 들어 역사 공부를 시작하고 우연한 기회에 서울의 문화재를 해설하기 시작하면서 서울에 대해 좀 더 관심을 갖게 되었다. 종로의 이 거리 저 거리, 중구의 이 골목 저 골목을 다니며 역사의 자취를 찾아다녔다. 그러던 중 특별히 '궁'이라는 이름의 문화재에 관심을 갖게 되었다.

궁궐은 답사도 많이 하고 사람들에게 안내도 했지만, 나에게 궁은 생소했다. 궁이 뭘까 하는 호기심에 조사를 하다 보니 왕실 가족들이 사는 집임을 알게 되었다. 그래서 궁들에 대한 자료를 모아 지도 한 장 들고 하루 종일 이곳저곳을 찾아 헤매었다. 하지만 어렵사리 찾아간 곳엔 달랑 표지석 하나만 서 있거나 길 이름 표시만 있어 실망도 많이 했다. 이때 만난 많은 분과 나눈 대화와 찾아낸 자료를 통해 알려지지 않은 궁의 역사와 사연을 알게 되었다.

한양이 조선의 수도가 되면서 왕, 왕족, 사대부, 관료, 백성 들이 개성에서 대이동을 해왔다. 왕이 거처할 궁궐이 세워지고 왕족과 관리들은 직급에 따라 땅을 하사받아 집을 마련했다. 이후 왕실의 가족들이 거처하는 곳에 궁이라는 이름을 붙였다.

그리하여 조선 시대 한양에는 많은 이름의 궁들이 있었고, 그 이름으로 지명이 생겨나기도 했다. 궁의 규모는 국가에서 정했으나, 시대에 따라 규모가 늘어났고 조선 후기로 접어들면서 그 수가 많아졌다.

우리에게 궁은 잘 알려지지 않았지만, 궁을 알면 조선의 역사와 조선 왕실의 가족사가 보인다. 어느 왕이 언제 어디에서 태어났고 혼인을 했으며 어디에서 일가를 이루었는지, 자식을 낳고 살다가 어떻게 왕이 되었는지, 부모나 자식이 죽은 후 그들을 어떻게 모셨는지를 시간적·공간적으로 들여다볼 수 있는 곳이 궁이다.

그러나 대부분의 궁은 사라지고 그 터만 남았는데, 주택지나 공공건물, 고층 건물로 변해 그 흔적을 알 수조차 없다. 간혹 골목 이름에 그 흔적이 남아 있었는데, 2010년부터 지번 주소에서 도로명 주소로 바뀌면서 그나마 남아 있던 이현궁길, 어의궁길, 대빈궁길, 누동궁길 등의 길 이름조차 사라져버렸다.

나는 궁들의 흔적이 사라지고, 우리의 기억 속에서도 사라져버리게 될까봐 안타까운 심정을 금하지 못했다. 이 궁들의 운명을 지금이라도 기록으로 남겨 이들이 어떻게 변해 오늘날에 이르렀는지, 현재의 위치는 어디인지를 파악해서 사람들에게 알려야 한다는 사명감으로 이 책을 쓰게 되었다. 그래서 서울 사대문 안에 있던 궁 25개를 기록하기 시작했다.

역사를 전공하지 않아 부족한 면이 많겠지만, 현장을 찾아다니며 과거의 역사와 현재의 역사를 연결해보고자 하는 노력의 결과이니 너그러이 봐주길 바란다.

2013년 경기도 안양시 평촌에서

이순자

한양의 5대 궁궐

1392년 태조 이성계는 개경에서 조선을 건국한 후 한양으로 도읍을 옮겨 종묘와 사직을 세운 후 경복궁을 건설했다. 정종 때 수도를 개성으로 옮겼으나, 태종 때 수도를 다시 한양으로 옮기면서 창덕궁을 건설하여 이궁離宮으로 사용했다. 성종은 어머니 소혜왕후와 예종비 안순왕후와 세조비 정희왕후를 모시기 위해 창경궁을 지었다. 임진왜란 후 의주에서 돌아온 선조는 경복궁, 창덕궁, 창경궁이 모두 불타버려 월산대군이 살던 집에 임시로 거처하는데, 선조가 죽고 광해군이 이곳에서 즉위하면서 경운궁이라 했다.

고종이 아관파천 후 이전까지 거처했던 경복궁으로 돌아가지 않고 경운궁에서 지냈으므로 궁을 넓혔다. 그리고 순종에게 왕위를 물려준 후 상왕이 거처하는 곳이라 하여 덕수궁이라 불렀다. 광해군이 인조의 아버지 정원군이 살던 새문동 집터에 왕기王氣가 서렸다는 소문을 듣고 이곳에 궁궐을 세웠는데, 처음에는 경덕궁이라 했으나 영조 때 경희궁으로 바뀌었다. 이렇게 정궁正宮인 경복궁을 두고 이궁을 건설한 데는 여러 가지 이유가 있었다. 왕이 전란이나 화재 등 정궁에 거처할 수 없을 경우에 대비하여 이궁을 두어 양궐 체제를 유지했다. 특히 임진왜란 때 경복궁이 불타고 나서 선조 이후의 왕들은 창덕궁이나 창경궁에 거처했고, 고종 때 가서야 흥선대원군이 경복궁을 중건했다. 이렇게 해서 수도 한양에는 북궐인 경복궁, 동궐인 창덕궁과 창경궁, 서궐인 경희궁, 덕수궁이 세워졌고, 이를 '한양의 5대 궁궐'이라고 한다.

궁궐과 궁

그렇다면 궁궐과 궁은 어떻게 다른 것일까? 궁궐은 왕이 생활을 하는 궁宮과 궐闕(망루)이 합쳐진 곳이라 정의하기도 하고,[1] 왕이 일상생활을 하는 궁과 왕이 업무를 보는 업무 영역인 궐이 합쳐져 왕이 일상생활을 하면서 정사政事를 보는 곳이라 정의하기도 한다.[2] 따라서 궁궐이란 왕이 정치하면서 일상생활도 하는 궐로 둘러싸인 공간이라 하겠다.[3]

궁은 왕족이 사용하는 장소로 궁집, 궁가, 궁방이라고도 불린다. 그리고 그 기능에 따라 잠저潛邸, 제택第宅, 묘전궁墓殿宮으로 나눌 수 있다.[4]

잠저는 왕의 서열이 아닌 왕자가 왕위에 오르기 전에 살던 집이다. 조선의 27명의 왕 중에 장자長子로 왕위에 오른 사람은 문종, 단종, 연산군, 인종, 현종, 숙종, 경종 7명뿐이다. 그렇다면 이외의 왕들은 어떻게 왕이 되었을까? 태조·태종·세조·중종·인조는 반정이나 찬탈로 왕이 되었고, 정종·세종·예종·명종·광해군·효종·정조·순조·헌종·순종은 장자 대신 왕이 되었다. 성종·선조·영조·철종·고종은 이전 왕이 후사가 없어 추대되었다. 만약 세자가 아닌 왕자가 왕위에 오르게 되면, 궁궐 밖에서 살다가 궁궐로 들어오게 된다. 이때 왕이 살던 옛집을 '잠저'라 하는데, 《주역》에서 유래한 '잠룡潛龍'에서 비롯된 단어로 '잠겨 있는 용',[5] 즉 '숨어 있던 왕이 즉위한다'는 뜻이다. 세조가 혼인하여 살던 영희전, 광해군이 살던 이현궁, 인조가 살았고 효종이 태어나 살던 어의궁, 영조가 살던 창의궁, 고종이 태어나 살던 운현궁이 있다.

왕비가 아닌 후궁에게서 태어난 왕자가 왕이 될 경우 왕의 어머니는 왕비가 아니기 때문에 죽은 후에 신주를 종묘에 모시지 못한다. 또 왕위 계승자가 아닌 왕자가 왕이 되었을 때 그 아버지도 마찬가지였다. 이 때문에 왕의 어머니와 아버지, 즉 사친私親을 모시는 사당을 궁이라 불렀다. 그 예로 어머니의 사당인 육상궁, 연호궁, 저경궁, 대빈궁, 선희궁, 경우궁, 덕안궁과 아버지의 사당인 도정궁, 경모궁, 누동궁이 있다.

혼기가 차서 출가한 왕의 자녀들인 왕자가 살던 집과 공주나 옹주가 혼인후 남편과 살던 집도 궁이라 불렀다. 그 예로 용동궁, 계동궁, 사동궁, 창성궁, 죽동궁 등이 있다. 그리고 왕가의 특별한 행사를 위해 지은 별궁으로 안국동별궁이 있고, 요절하거나 후사 없이 죽은 왕자와 공주를 위한 수진궁도 있었다.[6] 이렇게 조선 시대 한양에는 많은 궁이 생겨났다.

한편 왕족에게는 생활하는 데 필요한 경비와 제사에 드는 비용을 마련할수 있도록 '궁방전宮房田'이라는 토지와 이 토지에서 세금을 걷을 수 있는 '수조권收租權'을 함께 주었다. 수조권은 토지 생산물의 일부를 조세로 거두어들이는 것으로 궁이 많아지면서 백성의 조세 부담이 점점 늘어갔다. 또한 궁방전에는 일반 토지와 달리 면세면부免稅免賦, 즉 세금과 부역을 면제해주는 특권을 주었다.[7]

궁은 어떤 모습이었을까?

조선 시대에는 궁뿐만 아니라 일반 저택도 그 규모를 정하여 규제했다. 이 규제(가대家垈 규제, 가사家舍 규제, 장식裝飾 규제)는 신분 제도가 발달한 신라 시대(가사·장식 규제만 있었다.)부터 있었는데,[8] 기록으로 남아 있지는 않지만 고려에서 계승된 것으로 보인다.

이성계는 수도를 한양으로 옮긴 후 땅을 하사하는데, 정1품에 60부負를 기준으로 하려 했으나 한양의 땅이 500결結이므로 정1품은 35부 이하로 하고, 한 품에 5부씩 내려 6품에 이르러 10부, 서민은 2부씩 주었다.[9]

이 제도는 계속 이어져오다가 성종 때 대군과 공주는 30부, 왕자와 옹주는 25부, 1·2품은 15부, 3·4품은 10부, 5·6품은 8부, 7품 이하 관리와 음덕을 입은 자손은 4부, 여느 사람은 2부를 넘지 않도록 했다. 이 제도는 조선 말까지 이어졌다.[10]

이때 토지의 면적 기준은 토지에서 소출되는 곡식을 기준으로 측정하는 결부법結負法이었다. 1부는 곡식 '한 짐'이 생산되는 토지 면적이고, 100부가 1결結이 된다. 조선 초기에는 토지를 3등급으로 정하고 세종 때부터 6등급으로 나누었다.[11] 시대에 따라 토지 측량 방법도 바뀌고 농사 기법이 발달하면서 같은 토지에서도 생산량이 늘어나기도 했다. 그러면서 1부의 면적은 시대와 토질에 따라 달라질 수밖에 없었다. 따라서 가대(집의 면적)도 시대적으로 달라졌음을 알 수 있다. 성종 이후 대군과 공주가 집을 지을 수 있는 면적은 약 4,225㎡(1,278평), 왕자와 옹주가 집을 지을 수 있는 면적은 약 3,521㎡(1,065평)였다.[12]

1431년에 세종은 대군은 60칸, 군과 공주는 50칸, 옹주와 종친 2품 이상은 40칸, 3품 이하는 30칸, 서인은 10칸을 넘지 말도록 가사(집)를 규제했다.[13] 이때에는 가옥의 칸(間) 수만을 규제했는데, 칸 사이의 기준이 일정치 않아 그 의미가 없게 되었다. 그러자 1440년에는 각 신분에 따른 건물의 기둥, 들보, 도리 등 부재部材의 크기까지 규제했다.[14]

그리고 단청丹靑, 화공花拱, 주초석 등에 관한 장식 규제도 있었다. 1431년에 세종이 주춧돌을 제외하고는 숙석熟石(다듬은 돌)을 쓰지 말고 화공花拱(다포多包)과 진채眞彩(색물감)와 단청丹靑(채색)을 쓰지 말도록 했다. 단 사당이나 부모가 물려준 가옥이나 사들인 가옥이나 외방外方에 세운 가옥은 이 제한을 받지 않는다고 했다.[15] 절에서 금단청과 진채를 쓰는 것을 금하고,[16] 1471년에는 궁궐 외의 단청에는 진채를 쓰지 말도록 했다.[17] 1498년에는 서인의 집은 단청을 금하기도 했는데,[18] "절 이외에 진채를 사용하는 자는 곤장 80대의 형에 처한다."는 법이 정해지기도 했다.[19]

즉, 조선 시대에는 신분에 따라 주택의 면적, 규모, 장식에 이르기까지 제한이 있었으나 왕실과 세도가들에 의해 잘 지켜지지 않았다.

왕실에서는 자녀들을 분가시키면서 살 집을 마련해줄 때 좋은 터에 새로 지어주거나, 기존의 다복한 집이나 풍수에 좋다는 집을 사서 주었다. 이 집이 좁으면 주변의 민가를 사들여 넓히기도 했는데, 이때 신하들이 궁이 넓다거나 사치하다거나 또는 억지로 사들이는 것을 문제 삼기도 했다.

그 많은 궁은 어디로 사라졌을까?

고종은 갑오개혁으로 토지 제도를 개혁했다. 면세 특권을 폐지하고[20] 그리고 1904년 10월 황실제도정리국을 설치하면서 "생각건대 우리 조종조祖宗朝의 법은 실로 만대에 변함없을 더없이 훌륭한 것이다. 그러나 태평세월이 오래 계속되면서 해이해지는 것을 다듬어 세우지 않았기 때문에 마치 비파를 조절하지 않은 것과 같아서 개혁이 필요한 것이다. 궁중에 황실제도정리국을 특별히 설치하여 옛 법을 자세히 의논 확정하고 일체 새롭게 다듬되 오늘날에 절실하지 않은 번잡하고 불필요한 것들은 일체 제거하여 되도록 가장 정밀하고 긴요하게 만들 것이다. 문명 각국의 제도를 널리 채용하고 그 장점을 취하고 참작하여 이용해서 변함없는 법으로 고착시켜서 우리나라의 모든 사람들로 하여금 정신을 가다듬고 매사에 분발하고 각기 직분을 잘 수행하지 않을 수 없게 하라. 이것은 황실을 존엄 있게 만들고 제업帝業을 융성하게 만들 수 있는 하나의 큰 기회이니 이 책임을 진 사람들은 짐의 뜻을 깊이 체득하고 힘쓸지어다."[21]라고 개혁의 필요성을 설명했다.

1907년 6월 5일에는 1사司(내수사)와 7궁宮(용동궁, 어의궁, 명례궁, 수진궁, 육상궁, 선희궁, 경우궁)에 소속된 토지의 궁방전을 관리하고 조세를 거두는 사무를 담당한 도장導掌을 폐지했다.[22] 7월 4일에는 임시제실소유 및 국유재산조사국을 설치하여 국유 재산을 정리하기 시작했다.[23] 7월 24일 한일협약이 체결되고[24] 순종이 등극한 후인 1907년 11월 27일 각 궁의 사무정리소를 폐지했으며[25] 또한 임시제실소유 및 국유재산조사국의 관제를 폐지했다.[26] 1908년 6월 25일에는 궁내부 소관 및 경선궁 소속 재산을 국유로 하고 '제실 채무 정리에 관한 건'이 공포되었는데,[27] 이때 대부분의 황실 재산이 국유화되었다. 1908년 7월 23일에는 모든 제사를 정리하여 바로잡는 칙령 '향사이정享祀釐正에 관한 건'을 발표하여[28] 제사의 횟수를 줄이고 사당, 묘廟, 단壇 등 중요한 것만 남기고 대부분 정리했다.

자식이 왕위에 올랐으나 종묘에 들지 못하는 후궁들의 사당이 한곳에 모여 육궁이 된 것도, 선농단과 선잠단이 사직단에 합쳐진 것도, 역대 어진을 모신 전각들이 선원전만 남기고 사라진 것도 이때였다. 더불어 한양의 궁들은 대부분 사라졌다. 일제는 조선을 식민지화하기 위해 여러 가지 조치를 취했다. 특히 황실 재산을 국유화하기 위해 전 국토의 소유권을 조사하고, 조사 결과 황실의 재산으로 판명되면 국유화했다.

이러한 과정에서 조선 시대 한양의 왕실 가족들이 사용하던 궁들은 국유화되거나 개인의 소유가 되면서 그 모습이 변해갔다. 그렇다면 지금은 어떻게 변해 있을까? 사라진 궁들은 어떤 모습이었을까? 남아 있는 작은 흔적을 따라 시간을 거슬러 올라가다 보면 그동안 꼭꼭 감추어졌던 궁의 모습을 만날 수 있을 것이다.

제1장

왕이 살다

영희전

세조의 잠저

영희전永禧殿은 한성부 남부 훈도방에 있던 궁으로 세조가 수양대
군 시절에 살았던 곳이다. 세조는 세종과 소헌왕후의 둘째 아들로
1428년 윤번의 딸과 혼인하면서 이곳으로 나와서 살았다. 그리고 의경세자와
해양대군(예종)과 의숙공주를 낳았다. 그 후 왕위를 찬탈한 세조가 가족과 함께
경복궁으로 들어가면서, 왕이 살던 이 집은 세조의 잠저로 불렸다. 영희전은 혼
인한 의숙공주와 정현조에게 내려주면서 의숙공주가家가 되었고, 광해군 이후
에는 사당이나 왕의 어진을 모신 곳이 되었다.

영 희 전

왕위를 찬탈한 세조

세종의 뒤를 이은 문종이 재위 2년여 만에 죽고, 12세의 단종이 즉위
했다. 문종은 건강이 악화되자 나이 어린 단종이 직접 정치할 수 없
음을 염려했다. 왕이 어리면 대비나 대왕대비가 수렴청정을 했으나,
단종에게는 수렴청정할 어머니나 할머니도 이미 죽고 없었다. 이에
문종은 영의정 황보인과 우의정 김종서 등에게 어린 왕을 잘 보필하
도록 당부했다.

　단종 즉위 후 황보인과 김종서의 세력이 강력해지자 이에 불만을
품은 수양대군이 김종서, 황보인 등을 제거하고 동생 안평대군을
강화도로 유배 보냈다가 사사시켰으니, 이른바 계유정난이다. 어린
단종은 숙부의 위협적인 권력 앞에 재위 3년여 만인 1455년 윤 6월
11일 경회루에서 왕권을 넘겨주었다. 그리고 세조는 익선관과 곤룡
포를 갖추고 근정전 뜰로 나아가 즉위했다.

1457년은 세조에게 많은 일이 일어난 해였다. 상왕이 된 단종과 그 세력이 불안했던 세조는 6월 22일 단종의 장인 송현수 등을 반역죄로 몰았다. 단종도 가담했다 하여 단종을 상왕에서 노산군으로 강봉해 영월로 귀양 보내고, 26일에는 죽은 단종의 생모인 현덕왕후를 폐廢하여 서인庶人으로 삼고, 안산에 있는 소릉(현덕왕후의 능)을 파헤쳐 관을 바닷가에 버렸다.

이 일이 일어난 후 세조의 장남 의경세자(덕종)가 병상에 누웠다. 이에 승려 21명이 경회루 아래에서 공작명왕孔雀明王에게 재앙을 없애고 병마를 이겨내 오래 살도록 비는 공작재孔雀齋를 열었다.[1] 그래도 차도가 없자 8월 4일 세조는 의경세자의 거처를 한성부 남부 훈도방에 있던 잠저로 옮겼다.

8월 16일에는 송현수를 관노로 삼고 재산을 몰수했으며 그의 처와 자녀들은 관노비로 삼았다.[2] 9월 1일에는 세자의 병이 오래도록 낫지 않자 환구단*과 종묘사직에 제를 올리도록 했다. 그러나 이러한 노력에도 불구하고 9월 2일 의경세자가 사망한다. 의경세자가 죽고 난 후인 10월 21일 세조는 송현수와 금성대군을 사사했다. 실록은 이날 노산군이 자결하여 예로써 장사 지냈다고 기록한다.[3]

세조는 한 해 동안 조카 단종, 동생 금성대군, 옛 친구이자 사돈인 송현수를 죽였으며, 사랑하는 아들 의경세자도 잃었다. 의경세자는 현덕왕후의 혼령에 시달렸다고 한다. 현덕왕후는

환구단
하늘과 땅에 제사를 드리던 장소를 말한다. 환구제는 중단과 폐지를 거듭하다가 1456년에는 일시적으로 제도화됐다. 1457년에는 한양의 교외 100리 밖 남쪽과 북쪽에 환구단을 설치하여 제사를 지냈으나 중단되었고, 고종 때 다시 세워졌다.

문종이 세자 시절 후궁이었으나 휘빈 김씨와 순빈 봉씨가 쫓겨나고 세자빈이 되었다. 현덕왕후는 경혜공주를 낳았고 단종을 낳고는 사흘 만에 죽었다. 젖먹이 어린 아들을 두고 죽은 현덕왕후가 아들의 왕위를 빼앗고, 친정 집안을 풍비박산내고 자신의 묘까지 파헤친 세조에게 맺힌 한이 의경세자를 죽음에 이르게 했다고 한다. 한편 바닷가에 버려져 떠다니던 현덕왕후의 관이 처음 닿은 곳이 훗날 육지가 되어 우물이 생겼는데, 이를 '관우물'이라 불렀다고 전해진다.[4]

이후 소릉의 복원에 관한 문제는 여러 번 거론되었으나 1513년(중종 8)에 가서야 복위되었다. 이때 현덕왕후의 유골을 찾은 왕실은 문종의 능인 동구릉 현릉 동쪽에 안장했다. 현덕왕후의 한이 서려 있는 이곳 관우물터는 옛날에는 바닷가였으나 현재는 반월공단(경기도 안산시 단원구 능안로 21 일진전기 내)이 들어서 있다. 죽어서도 제대로 눈을 감을 수 없었을 현덕왕후의 영혼이 이제는 편안해졌기를 바랄 뿐이다.

세조, 문수보살을 만나다

의경세자 사후 둘째 아들 해양대군이 세자로 책봉되고, 1468년 왕위에 오르니 예종이다. 그러나 예종도 오랫동안 발이 썩는 족질에 시달리다가[5] 재위 1년여 만에 세상을 떠났다. 세조의 악업과 현덕왕후의 저주 때문인지 세조의 두 아들은 모두 20세에 사망했다. 외동딸 의숙공주도 37세에 후사 없이 죽자 세조는 평생 정신적 괴로움을 안고 살았다. 세조는 자신의 죄업을 씻으려는 듯 불교에 귀의하여 사찰 중건에 힘썼다.

세조는 1466년에 40여 일을 금강산 순행길에 올랐고, 돌아오는 길인 윤 3월 17일에는 오대산 상원사를 찾았다. 이때 전해 내려오는 이야기가 있다. 세조가 오대천의 맑은 물에 들어가 혼자 목욕을 하고 있는데 한 동승이 지나가자 등을 밀어달라고 부탁했다. 동승이 등을 밀어주고 나자 몸이 날아갈 듯이 가벼워졌다. 목욕을 마친 세조가 동승에게 "그대는 어디 가든지 왕의 옥체를 씻었다고 말하지 말라."고 하니, 동승은 "대왕은 어디 가든지 문수보살을 만났다고 하지 마십시오." 하고는 홀연히 사라져버렸다. 세조가 놀라 주위를 살피니 동승은 없고, 몸의 피부병이 씻은 듯이 나은 것을 알았다. 문수보살의

상원사목조문수동자좌상
세조의 병을 낫게 해주었다는 문수보살의 조각상이다. 국보 제211호(월정사 성보박물관 소장)

가피加被(부처나 보살이 자비를 베풀다)로 피부병을 치료한 세조는 화공에게 그때 만난 동자의 모습을 그리게 했다. 이에 딸 의숙공주와 사위 정현조 부부가 발원하여 만든 문수동자상이 바로 '상원사목조문수동자좌상'이다.[6]

이 이야기는 전설처럼 500여 년을 내려오다가 1984년 문수동자상을 수리할 때 나온 유물 23점 중 세조의 옷으로 보이는 피고름이 묻은 명주적삼이 발견되어 단지 전설이 아님이 확인되었다.

명주적삼
세조가 피부병을 앓을 때 입은 것으로 추정되며 피고름이 묻어 있다. (월정사 성보박물관 소장)

의숙공주 발원문
의숙공주와 정현조는 발원문에 세조와 왕실의 건강을 비는 내용을 담았다. (월정사 성보박물관 소장)

또 문수동좌상에서 의숙공주 발원문도 함께 발견되었는데, 발원문에는 "당시 임금인 세조 및 왕실의 수복을 기원하고 그의 득남을 위해서 석가여래, 약사여래, 아미타불, 문수보살, 보현보살, 미륵보살, 관음보살, 지장보살, 십육응진, 천제석왕의 상을 조성하여 오대산 문수사에 봉안했다."[7]라고 쓰여 있다.

의숙공주와 음나무의 인연

부마 하성위 정현조는 정인지의 아들로 본가와 처가에서 많은 재산을 물려받아 한양 안에 집이 여러 채 있었다. 의숙공주는 후손이 없어 성종의 둘째 아들 진성대군이 의숙공주의 제사를 모셨다. 그러나 진성대군이 왕위에 올라 중종이 되자 의숙공주의 제사를 모실 사람이 없었다.

의숙공주는 처음에 경기도 양주 서촌 개좌동에서 장사를 지냈고, 정현조는 충주 선영에 묻혔다. 그러나 1542년 중종의 명으로 정현조의 묘를 의숙공주묘가 있는 곳으로 옮겼다. 개좌동은 현재의 서대문구 북가좌동, 남가좌동 즉 서대문구 홍은3동 312번지에 자리 잡은 백련사 아래다. 일제강점기인 1942년에 경기도 화성군 반월면 초평리 구봉산 상당리(현재 경기도 의왕시 초평동)로 함께 이장했다. 이때 다른 석물들은 옮기지 못하고 묘비 2개만을 옮겼으며, 구름무늬가 아름다운 이 묘비는 500년이 넘은 것이다.

백련사는 747년(신라 경덕왕 6) 진표율사가 창건했으며, 우리나라 최초의 정토도량으로 정토사라고 불렀다. 백련사에서는 "세조의 장

의숙공주와 정현조의 합장묘
500여 년이 넘은 비석이 의숙공주와 정현조의 묘를 지키고 있다.

백련사
신라 진표율사가 창건했으며, 원래 사명은 정토사였으나 의숙공주의 원찰로 정하면서 백련사로 이름이 바뀌었다.

녀인 의숙공주가 부마인 하성부원군 정현조의 원찰로 정하면서 사명을 백련사로 개칭했다."[8]라고 전하고 있다. 그러나 숙종 때 의숙공주와 정현조의 비망기를 고치는데, 세조 때로 써진 의숙공주의 사망 시기를 1477년(성종 8)으로, 정현조의 사망은 1504년(연산군 10)으로 바로 잡은 것이다. 따라서 의숙공주는 1477년에 죽어 개좌동에 묻혔고, 정현조는 57년 뒤인 1504년에 죽어 충주 선영에 묻혔다가 1542년 개좌동으로 이장된 것이다.[9] 즉, 정토사는 의숙공주가 부마의 원찰로 정한 것이 아니라 의숙공주의 원찰이 되면서 백련사로 사명이 바뀌었고 정현조가 관리하는 원찰이 된 것으로 보인다. 의숙공주 사후에는 진성대군이 제사를 모셨으나 진성대군이 왕위(중종)에 오른 뒤에는 이곳 백련사에서 제사를 지낸 것으로 보인다.

백련사의 음나무
백련사의 음나무는 고사되어 현재 그루
터기만 남아 있다.

백련사 일주문 안에는 의숙공주와 인연이 있는 음나무가 보호수로 있었다. 의숙공주는 불사佛事를 많이 했는데 정토사에 왔다가 입구에 날카로운 가시가 온몸에 덮여 있는 음나무(해동목)를 바라보면서 삶의 무상함을 느끼고 인생의 참뜻을 깨달았다고 한다.[10] 이 음나무는 수령 400년의 거목으로 1972년 서울시 보호수 13-4호로 지정되었으나(1987년 서울시 구나무 1-9-25로 변경),[11] 안타깝게도 고사되어 2006년 지정 해제되었고, 지금은 그루터기만 남아 있다. 초평리의 의숙공주묘를 찾던 중 나는 동네 초로에게서 초평리에도 음나무가 있어서 음나무재로 불렸다는 이야기를 듣게 되었다. 《의왕시사》를 확인하니 "조선 시대에는 음나무재, 저넘언말, 가운데말을 일컬어 '아랫새우대下草坪'라 했는데, 현재는 '아랫말'로 통칭하고 있다."[12]고 한다. 의숙공주의 애틋한 사연을 담고 있었을 백련사의 음나무는 사라졌지만, 의숙공주와 음나무의 인연은 죽어서도 계속되는 듯했다.

여섯 왕의 어진을 모시다

1455년 왕위에 오른 세조는 의숙공주와 정현조에게 자신의 잠저를 하사했다. 이때부터 세조의 잠저는 의숙공주가家가 되었으며, 의숙

공주가 후사 없이 죽어 비어 있던 이곳에 중종 때 폐비 신씨가 잠시 거처하기도 했다.[13]

이후 광해군 때에 공빈 김씨(광해군의 생모)의 사당이 되었다. 공빈 김씨는 선조의 후궁으로 임해군과 광해군을 낳았으나, 광해군을 낳고 산후병으로 죽었다. 광해군은 왕이 되자 대신들의 반대에도 1610년 어머니를 '공성왕후'로 추존했으며, 의숙공주가를 사당으로 고쳐 신주를 모시고 '봉자전奉慈殿'이라 했다. 1615년에는 왕후가 된 공성왕후의 신주를 종묘로 옮겼다.

그리고 나서 이곳에 태조와 세조의 어진을 모시고 '남별전南別殿'으로 고쳐 불렀다.[14] 인조는 생부 원종(정원군)의 영정을 남별전에 봉안하고 '숭은전崇恩殿'이라 했으며,[15] 숙종은 전북 전주 경기전慶基殿에 있는 태조의 영정을 모사하여 이곳에 봉안하고 '영희전永禧殿'으로 이름을 고쳤다.[16] 이때부터 세조의 잠저는 영희전으로 불리게 되었고, 음력설·한식·단오·추석·동지·납일(조정과 민간에서 조상이나 종묘사직에 제사 지내던 날. 동지가 지난 후의 세 번째 미일未日)에 제사를 지냈다.[17] 영희전에서 지내는 제사를 받들기 위해 왕은 1년에 여러 차례 창덕궁에서 수표교를 지나야 했는데, 이때 숙종이 영희전을 참배하고 돌아오던 중 희빈 장씨를 만났다는 이야기가 전해지기도 한다.

이후 영조 때 숙종 어진, 정조 때 영조 어진, 철종 때 순조 어진을 봉안했다. 1900년에는 영희전에 모신 여섯 왕의 어진을 사도세자의 사당이었던 경모궁으로 옮겼다. 같은 해에 사도세자를 '장종'으로 추존하여 신위를 종묘에 모시면서 경모궁은 비어 있었다.[18] 영희전을 옮긴 이유는 한성부 남부 명례방(현재 명동)에서 명동성당 건립이 추진 중이었기 때문이다. 명동성당은 1887년 대지 매입을 완료하였으나 풍수지리설을 내세운 정부와의 부지 소유권 분쟁으로 1898년에 가서야 축성식을 가졌다.[19] 나라에서는 영희전의 현무봉(집이나 묘 뒤의 작은 산으로 풍수에서는 이곳에 터의 기운이 뭉쳐 있다고 본다.)인 언덕에 교회를 지으면 영희전의 기운이 파손됨을 우려한 것이다.

1900년 비어 있는 영희전에 영조의 잠저인 창의궁에 있던 의소세손(사도세자와 혜경궁 홍씨의 첫째 아들)의 '의소묘(영소묘로 바뀜[20])'와 문효세자(정조와 의빈 성씨의 첫째 아들)의 '문희묘'를 옮겼다.[21] 그러나 8년 후인 1908년 7월에는 제사에 관한 칙령 제50호 '향사이정에 관한 안건享祀釐正件'에 따라 의소세손과 문효세자의 신위는 땅에 묻고, 영희전은 국가 소유가 되었다.[22]

영희전을 그리다

현재 영희전터에는 중부경찰서와 영락교회가 들어서 있다. 일제강점기에 '경성본정경찰서'가 세워졌고, 8·15광복 이후 '중부경찰서'가 되었으며, 1945년 한경직 목사가 세운 '베다니전도교회'가 '영락교회'로 바뀌어[23] 영역을 넓히면서 영희전터는 형태를 찾아볼 수 없게 되었다.

영희전은 조선 초기 세조의 잠저였을 때는 소박한 궁이었다. 수양대군은 혼례를 치르고 이곳에서 가정을 꾸리며 그의 야망을 키워나 갔을 것이다. 1446년에는 어머니 소헌왕후가 이곳에서 병으로 죽었 으며,[24] 계유정난이 일어난 날 수양대군은 집에서 말을 타고 돈의문 밖 김종서의 집으로 달려가 김종서를 죽이고 돌아왔다.[25] 1455년 세 조가 왕이 되기 전까지 살았던 잠저이며 수양대군이 등극한 후에는 의숙공주와 부마 정현조가 살았다. 그러나 광해군 때 공빈 김씨의 사 당이 되고 또 여러 어진을 모신 진전眞殿으로 형태가 변했다. 대군의 제택에서 왕비의 사당으로, 다시 역대 임금의 어진을 모시는 곳으로 바뀌었던 것이다. 여섯 왕의 어진을 모셨을 때 영희전의 규모가 가장 컸을 것이다. 그리고 영희전이 경모궁으로 옮겨진 후 이곳은 황량해 졌을 것이며, 문희묘와 의소묘가 들어오면서 다시 제사 공간이 되었 지만 예전보다는 축소되었을 것으로 추측된다.

왕이 영희전에 거둥할 때에는 수표교를 건너 영희전 문 앞에 다다 랐을 것이다. 영희전 입구에는 홍살문이 있고 홍살문 앞에는 하마비 下馬碑(신분 고하를 막론하고 타고 가던 말에서 내리라는 글을 새긴 비석)가 있었을 것이다.

나는 영희전을 그리며 수많은 사람의 피로 왕좌를 차지한 세조와 그러한 아버지의 죄업으로 음나무의 의미를 깨닫고 평생 불공을 드 리던 의숙공주의 삶을 생각해본다. 또한 폐비가 되어 쫓겨온 중종비 단경왕후의 애처로움과 광해군의 어머니 공빈왕후를 향한 애달픈 마 음을 떠올려본다.

숙종 때 벼락 맞은 오래된 버드나무[26]는 어디쯤 있었을까? 또 영조

옛 영희전터
영희전의 옛터 일부에는 현재 서울중부경찰서가 있다.

때 영의전 뜰에 있던 벼락 맞은 회목나무는 어디쯤 있었을까 궁금해
진다.

이현궁

광해군의 잠저

이현궁梨峴宮은 한성부 동부 연화방에 있던 광해군의 잠저로 광해군이 유자신의 딸과 혼인하여 살던 저택이다. 이곳에서 살던 광해군은 임진왜란이 발발하면서 세자로 책봉되었고, 피란길에서 돌아온 광해군은 선조와 함께 입궐하게 된다. 그리고 선조 사후 왕위에 오르니 광해군이 살던 이현의 옛집은 왕의 잠저로 '이현궁'이 되었다. 이후 공빈 김씨의 사당이 있었고, 한때 인조의 어머니 연주부부인이 살았다. 영조의 생모 숙빈 최씨의 소유이기도 했던 이현궁은 현재 종로플레이스, 인의빌딩 등이 들어서 있다.

이 현 궁

가까스로 왕위에 오른 광해군

선조는 즉위 2년 후에 박응순의 딸과 혼인하고 의인왕후에 책봉한
다.[1] 그러나 의인왕후는 자식을 낳지 못했고, 선조는 후궁 공빈 김씨
를 총애했다. 공빈 김씨는 1574년 임해군, 1575년 광해군을 낳았는
데 광해군을 낳고 2년 후 산후병으로 죽는다.[2]

이후 인빈 김씨가 선조의 사랑을 독차지하여 4남 5녀를 낳는다.
선조는 세자 책봉을 미루고 있었는데 조정은 생모는 없으나 총명한
광해군파와 당시의 권력가인 인빈 김씨의 소생인 신성군파로 나뉘
었다.

1592년 4월 13일 임진왜란이 발발하자, 선조는 장자 임해군은 성
질이 거칠고 게을러 학문에 힘쓰지 않고 종들이 제 마음대로 하도록
놔두어 많은 문제를 일으켰으나 광해군은 행동을 조심하고 학문을
부지런히 하여 백성이 마음으로 따랐다며,[3] 광해군을 세자로 삼을 의

도를 비춘다. 그리고 4월 29일 광해군을 황급히 세자로 책봉하고,[4] 4월 30일 새벽 한양을 떠났다. 그리고 신성군은 피란 도중 11월 5일 의주에서 병사한다.[5]

한편 임진왜란과 정유재란의 피란으로 몸이 약해진 의인왕후는 1600년 46세의 나이로 소생도 없이 세상을 떠났다.[6] 그리고 2년 뒤, 김제남의 딸이 19세의 나이로 선조의 계비로 간택되었는데 그가 인목왕후다.

1606년 인목왕후에게서 영창대군이 태어나자 선조의 마음은 적자인 영창대군에게 향했다. 이미 광해군을 세자로 책봉하였음에도 불구하고 영창대군을 세자로 책봉하려는 움직임이 일어났다. 이때까지 광해군은 중국(명나라)으로부터 세자 책봉을 허락받지 못한 상태였다.[7] 이러한 논쟁이 한창일 때 광해군은 34세, 영창대군은 3세였다. 그러나 1608년 선조의 갑작스러운 죽음으로 광해군은 가까스로 왕위에 올랐다.

공빈 김씨를 모신 봉자전

당시 광해군의 어머니 공빈 김씨의 제사는 장자인 임해군이 모시고 있었다. 그러나 임해군이 역모로 몰려 진도로 유배를 가게 되면서 광해군은 사친의 신주를 역모한 자의 집에 오래 둘 수 없으니 효경전으로 옮기라고 한다.[8] 그러나 신하들이 효경전이 선조의 정비 의인왕후의 혼전으로 사용되고 있어 불가하다고 반대하여 연지동의 옛 궁

(이현궁)으로 모신다.[9] 2년 후인 1610년에는 공빈 김씨를 '공성왕후'로 추숭하고 신주를 의숙공주의 저택에 모시게 되는데, 사당의 이름을 '궁宮'보다 격이 높은 '전展'[10] 자를 붙여 '봉자전'이라 했다.[11] 이곳이 앞서 본 영희전이다. 이현궁은 세자 지祬의 가례 때 세자빈이 친영하는 별궁으로 삼기도 했다.[12]

한편 광해군은 많은 선정을 펼치기도 하는데 즉위년에 선혜청을 설치하고 대동법을 실시함으로써[13] 백성의 세금을 줄여주려 했다. 또한 임진왜란으로 소실된 창덕궁을 수리하였고, 경덕궁과 인경궁을 새로 지었다. 그러나 이 과정에서 무리하게 인력을 동원하는 바람에 백성의 원성을 사기도 했다.

1623년에 이복동생인 정원군의 아들 능양군이 반정을 일으켜 광해군을 폐위시키고 인조로 등극한다. 그리고 전국에 대사령을 내리고 반정 명분을 다음과 같이 밝혔다.

"처음 광해가 동궁東宮에 있을 때 선묘께서 바꾸려는 의사를 두었었는데, 결국 광해가 왕위를 계승하게 되자 영창대군을 몹시 시기하고 모후를 원수처럼 보아 그 시기와 의심이 날로 쌓였다. 적신 이이첨과 정인홍 등이 또 그의 악행을 종용하여 임해군과 영창대군을 해도海島에 안치하여 죽이고 연흥부원군 김제남을 멸족하는 등 여러 차례 대옥을 일으켜 무고한 사람들을 살육했다. 상의 막내 아우인 능창군 이전李佺도 무고를 입고 죽으니, 원종대왕(정원군)이 화병으로 돌아갔다. 대비를 서궁西宮에 유폐하고 대비의 존호를 삭제하는 등 그 화를 헤아릴 수 없었다. 선왕조의 구신들로서 이의를 두는 자는 모두 추방하여 당시 어진 선비가 죄에 걸리지 않으면 초야로 숨어버림으로써 사람들이 모두 불안해했다. 또 토목 공사를 크게 일으켜 해마다 쉴 새가 없었고, 간신배가 조정에 가득 차고 후궁이 정사를 어지럽히어 크고 작은 벼슬아치의 임명이 모두 뇌물로 거래되었으며, 법도가 없이 가혹하게 거두어들임으로써 백성이 수화水火 속에 든 것 같았다. 상이 윤리와 기강이 이미 무너져 종묘사직이 망해가는 것을 보고 개연히 난을 제거하고 반정反正할 뜻을 두었다."[14]

폐위된 광해군은 강화도에 안치되었다가 다시 제주도에 이배되어 폐위 후 18년을 더 살았다.[15] 임진왜란의 전장을 뛰어다니며 나라를 구하려 했고, 백성의 세금을 줄이려 노력하던 광해군은 여타의 실정으로 쓸쓸한 말년을 보내게 되었다.

광해군의 유물로는 해인사에서 발견된 광해군과 폐비 유씨의 의복이 있다. 1965년 해인사의 장경판고를 보수할 때 남쪽 지붕 구멍 안에서 의류 4점과 지본 상량문이 발견되었다.[16] 이때 발견된 의류 4점은 광해군과 폐비 유씨, 그리고 정5품 상궁의 의류로 판명되어 중요민속문화재 제3호로 지정되었다. 광해군 때 해인사를 수리하면서 왕과 왕비 그리고 상궁의 복장 유물로 넣은 것으로 보인다.

광해군의 생모 공빈 김씨묘는 남양주시 진건면 송능리에 있다. 묘를 조성할 당시 아래에 풍양 조씨의 시조 조맹의 묘가 있었으므로 봉분을 허물 것을 의논하였으나 조맹이 공빈 김씨에게 외친원조外親遠祖가 된다는 이유로 선조가 허락하지 않았다.[17] 그러다가 광해군이 왕위에 오른 뒤 공빈 김씨를 공성왕후로 추존하고 묘호를 '성릉'으로

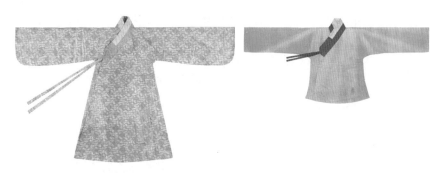

광해군의 청색운보문단 솜 중치막과 폐비 유씨의 홍색 토주 겹장저고리
1965년 해인사 장경판전을 수리할 때 발견되었다. 의복과 함께 건물 완공에 대한 기록과 상궁의 이름이 적힌 명단이 발견되었다. (해인사 성보박물관 소장)

올렸는데, 조맹의 묘소를 파낼 것인지에 대해 의논했으나 신하들이 불가하다고 하여 봉분만 헐었다. 그리고 광해군이 폐위되자 김씨도 따라서 공빈으로 강등되고, 성릉도 성묘로 낮춰졌다. 인조 때 조맹의 후손 조수이 등이 상소하여 다시 봉분할 것을 청하니, 인조가 허락하고 공빈 김씨의 묘소에 법에 어긋나게 세운 석물들을 헐도록 했다.[18]

광해군은 1641년에 제주도 유배지에서 67세의 일기로 세상을 떠났으며 1남 1녀가 있었다. 폐세자 지祬는 강화로 유배되었는데 탈출하려다 붙잡혀 사약을 받았고,[19] 서인으로 전락해 20세가 되도록 시집 못간 딸은 인조가 혼수를 마련해 박징원과 혼인시켰다. 그리고 이현궁에 살게 하였고, 전택과 노비를 주어 외손으로 하여금 광해군의 제사를 모시게 했다.[20]

광해군묘는 어머니가 바라보이는 곳에 묻어 달라는 광해군의 유언

공빈 김씨묘(상), 광해군묘와 폐비 유씨묘(중), 임해군묘(하)
경기도 남양주시 진건읍 송능리에 세 모자의 묘가 한자리에 모여 있다.

에 따라 1643년 공빈 김씨묘 아래 오른쪽(공빈 김씨의 묘가 바라보이는 남양주시 진건면 사능리)으로 옮겼다.[21] 현재 남양주에는 공빈 김씨와 광해군 그리고 임해군 세 모자의 묘가 가까이 위치해 있어 뒤늦은 회포를 풀고 있는 듯하다.

계운궁, 숙빈방, 장용영으로 사용된 이현궁터

능양군은 반정을 일으켜 인조로 즉위하고 즉위한 후 생부인 정원군을 정원대원군으로 추봉하고, 생모 구씨는 연주부부인에 올렸다. 그리고 연주부부인 구씨를 광해군의 잠저였던 이현궁을 사용하게 하고 '계운궁'으로 이름을 바꿨다.[22]

인조는 즉위한 후 창덕궁을 법궁으로 사용하였으나, 이괄의 난으로[23] 창덕궁이 훼손되어 광해군이 건설한 경덕궁을 사용했다.[24] 경덕궁은 인조의 본가이기도 하였기에 감회가 남달랐을 것이다. 또한 계운궁에서 지내던 어머니를 경덕궁으로 모셨다. 이후 연주부부인 구씨는 경덕궁 회상전에서 운명하였는데,[25] 이는 본인이 살던 본가터에서 죽은 것이다. 그리고 병자호란 때 동생 능원대군이 난리를 겪고 집이 없었는데 이현궁을 하사하여 살게 했다.[26]

세월이 지나 숙종 때는 능원대군의 옛집을 사서 최숙의(숙빈 최씨)의 제택으로 삼게 했다.[27] 그뒤 연잉군이 이현궁에서 살기로 했는데 연잉군은 가례 후 숙종이 마련해준 창의궁에서 살게 된다. 1711년에는 이현궁을 환수하면서[28] 공가公家(왕실)에서 관리하게 된다. 1718년

(숙종 44)에 소현세자 빈을 복권하면서 세자빈의 옛 신주를 이현궁에 옮겨 잠시 봉안하기도 했다.[29] 영조 때는 당시 내수사에 소속되어 있던 이현궁을 서 3녀 화평옹주에게 주려고 경복궁 소나무를 베어 수리하였는데 뜻을 이루지 못했다.[30]

이현궁의 현재 위치는 종로4가에서 창경궁으로 가는 창경궁로의 동쪽이다. 이현궁의 위치와 규모를 알 수 있는 자료로는 〈본영도형〉이 있는데 장용영의 본영을 그린 그림과 도형이다. 이 그림과 도형은 2009년 한국학중앙연구원에서 기획논문으로 발표한 이왕무와 정정남의 논문에 의해 알려졌다. 두 논문에 의하면 〈본영도형〉은 세 종류가 있는데 1799년 그린 채색 그림과 1801년 작성한 건물 도면은 장서각에, 1799년 그린 건물 도면은 고려대학교 박물관에 소장되어 있다.[31]

정정남에 의하면 〈본영도형〉은 이현궁의 위치와 규모를 알려주는 단서로, 도형 상단부의 기록에 본영의 규모가 원래 66칸에서 증축되어 653.5칸으로 늘어났다고 하니[32] 정조가 죽기 전까지 장용영 규모가 커졌음을 알 수 있다.

정조는 1785년 무예 출신의 칭호를 장용위라 명명했다.[33] 1787년 장용위 영사가 이현궁에 들어섰고, 1788년 장용영으로 승격하여 규모를 늘려갔다고 한다.[34] 그러나 순조가 등극하자 영의정 심환지는 장용영을 폐지할 것을 아뢰니 당시 수렴청정을 하던 대왕대비(정순왕후)가 이에 따랐다.[35] 이현궁터는 장용영 폐지 이후 훈련도감의 동영東營으로 사용되었다.[36]

옛 이현궁터
다른 궁에 비해 큰 규모를 자랑했던 이현궁 자리에는 고층 건물들이 빼곡히 들어섰다.

이현궁의 은행나무

세월이 흐른 후 일제강점기에는 동영 자리에 일본군 보병 59연대 1대대가 주둔했으며, 1908년 부대가 용산 병영으로 이전한 뒤에는 1909년 동아연초주식회사 사택으로 대여했다가 그해에 다시 북측의 기존 가옥을 철거하고 경성재판소 관사의 신축이 결정되었다.[37] 이후 한국담배인삼공사 서울영업본부로 사용되다가 1993년 대치동으로 이전하면서 국민은행, 태승플래닝으로 넘어가 현재는 효성쥬얼리시티가 들어서 있다.

이외의 인의동 48번지 일대는 국가 소유로, 서울특별시선거연수원(창경궁로 110, 구 인의동 48-25), 경찰공제회(창경궁로 103-106, 구 인의동 48-26), 혜화경찰서(창경궁로 112-16, 구 인의동 48-57) 등 관공서가 들어섰으며 일부는 개인에게 넘어갔다. 개인 소유로는 종로플레이스(인의동 28-2 외), 인의빌딩(인의동 28-9) 등이 있다.

한편 2010년 12월 완공된 종로플레이스의 신축으로 이현궁의 유물이 발굴될 시기를 놓쳤다는 아쉬움이 크다. 얼마 전만 하더라도 이현궁 표지석은 서울시재향군인회 건물 앞에 있었다. 나는 수차례 답사를 하며 이 표지석과 표지판을 중심으로 아무리 이현궁의 그림을 그려봐도 답이 나오지 않아 답답하던 때가 있었다. 학자들에 따라 이현궁의 위치를 다르게 보기 때문이었다. 이때 맞은편의 공터를 계속 지켜보았는데 이곳에 종로플레이스가 들어섰다. 그런데 〈본영도형〉이 발견되고 나서 이현궁의 위치가 인의동 28번지와 48번지임이 확인되었고,[38] 표지석도 은행나무 앞으로 옮겨졌다. 〈본영도형〉은 그 이전부터 있었으나 2009년 연구 결과로 이현궁의 모습이 드러난 것이다.

이현궁의 크기에 대한 기록으로는 숙종이 '이현궁은 주위의 넓고 큼이 다른 궁에 비교할 바가 아니어서 연輦을 타고 지날 때마다 마음이 항상 미안하다.'[39] 하였고, 영조 때 좌의정 서명균은 그 크기가 어의궁보다 크다고 했다.[40]

앞의 두 논문에서 장용영은 일제강점기에 인의동 28번지 10,734㎡(3,247평)와 48번지 20,955㎡(6,339평)로 10,000평 가까운 면적이라고 했다.[41] 현재의 면적을 확인해보니 인의동 28번지 1에서 50호까지 11,368㎡(3,439평), 48번지 1에서 62호까지 20,183㎡(6,105평)였다. 즉, 전체 면적이 31,551㎡(9,544평)였다. 실제로 이현궁은 10,000평 정도의 규모로 다른 궁과 비교되지 않을 정도로 컸던 것이다.

또한 〈본영도형〉에 나오는 은행나무는 1981년 수령 465년으로 서울특별시보호수 1-3으로 지정되었다. 〈본형도형〉의 은행나무와 현

은행나무
조선 시대에 이현궁 부근에 있던 은행나무로 1981년 기준 수령 465년이며, 현재까지 남아 있다.

재의 위치와 비교해 보면 은행나무를 중심으로 이현궁의 옛 흔적을 알 수 있게 된다. 〈본형도형〉의 발견으로 이현궁의 확실한 위치를 알 게 되었으니 큰 수확이라 하겠다.

나는 종로4가 로터리에 서서 이현궁의 모습을 그려본다. 옛 운중 로 현재의 종로4가 안쪽으로 들어가면 피맛골이 나오고 이현교를[42] 건너면 커다란 연못과 언덕이 나오고 그 언덕 위에 솟을대문과 은행 나무가 보일 것이다. 그 규모가 다른 궁보다 크다고 하였으니 규모나 내부 구조 및 건축의 화려함도 궁궐에 버금갔을 것이다. 광해군이 대 권에 관계없는 차남으로 혼인하여 살았고, 그리고 반정을 일으킨 인 조의 생모가 살았으며, 영조의 어머니 숙빈 최씨가 아들을 낳자 내려 주었던 숙빈방이었던 이현궁은 지금은 흔적조차 없이 사라지고 오래 된 은행나무만이 그 역사를 말해주고 있다.

어의궁

인조와 효종의 잠저

어의궁於義宮은 기록상 세 곳이 있었다. 인조가 살았고 효종이 태어난 중부 경행방에 있던 '상어의궁', 인조와 효종이 옮겨와 살았던 동부 숭교방의 '하어의궁', 인조가 반정을 일으켜 왕이 될 때 살았던 서부 인달방의 '어의궁'이다. 상어의궁은 잠룡지라고도 부르고, 하어의궁은 어의동본궁, 용흥궁으로도 불렸다. 일반적으로 어의궁 하면 하어의궁을 말한다. 하어의궁은 인조 이후 14명의 왕비와 왕세자빈의 가례를 올린 장소였는데 지금도 예식장이 자리하고 있어 터의 기운이 계승되고 있는 듯하다.

어 의 궁

효종이 태어난 상어의궁

인조는 선조와 인빈 김씨의 아들 정원군의 장남이다. 정원군은 1590년 구사맹의 딸과 혼례를 올리는데 구사맹은 세종의 아들 영응대군의 부마 구수영의 증손자이다. 정원군은 혼인 뒤 인왕산 아래 경희궁 자리에 살았다.[1] 2년 후 임진왜란이 발발하자 정원군은 선조를 호종하여 피란갔고, 해주에서 능양군(인조)을 낳았다.[2] 이후 능원군, 능창군을 두었는데 능양군은 주로 외가에서 자란다.

그리고 능양군은 훗날 인열왕후가 되는 청성현 부인과 혼인하면서 중부 경행방 향교동에 살림을 차리고 왕권과 관계없는 삶을 산다.

《한경지략漢京識略》*에 의하면 효종이 태어난 곳인 어의궁이 중부의 경행방에 있었는데, '이곳에는 잠룡이라는 이름의 연못이 있었다.'

> **《한경지략》**
> 《한경지략》은 한성부의 역사와 모습을 기록한 부지府誌로 정조 때 한양의 모습을 알 수 있고, 특히 궁실宮室 등의 역사, 위치, 전설 등이 기록되어 있다. 원문은 '재중부경행방유지명잠룡지在中部慶幸坊有池名潛龍池'다.

고 했고, 이 궁은 인조가 즉위한 뒤 얼마 지나지 않아서 폐궁이 된 것으로 보이며 현재는 그 터를 알 수 없다고 했다.[3] 따라서 이곳에서 1612년에는 왕(소현세자)이, 1619년에는 정연(봉림대군, 효종)이 태어나 살았고, 인조 즉위가 1623년이니 이때까지는 상어의궁이 존재했던 것이다.

1899년경 만들어진 〈한성부지도〉에는 중부 경행방 교동에 어의궁이 표시되어 있어 이 지도와 위의 사건들을 종합해 그 위치를 유추해 보면 현재 돈의동의 피카디리 극장 부근에서 수표로 26길(구 이궁길) 사이로 짐작된다. 돈의동이라는 이름에서도 어의궁의 흔적을 확인할 수 있는데 1914년 일제강점기에 행정 구역을 통폐합할 때 왕실 친인척을 위한 사무를 관장하는 관청인 돈녕부가 있던 '돈령동'과 '어의궁'을 합하여 '돈의동'이라 했다.[4]

영조는 효종은 형제가 세 명인데 형인 소현세자가 일찍 세상을 떠나 왕이 되었고, 인평대군 또한 세상을 떠났으며, 자신도 형제가 셋인데 경종이 일찍 세상을 떠나 둘째인 자신이 왕이 되었고 동생 연령군이 일찍 세상을 떠났으니, 효종과 자신은 닮은 점이 많다고 생각했다.[5] 그래서인지 어의궁에 자주 행차했다. 영조는 향교동 어의궁에 거둥하여 봉안각에 배례하고 친히 '인묘고궁仁廟古宮'이라는 글을 쓰고 이를 새겨 걸게 했다.[6]

용흥궁으로 불렸던 하어의궁

어의동에 위치한 '어의동본궁'은 성종의 계비 정현왕후의 본궁이었다.[7] 정현왕후 윤씨는 연산군의 어머니인 윤씨가 폐비가 되자 계비로 책봉되어 훗날 중종이 되는 진성대군과 신숙공주를 낳았다. 진성대군이 어린 시절 이곳에서 살았다.[8]

그리고 중종과 장경왕후의 아들 인종이 원자 시절에 피우避寓하였고,[9] 1521년 장녀 효혜공주의 가례를 위해 본궁을 수리하여 연성위 김희와 살게 했다. 1528년에는 효혜공주가 이질을 앓자 중종이 문병하였고,[10] 3년 후인 1531년 효혜공주는 죽게 된다.[11]

이후 비어 있던 이곳에 문정왕후에게서 태어난 경원대군(명종)이 거처했다. 경원대군은 1542년에 가례를 올리고[12] 어의동본궁과 제안대군의 집(수진궁)에 거처했다.[13] 인종은 1545년부터 이복동생인 경원대군에게 살 집을 마련해주려고 하였지만 이루지 못하고 그해에 죽는다.[14]

1556년, 명종은 어머니 문정왕후의 생신을 맞아 창덕궁에 행차하여 대왕대비(정현왕후)에게 문안드리고 경복궁으로 환궁할 때 아들 순회세자가 있는 어의동본궁에 들른다.[15] 즉, 정현왕후의 본궁이었던 어의동본궁에서 정현왕후의 후손인 아들 중종, 손자 인종과 명종 그리고 손녀 효혜공주와 증손자 순회세자가 거처하였음을 알 수 있다.

이후 상어의궁에 살던 능양군(인조)이 효종을 낳은 후 잠시 어의동본궁으로 옮겨와 살았다. 그리고 능양군 가족은 다시 서부 인달방으로 이사하였고, 그곳에서 능양군은 반정을 일으켜 왕위에 오르니 인조가 된다. 따라서 인조가 살았던 곳들이 잠저가 되어 상어의궁, 하어의궁, 어의궁으로 불리게 되었다.

인조가 궁궐로 들어갈 때 소현세자는 12세, 봉림대군은 5세였다. 그리고 소현세자는 세자 책봉 후에 가례를 올렸으니 궁궐에 머물렀고, 봉림대군은 13세에 장유의 딸과 가례를 치르고[16] 4년 동안 궁궐에서 살다가 사저인 하어의궁에서 살았다. 봉림대군은 이곳에서 숙신공주, 숙안공주를 낳고 병자호란으로 심양에 볼모로 잡혀 8년의 세월을 지낸다.

그 사이 인조의 비 인열왕후가 죽고 나서, 1638년 인조는 어의동 본궁에서 계비 장렬왕후와 가례를 올린다. 1645년 봉림대군은 소현세자의 급작스러운 죽음으로 심양에서 돌아와 이곳에 거처하다가 왕세자 책봉을 받고 궁궐로 들어간다.[17] 둘째 아들로 왕위 계승을 기대하지 않았던 봉림대군이 급작스레 왕이 된 것이다. 그래서 봉림대군이 살았던 하어의궁을 왕, 즉 용이 나왔다 해서 '용흥궁龍興宮'이라고도 불렀다.

이후 하어의궁에는 여러 왕이 다녀갔는데 숙종이 직접 쓴 '어의궁정당제액於義宮正堂題額'과 영조의 '용흥구궁소지龍興舊宮小識', '어의궁기회문於義宮紀懷文' 등이 남아 있다. '용흥구궁소지'는 효종의 잠저인 용흥구궁에 와서 옛일을 생각하며 지은 것이고,[18] '어의궁기회문'은 효종이 일찍이 북벌에 뜻을 두었으나 죽음으로 뜻을 이루지 못한 일을 생각하며 쓴 글이다.[19] 정조는 이곳에서 '낙선재반송시樂善齋盤松詩'[20]를 지었는데 시를 음미하노라면 '하늘을 덮을 듯, 서리

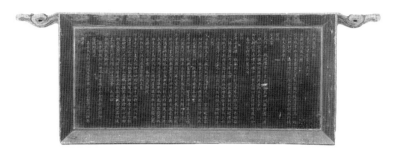

용흥구궁소지
영조가 효종의 잠저인 '용흥구궁'에서 옛일을 생각하며 감회에 젖어 지은 기문으로 1759년 윤 6월 28일
에 지었다. (국립고궁박물관 소장)

고 굽은 소나무'가 있는 하어의궁의 풍경을 상상할 수 있다.

가례장이 된 하어의궁

하어의궁은 중종의 딸 효혜공주의 가례식을 치른 후 인조 16년부터
효종, 현종, 숙종 대를 거쳐 영조, 순조, 헌종에 이르기까지 역대 왕
실의 가례가 거행되었으며, 왕실의 가례소嘉禮所로 중시되었다.[21] 특
히 숙종의 세 왕비는 모두 이곳에서 가례를 올렸으며, 영조는 15세의
정순왕후를 이곳에서 맞아들였고, 두 아들과 손자 정조의 가례식도
이곳에서 행해졌다. 조선 후기 왕비와 세자빈들의 가례소인 이곳에
오늘날 예식장이 들어섰으니 땅의 기운이란 무시할 수 없는 듯싶다.

　1868년(고종 5)에는 어의동본궁이 장마로 무너진 곳이 많아 영건도
감으로 하여금 경복궁 동궁인 계조당터에다 옮겨 짓고 이곳에 비석
을 세워 사적을 기록하게 했다.[22] 1960년대 말까지 이곳에 '효묘잠저

구기'라는 비석이 있었다고 하는데,[23] 고종이 세운 비석이 아니었을
까 하는 생각이 든다.

하어의궁 뒤편으로는 명인촌이라는 마을이 생겼다. 효종 때에 청
나라를 피하여 조선에 귀화한 명나라 사람(한인아병漢人牙兵)들을 어
의궁 앞에 살게 했다고 한다.[24] 효종이 자신이 어려서 살던 조양루
북쪽에 조선에 망명 온 사람들에게 가옥과 토지를 주어 살게 하였고,
이후 그 자손이 동네를 형성한 것이다.[25] 얼마 전까지만 해도 하어의

| 어의궁에서 가례를 올린 왕비들 |[26]

순서	왕(세자)	가례 시기	가례 당시	왕비
1	인조 16년(1638)	인조	계비	장렬왕후 조씨
2	효종 2년(1651)	현종	세자빈	명성왕후 김씨
3	현종 12년(1671)	숙종	세자빈	인경왕후 김씨
4	숙종 7년(1681)	숙종	계비	인현왕후 민씨
5	숙종 22년(1696)	경종	세자빈	단의왕후 심씨
6	숙종 28년(1702)	숙종	계비	인원왕후 김씨
7	숙종 44년(1718)	경종	세자빈	선의왕후 어씨
8	영조 3년(1727)	진종(효장세자)	세자빈	효순왕후 조씨(효순소황후)
9	영조 20년(1744)	장조(사도세자)	세자빈	헌경왕후 홍씨(헌경의황후)
10	영조 35년(1759)	영조	계비	정순왕후 김씨
11	영조 38년(1762)	정조	세손빈	효의왕후 김씨(효의선황후)
12	순조 2년(1802)	순조	정비	순원왕후 김씨(순원숙황후)
13	순조 19년(1819)	익종	세자빈	신정왕후 조씨(신정익황후)
14	헌종 10년(1844)	헌종	계비	효정왕후 홍씨(효정성황후)

궁 뒤쪽에는 명인촌길이라는 이름으로나마 그 흔적을 알 수 있었는데 지번 변경 이후 창경궁로로 바뀌어버렸다.

《계곡선생집》에 나타난 하어의궁

하어의궁의 위치와 규모를 알 수 있는 자료로는 효종의 장인으로 문장이 뛰어난 장유가 《계곡선생집》에 남긴 상량문이 있다. 봉림대군 집 상량문에는 다음과 같이 적혀 있다.

"툭 터진 대지를 보건대 정말 집짓기에 합당하기만 한데, 기수琪樹라 이름 붙여진 동산은 일찍부터 도성 동쪽의 절승絕勝으로 손꼽혀 왔고, 은상銀牀의 호號를 내린 우물물은 천상天上의 흰 달빛을 옛적부터 담아왔다. 이에 공사工師에게 명하여 신축공사에 착수토록 하였는데, 위와 아래 건물의 규모가 정도正道에 맞게 모두 건립되고, 계절따라 기후를 조절하여 여름엔 시원하고 겨울엔 따뜻하게 배려하였다." 이어 동쪽으로는 낙산駱山의 푸른 빛 창문에 가득하고, 서쪽으로는 집 뒤편 푸른 숲 눈앞이 어찔어찔하며, 남쪽은 창을 열면 남산의 시원한 바람 솔솔 부는 곳이라고 했다.[27]

한편 봉림대군의 아우 인평대군의 저택 상량문은 다음과 같다.

"집터를 물색하며 거북이에 물어보니 바로 저 낙산駱山 언덕을 점지했다. 내川가 반으로 나뉘어 두 갈래로 흐르는 이곳이야말로 평소 낙양洛陽 동촌東村의 승지勝地로 일컬어져 온 곳으로서 거리가 또한 금어禁籞(비원祕苑)와 가까워 멀리 천극天極 북신北辰(북극성)의 존엄한

조양루길과 석양루길
종로구 효제동에는 조양루길이, 이화동에는 석양루길이 남아 있어 봉림대군의 하어의궁과 인평대군
집이 이웃하여 살았음을 알려주었지만 현재는 길 이름이 바뀌었다.

처소를 우러러볼 수 있는 곳이기도 하다. …… 누각 세우고 연못 팔
필요 없이 높은 곳 높게 하고 낮은 곳 낮게 하며, 오직 대竹가 들어차
듯 아래를 굳게 하고 소나무 무성하듯 위를 치밀히 손질하여 비 새고
바람 불 염려만 없게 했다." 그리고 동쪽에는 낙타봉 그늘이 집에까
지 들어오며, 남쪽에는 남산의 빛 마냥 더 푸르고, 서쪽에는 멋진 집
오르락내리락 가지런히 보이는 것이 형과 아우가 이웃하여 사는 것
을 알겠노라 했다.[28]

상량문 기록으로 보아 봉림대군, 인평대군 형제는 남산이 보이는
낙산 언덕에 집을 짓고 나란히 이웃하여 살았음을 알 수 있다.

하어의궁에는 정조가 지은 시詩에서처럼 반송이 있었을 것이다.
그리고 오래된 은행나무도 있었다고 하는데, 이 은행나무가 효제동
22번지 3호에 있던 천연기념물 제58호였다. 이 나무는 1962년 천연
기념물로 지정되었다가 1972년에 해제되었다.[29]

1900년 이전 지도에서 '어의궁', '어의동궁' 또는 '본궁'으로 표시

된 지역을 살펴보면, 신교新橋(흙다리, 효제파출소 앞)[30] 앞쪽 도로를 들어가서 어의궁이 표시되어 있다. 따라서 하어의궁은 효제동 22번지 주변 일대로 응봉에서 창경궁으로 그리고 서울의과대학이 있는 마두산, 경신고등학교에 걸쳐 있었고, 현재 현대그룹빌딩(코람코자산운용에 매각)이 있는 언덕을 뒤로 하고, 창경궁 후원에서 발원하여 성균관의 물길과 합쳐져 초교로 빠지는 '홍덕동천'*을 마주하고 있는 저택이 된다. 즉, 하어의궁은 종로 39길에서 율곡로 14길(구 대학천길)을 따라 서울대학병원 방향으로 가다가 좌측 대학로(구 흙다리길) 안쪽에 위치하고 있었다.

봉림대군이 살았던 하어의궁을 상상해본다. 나무다리 위에 흙을 얹은 흙다리를 건너면 커다란 솟을대문이 나오고 행랑채를 지나 사랑채에 이르면 조양루가 보일 것이다. 여러 차례 혼례를 치른 어의궁답게 위엄과 기품이 느껴질 것이다. 《계곡선생집》 봉림대군의 집 상량문에 의하면 동쪽으로는 낙산이, 서쪽으로는 푸른 숲이, 남쪽으로는 남산이 보인다고[31] 했으니 그 풍광 또한 일품이었을 것이다.

> **홍덕동천**
> '홍덕이밭'에서부터 시작하는 물줄기인데 홍덕이밭은 낙산 아래에 있었다. 봉림대군이 청나라 심양에 볼모로 있을 때 홍덕이라는 나인이 채소를 길러 김치를 담가주었다. 봉림대군은 조선으로 돌아온 후에도 홍덕이의 김치 맛을 잊지 못해 홍덕이에게 낙산 중턱에 채소밭을 주어 김치를 담아 올리라고 했다. '홍덕이천'은 '대학천'으로 바뀌었다.

인조반정이 일어난 어의궁

능양군은 동부 숭교방에서 서부 인달방 어의궁, 즉 지금의 내자동으로 거처를 옮겼고 1623년 이곳에서 반정을 일으켜 왕위에 오르게 된다. 능양군이 반정을 일으킨 데에는 동생과 생부의 죽음이 큰 영향을 미쳤을 것이다.

선조 사후 광해군이 왕위에 오른 초기에 정원군은 세자와 이복동생 경창군의 혼례를 주관할 정도로 종친으로 우대되었으나,[32] 권총이 정원군의 모자가 모의한 일이 있다고 고한 후부터 광해군은 정원군을 의심하기 시작한다.[33]

인빈 김씨는 광해군의 생모 공빈 김씨가 죽고 나서 선조의 사랑을 독차지하여 4명의 아들을 두었는데 그 후손은 거의 역모에 몰려 죽게 된다. 첫째 의안군은 12세에 역질에 걸려 죽었고,[34] 둘째 신성군은 세자의 물망에 올랐다가 임진왜란 때 병사하였으며[35] 셋째 정원군은 아들 능창군이 역모로 몰려 자살하자[36] 실의에 빠져 병을 얻어 사망했다.[37] 넷째 의창군은 광해군 때 처가인 '허균 사건'에 연루되어 유배되었다가[38] 인조반정으로 풀려났다.

또 정원군의 세 아들 중 막내 능창군이 지난날 세자의 물망에 올랐던 신성군의 대를 이었고, 군왕의 자격을 갖추었다는 소문은 광해군을 불안하게 하였을 것이다. 1615년 소명국이 옥사에서 신경희에게 들은 이야기를 전하는 바 "능창군이 활솜씨와 말 타는 솜씨가 뛰어나고, 배우지 않고서도 글을 잘하며 정원군의 새문동 사제와 인빈의 선영에 왕기가 있다."[39]라고 고했다. 이 일은 능창군의 역모로 이어져 능창군은 교동에 위리안치되었고,[40] 이곳에서 자결하고 만다. 또한 광해군은 왕기가 서렸다는 정원군의 집터와 부근의 민가 수백 호를 헐어 경덕궁을 지었다.[41]

현재의 어의궁터와 표지석
피카디리극장이 서 있는 자리가 상어의궁(좌상), 한빛웨딩프라자가 들어서 있는 곳이 하어의궁(우상), 서울지방 경찰청이 있는 곳이 어의궁(하) 자리였다.

정원군은 막내아들이 죽고, 살던 집마저 빼앗기자 울분을 품은 채 1619년 세상을 떠났다.[42] 가족의 뼈아픈 죽음으로 능양군은 광해군에 대한 원한이 깊었고, 이서, 김유 등이 이러한 능양군을 추대하여 반정을 일으킨 것이다.

내자동의 어의궁은 일제강점기인 1933년 경성정밀지도에 '경무과

분실'과 '경무과 창고'로 나온다.[43] 8·15광복 이후에는 '경찰피복창'
이 있다가 '경찰전문학교 서울분교',[44] '서울지방경찰청'이 되었다.
현재 서울지방경찰청 서쪽으로 한옥들이 있으며 얼마 전까지 '어의
궁길'이라는 이름으로 남아 있었으나 2010년 도로명이 통일되면서
현재는 '사직로 12길'로 바뀌었다.

그리고 어의궁 부근(구 내자동 201번지)에는 '내자동 백송'이 있었는
데, 1962년 천연기념물 제5호로 지정되었다. 소유자 겸 관리자가 조
강식이었고, 1965년 보존 가치를 상실하여 해제되었다. 이후 이곳에
서울지방경찰청이 들어서면서 그 흔적이 훼손되어 현재는 위치조차
알 수 없고 사진 자료도 구할 길이 없다. 그런데 1789년, 정조가 어
의궁과 용흥궁의 소나무에 자급資級을 주라고 명했다는 기록이 있
다.[45] 그렇다면 이것이 어의궁의 백송과 용흥궁, 즉 하어의궁의 반송
이 아닐까 추측해본다.

근래에 발표한 정정남과 주남철의 논문에 의하면 내자동 201번지
가 청평위궁이었다고 한다.[46] 효종의 딸 숙명공주와 청평위 심익현
이 살던 집이라는 것이다. 따라서 앞으로 어의궁과 청평위궁의 관련
성 내지는 정확한 어의궁터에 대한 연구가 계속되리라 생각된다.

이렇게 화려했던 어의궁들은 세월이 지나면서 흔적 없이 사라지
고, 기록도 많이 남아 있지 않다. 어느 날 효제동의 하어의궁터와 내
자동의 어의궁터에서 조선 시대의 궁터나 유물이 발견되었다는 기사
가 실리기를 기대해본다.

창의궁

영조의 잠저

창의궁彰義宮은 한성부 북부 순화방에 있던 영조의 잠저로 영조가 연잉군 시절에 살던 곳이다. 이곳은 원래 효종의 딸 숙휘공주와 부마 정재현이 살았는데 숙종이 연잉군에게 하사했다. 경종이 후사 없이 죽자 왕세제 연잉군이 경종의 뒤를 이어 영조로 즉위했다. 그 후 효장세자가 죽자 이곳에 효장묘를 세우고 의소세손 사후엔 의소묘를 세웠다. 순조 때는 효명세자 사당인 문호묘를 세우기도 했다. 1870년 문효세자의 문희묘가 이전하면서 영조, 장조, 정조, 순조 장남들의 사당이 되었다.

화려했던 숙휘공주의 궁

봉림대군(효종)은 인조의 둘째 아들로 병자호란 뒤 소현세자와 함께 심양에 인질로 잡혀갔는데, 이때 풍안부부인(인선왕후)이 심양에 따라가[1] 9년간 뒷바라지를 했다.[2] 그 후 봉림대군은 소현세자가 불의의 사고로 죽자 세자가 되었고,[3] 1649년 효종으로 즉위했다.

효종은 인선왕후와의 사이에서 현종과 6명의 딸(숙신·숙안·숙명·숙휘·숙정·숙경공주)을 두었다. 효종은 봉림대군 시절 왕위와 상관없이 사가에서 살았는데 부인과 자식에 대한 사랑이 극진했다. 아버지를 본받아서인지 현종도 누이들에게 각별했다.

효종과 현종 때에는 공주들의 궁 짓는 일에 신하들이 자주 반발했다. 조선 시대 정비正妃가 낳은 공주는 33명인데, 그중 효종이 6명, 현종이 3명을 두었다. 그러니 그 공주들을 혼인시키기 위해서는 궁도 많이 지어야 했을 것이다.

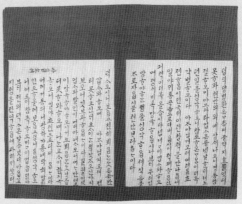

《신한첩곤》

《신한첩》은 조선 시대 왕과 왕비들이 쓴 편지를 모아놓은 서간집으로 《숙명신한첩》과 《숙휘신한첩》
이 발굴되어 남아 있다. 《숙휘신한첩》은 숙휘공주가 받은 편지글을 모은 서간집이다. 표지에 《신합
첩곤》(좌)이라고 쓰여 있고, 한글 편지(건乾)와 한문 편지(곤坤)로 만들어져 있다. 효종이 숙휘공주의
안부를 묻는 글, 인선왕후가 며느리가 잘못 들어와 시댁이 줄초상을 당한다는 말을 들을까 봐 노심
초사하는 심정을 담은 글, 아들이 죽은 후 위로하는 글, 오빠 현종 부부와 조카 숙종(우) 부부가 위
로하는 글 등이 수록되어 있다. (계명대학교 동산도서관 소장) 《숙명신한첩》은 숙휘공주의 언니 숙명공
주의 서간집으로 인조 계비 장렬왕후, 효종과 인성왕후, 현종이 숙명공주에게 보낸 한글 어찰을 모
은 책이다. (국립청주박물관 소장)

    1653년(효종 4) 숙휘공주가 우의정 정유성의 손자 정제현과 혼인하
였다. 효종은 창의궁 부근의 공공의 터에 인가를 철거시키고 집을 지
어주었는데 매우 크고 화려했다고 한다.[4] 그 폐해도 잇달았으니 오죽
하면 좌의정 허적은 공주들의 저택 건축을 중지하도록 상소하면서
백성이 "나라가 망하지, 나라가 망하지." 했다고 아뢸 정도였다.[5]

    숙휘공주는 혼인한 지 7년 뒤에 시어머니가 병으로 죽더니 그 뒤로
시아버지와 시숙부까지 죽어 줄초상을 당했다.[6] 1661년에 아들을 낳

았고, 다음 해에 남편이 죽었으며,[7] 2년 후 시할아버지까지 죽는다.[8]

그 후로 아들 태일마저 죽자, 후사가 없어 사촌동생(정제태)의 아들 건일을 양자로 들였으며,[9] 1696년(숙종 22)에 세상을 떠났다.[10] 숙종은 숙휘공주가 병환 중일 때와 죽은 후에 이곳을 다녀갔다. 숙휘공주는 현종의 누이동생이자 숙종의 고모로 많은 총애를 받았다.

창의궁과 양성헌

숙종은 숙휘공주가家를 연잉군(영조)의 집으로 삼았다. 연잉군은 숙종과 숙빈 최씨의 아들로 창덕궁 보경당에서 태어났다. 숙종에게는 6명의 아들이 있었으나, 3명은 일찍 죽고 세자(경종)·연잉군·연령군만이 남았기에 숙종의 자식 사랑은 지극했다. 특히 연잉군의 관례와 가례가 극히 호화스러웠다고 전해지며,[11] 궁궐 밖에 살 때 연잉군에게는 창의궁을, 연령군에게는 안국동의 집을 마련해주었다.

연잉군의 살 집을 마련하는 일은 실록에 여러 차례 거론되기도 했다. 숙빈 최씨 소유의 이현궁을 연잉군이 쓸 수도 있었으나,[12] 숙종은 연잉군에게 따로 궁을 마련해주었다. 바로 그의 고모 숙휘공주가 살던 궁이다. 연잉군은 1703년 12월 15일 10세에 관례를 올리고, 1704년 2월 21일 달성 서씨와 가례를 올렸으나 한동안 집을 구하느라 궁궐에 머물렀다.

숙종은 여러 장소를 물색하던 중 숙휘공주의 집을 2,000냥을 주고 사들였다.[13] 연잉군은 혼례를 올리고 8년 후인 1712년 2월 12일 거처를 사제(창의궁)로 옮겼다.[14] 그리고 숙종은 특별히 창의궁의 집 이름을 '양성헌養性軒'이라 했다.[15] 영조의 호가 '양성헌'인 것은 이 때문이다. 연잉군은 경종의 왕세제가 되는 1721년 8월까지 8년 반을 이곳에서 거처했다. 창의궁에 사는 동안 연잉군과 부인 숙빈 서씨 사이에는 자식이 없었고, 후실 정빈 이씨에게서 요절한 큰딸 화덕옹주와 1719년 경의군(효장세자)과 1720년 화순옹주를 얻었다.

연잉군은 이곳에서 평범한 왕자로 살았으나 경종이 후사가 없어 왕세제가 되었고 궁궐로 들어가 살게 된다.[16] 그 뒤로 연잉군가는 창의궁으로 불리게 되었고,[17] 연잉군이 왕위에 오른 후 잠저가 되었다.

영조는 조선의 왕 중 장수한 왕으로 꼽히며, 51년 7개월 동안 재위하며 오랫동안 권좌에 있었다. 궐 밖 출입도 많이 했는데, 특히 창의궁 출입을 자주하여 그 규모도 더 커졌던 듯하다.

영조는 여러 궁과 종묘를 찾을 때마다 자주 글을 남겼는데, 그 덕분에 많은 어필이 남아 있다. 특히 창의궁과 관련된 어필이 많이 남아 있는데 숙빈묘를 참배하던 날 창의궁을 찾았을 때 느낌을 적은 '배사묘흥감이작拜私廟興感而作', 창의궁 옛집에 대해 쓴 글로 창의궁 양성헌에 걸었던 '어제 구저기御製舊邸記'와 창의궁 이안와에 대한 느낌과 옛날을 회상하며 적은 '어제어필 이안와시병서御製御筆易安窩詩并序' 등이 있다. 또한 '숨은 용의 옛 궁'이라는 뜻의 '건구고궁乾九古宮'은 창의궁 정당에 걸었고, 효장묘를 지나며 느낀 바를 글로 짓고 글씨로 써서 효장묘에 걸었던 편액 '어제어필 역효장묘유감御製御筆歷孝章廟有感'이 있다.[18] 2010년에는 영조어필 '숙빈최씨사우제

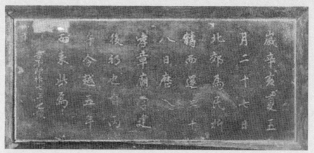

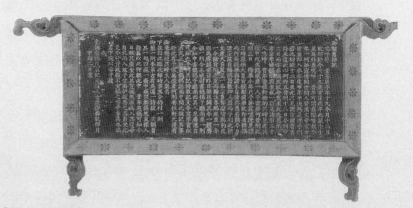

영조 어제와 어필

창의궁에 자주 행차했던 영조는 많은 글을 남겼다. 위에서부터 창의궁 정당에 걸려 있던 '건구고궁'
(1730), 효장묘에 걸었던 '어제어필 역효장묘유감'(1731), 창의궁 양성헌에 걸려 있던 구저기(1772) (국
립고궁박물관 소장)

문원고(보물 제1631-1호)', '숙빈최씨소령묘갈문원고(보물 제1631-2호)', '읍궁진장첩(보물 제1631-3호)'이 보물로 지정되었다.[19]

영조의 아들, 효장세자의 효장묘

연잉군은 세제로 책봉된 후 장자 경의군과 달성군부인(정성왕후) 등 가족과 함께 궁궐로 들어갔다. 3년 후에 경종이 죽자 즉위하여 영조가 되었고, 첫째 아들 경의군은 세자(효장세자)가 되었다.[20] 영조는 1725년 2월 2일 창의궁에 대해 이렇게 말했다.

"왕자와 옹주에게는 으레 전택田宅을 내려주어야 하나, 새로 주면 폐단이 있게 된다. 잠저 때의 창의궁을 그 창의궁이라는 이름을 버리고 신위를 봉안하는 사당으로 하여 제사 모시는 자를 그 궁에 들어가게 하더라도 불가할 것이 없으니 별도의 사당을 지어 봉안한 후 왕자의 궁으로 삼아야 한다."[21]

그러나 효장세자가 영조 즉위 4년 후인 1728년 10세로 요절하자,[22] 파주의 순릉(공혜왕후) 왼쪽 언덕에 을좌乙坐 신향辛向(서향)으로 묻었다.[23]

그리고 다음 해 11월 5일 "창의궁은 곧 사저私邸로 동궁東宮에 속한 것이니, 만일 지금 그 궁에다 사당을 세운다면 어찌 사세가 둘 다 편리하지 않겠는가?" 하며 세자가 어린 시절에 살던 창의궁에 사당인 '효장묘孝章廟'를 세웠다.[24]

사도세자의 아들, 의소세손의 의소묘

효장세자 사후에 영빈 이씨에게서 왕자(선恒, 사도세자)가 태어났는데, 그날로 내전(정성왕후)의 아들로 취해 원자로 봉했다.[25] 그리고 태어난 지 1년 만에 세자에 책봉되었다.[26] 사도세자는 의소세손 정과 훗날의 정조가 되는 산祘을 낳았는데, 장자인 의소세손이 3세에 죽었다.[27] 영조는 원손의 시호를 '의소懿昭'라 하고[28] 몸소 행록과 지문을 지었으며 재실梓室의 상上 자와 묘표墓表 앞, 뒷면을 모두 손수 썼다. 앞면에는 '조선의소세손지묘朝鮮懿昭世孫之墓'라 썼으며, 뒷면의 어제문御製文에는 다음과 같이 적었다.

"나의 즉조 26년 경오 8월 27일에 탄생하여 임신 3월 초 4일에 졸

의령원 재실
1752년 사도세자의 아들 의소세손이 세 살 어린 나이로 죽자 영조는 현재의 서울중앙여자고등학교 자리에 의소세손을 묻었다.

하니, 아! 나이 겨우 세 살이다. 5월 12일에 양주의 안현 남록 사향원에 장사지냈다. 아! 이것이 우리 세손의 생졸이다. 전면의 대자大字 후면의 음기陰記를 모두 손수 썼다. 모든 의물을 수효도 줄이고 제도도 줄였으니 뒷사람으로 하여금 내 손자를 위하여 묘를 보고 눈물을 흘리게 함이다."[29]

양주 안현은 현재의 안산 아래 서대문구 북아현동이다. 의소의 묘, 의령원(의소원)은 1949년 황신덕이 세운 중앙여자중학교에 팔렸다. 이에 의령원은 서삼릉 효창원 뒤쪽으로 옮겨졌다.

《중앙 30년》에 의하면 1949년 구 왕실 토지(의령원) 59,593㎡ (18,027평)과 부속건물 3동을 매수했다고 한다.[30] 그런데 이 책에는 재실 사진이 나오며 이 한옥은 '동심사'라 하여 배구부 기숙사로 사용하면서 현재까지 일부분이 남아 있다. 동심사는 북아현동 199-1 번지, 구 등기부등본에는 북아현동 산 1번지-366으로 되어 있는데 1963년 재단법인 추계학원(현재 학교법인 추계학원)에서 인수했다. 그렇다면 이 한옥은 260년 전의 의령원 재실일까? 동심사는 현재 기와지붕은 그대로이고 벽면은 벽돌로 개조되었다. 건축물관리대장에 건축, 개축 연도도 없는 것으로 보아 옛것 그대로 보존되어 온 듯싶다.

영조는 세손의 장사를 지낸 후, 창의궁 효장묘廟에 거둥했다.

"때가 되면 의소묘懿昭廟를 여기에 세워야겠다. 3년 뒤에는 먼저 그 궁의 정당正堂에 들게 했다가 사당으로 들어간 뒤에는 전사청典祀廳과 여러 대청을 모두 겸용하게 할 터이다. 사당을 지을 처소를 예조 판서와 호조 판서가 살펴본 뒤에 도면을 그려 뒤에 참고가 되도록

동심사의 과거와 현재
의령원의 일부였던 동심사 건물은 현재 중앙여자고등학교 배구부 기숙사로 사용하고 있다.

하라." 하고 서글픈 표정으로 이렇게 말했다. "여기는 한漢나라 고조
高祖의 풍패豊沛(고향)와 같은 곳인데, 아들과 손자가 모두 여기에 있
으니 더욱 처량하구나."[31]

그리고 영조는 효장묘의 1/5로 축소된 규모와 비용으로 의소묘를
영건토록 지시하였으며 9월 29일 완공했다. 그리고 12월 20일 3건의
《의소묘영건청의궤》를 만들어 어람용 1건 외 강화사고와 예조에 1건
씩 보냈는데 여기에 〈의소묘도圖〉(서울대학교 규장각한국학연구원 소장)
가 있다.[32] 강화사고에 있던 《의소세손책례도감의궤》와 《의소세손빈
궁혼궁도감의궤》 그리고 유일본인 《의소세손묘소도감의궤》와 《의소
세손예장도감의궤》는 2011년 프랑스로부터 돌아왔다.[33]

영조 사후에 정조는 할아버지 영조의 유지에 따라 효장세자의 아들
로 왕이 되었다. 정조는 등극 후 양부 효장세자를 '진종眞宗'으로 추승

하고 창의궁에 있던 효장묘를 종묘로 이전했다. 그리고 효장묘 자리에 의소묘를 옮겼으며[34] 고종 때인 1870년에는 의소묘를 '영소묘永昭廟'로 고쳤다.[35]

정조의 아들, 문효세자의 문희묘

정조의 장자 문효세자가 5세에 죽자 묘廟를 '문희文禧'로, 묘墓를 '효창孝昌'이라고 했다.[36] 효창묘墓는 처음에 지금의 서울 효창공원(사적 제330호) 자리인 율목동에 있었다.[37] 문효세자의 생모 의빈 성씨 역시 아들의 죽음을 상심하다가 같은 해에 세상을 떠나 효창묘 왼쪽 언덕에 묻혔다.[38] 효창묘는 고종 7년에 '효창원'으로 승격했다.[39]

일제강점기인 1924년 효창원의 일부를 효창공원으로 개발하였고, 1944년 문효세자묘를 서삼릉 의령원 아래로 옮겼다.[40] 의빈 성씨묘도 서삼릉 후궁 묘역으로 이전했고, 8·15광복 이후 대한민국 임시정부 주석 김구에 의하여 1946년 7월 이 자리에 삼의사묘(이봉창, 윤봉길, 백정기 묘와 안중근 가묘)가 들어섰다. 이어 1948년 9월 임시정부요인묘(이동녕, 차리석, 조성환 묘)가 들어서면서 애국지사들의 무덤을 모시게 되었다.

옛 효창초등학교 뒤 언덕에는 순조의 후궁인 숙의 박씨의 묘와 딸 영온옹주의 묘가 있었는데[41] 8·15광복 후 효창국민학교가 되었다. 1974년 효창국민학교가 폐교되었고 숙명여자대학교에서 이곳을 인수하여 1981년 과학관과 1985년 중앙도서관을 세웠다.[42]

사당 문희묘는 처음에 경모궁 남쪽 담장 밖으로 정했다가 의빈 성씨묘 옆으로 옮겼다.[43] 문효세자 사후 1786년 5월 장례를 치르고부터 1789년 4월 사당에 안치할 때까지의 일을 기록한 《문희묘일기》와 《문희묘영건청등록》이 규장각에 소장되어 있다.[44] 또한 《문효세자예장도감의궤》와 《문희묘영건청등록》이 2011년 프랑스에서 돌아왔다. 《문희묘영건청등록》의 도설圖說을 보면 실록에서와 같이 의빈묘 남쪽 담장 밖에 문희묘가 있는 것을 볼 수 있다.[45] 1870년 고종은 여러 후궁의 사당을 정리하면서 의빈묘는 육상궁 안의 별묘로, 문희묘는 창의궁 의소묘 안 별묘로 이봉했다.[46]

삼의사묘
문효세자의 묘(효창묘)가 있던 자리에 지금은 이봉창, 윤봉길, 백정기의 묘, 안중근 가묘가 모셔진 삼의사묘가 있다.

순조의 아들, 효명세자의 문호묘

1830년에 순조의 명으로 대리청정을 하던 효명세자가 22세의 나이로 갑자기 죽자[47] 시호諡號는 '효명孝明', 묘호廟號는 '문호文祜', 묘호墓號는 '연경延慶'으로 하여[48] 양주 천장산 좌측 유좌酉坐로 향한 언덕에 장사를 지냈다.[49] 연경묘는 의릉 왼쪽 언덕(현재 성북구 석관동 한국예술종합학교)에 있었다.

장례를 치른 후 1831년 순조가 문호묘文祜廟를 새로 건립할 곳을 찾던 중, 김조순 등이 "창의궁 안의 터의 기운이 평온하고 안산案山의 조응이 빼어나니, 과연 이곳은 만년 동안 전해질 길상의 땅입니다. 실로 묘廟를 설립하여 숭봉崇奉할 곳에 적합합니다." 하여 이곳에 사당을 짓고,[50] 다음 해에 문호묘에 입묘入廟했다.[51]

《효명세자입묘도감의궤》(태백산본(서울대학교 규장각한국학연구원 소장), 프랑스에서 돌아온 강화사고본(국립중앙박물관 소장))는 문호묘로 입묘하는 과정을 보여주고 있다. 이후 헌종이 등극하고 효명세자가 익종으로 추존되자 연경묘는 '수릉'이 되었고[52] 1846년 양주 용마산 아래로 옮겨졌다.[53] 또한 문호묘의 신주는 종묘로 옮겼다.[54]

이렇게 창의궁은 영조의 아들 효장세자, 손자 의소세손, 증손자 문효세자와 고손자 효명세자의 사당이 되었다. 이후 효장세자와 효명세자는 왕으로 추존되면서 신주를 종묘로 이전하여 창의궁에는 의소묘와 문희묘만 남아 있다가 1900년에 영희전으로 옮기면서[55] 창의궁은 폐궁되었다. 수릉은 1855년 여덟 능陵이 노니는 자리(동구릉)로 천장했다.[56]

동양척식주식회사 사택

비어 있던 창의궁은 1908년 동양척식주식회사(동척)가 소유하면서
2층 건물의 직원 사택이 들어섰다.[57] 1914년의 〈경성부시가강계도〉
에는 '동척사택'이 표시되어 있는 것을 볼 수 있다.[58] 1924년 〈동아일
보〉 '내동리 명물'란에는 통의동의 동척사택이 나온다.[59] 또한 현재
서울중앙고등학교 내에 위치한 인문학박물관에는 일식 주거의 초기
모습으로 동척사택의 모형도가 전시되어 있다.

동양척식주식회사는 1908년 일본이 동양 진출을 목적으로 영국의
동인도제도주식회사 설립과 경영 방법을 모방하여 설립했다. 조선
농업을 개발한다는 이유로 대한제국은 정부의 국유농지인 역둔토와
궁장토를 출자하고, 일본은 민간으로부터 주식을 공모했다.[60] 동척
의 설립 목적은 농업, 토지매매 및 임차, 토지경영 및 관리, 건축물의
구축, 매매 임차, 한·일 이주민 모집 및 분배, 금융업 등이었다.[61] 그
러나 동척은 저지가, 저생산비, 고미가로 고수익을 축적하였고 이 과
정에서 조선 농민의 원성이 높아졌다.[62] 이에 만주에서 조직된 항일
무력 독립운동 단체인 의열단의 단원인 나석주는 1926년 12월 28일
에 식산은행과 동척에 폭탄을 투척하
는 사건이 있었다.[63] 경성본점 건물은
현재의 을지로2가 외환은행 본점 자
리에 있었고, 현재 그 앞에는 나석주
의사 동상과 표지석이 있다.

동척사택은 1912년 1개의 필지에서

| 동양척식주식회사 사택 모형(인문학박물관)

1949년 필지가 분할되고 대창산업주식회사(대표 최창학)의 소유가 되었다.[64] 8·15광복 후 필지가 분할·매각되어 2011년 현재 108개의 필지로 나뉘었고 전체 면적을 합하여 보니 약 21,143m²(6,396평)가 된다.

역사의 산 증인, 통의동 백송

종로구 통의동 35번지 15호에는 '통의동 백송'이 있어 이곳에 고택이 있었음을 알려준다. 이곳의 구 등기부등본을 보면 통의동 35번지의 변화를 알 수 있다. 1943년 대창산업주식회사에서 매입하였고, 1947년 분할되었으며 1975년 국가에 증여했다. 처음에는 문화재관리국에서 관리하다가 1993년부터 재무부에서 관리했다.

이 백송은 1962년에 천연기념물로 지정되었고 1962년 추정 나이 약 600살 된 노거수로서 천연기념물 제4호로 지정되었다.[65] 소유주는 최창학으로 손자 최동진이 백송과 그 터 약 129m²(39평)를 1975년 문화재관리국에 기증했다.[66]

1990년 7월 17일 백송이 강풍을 동반한 벼락을 맞고 쓰러져 '백송회생대책위원회'까지 조직되어 살리려고 애를 썼으나, 1992년 고사하여 1993년 천연기념물에서 해제되었다. 지금은 죽은 나무 그루터기 옆에 네 그루의 묘목이 자라고 있다. 김은식은 백송이 고사한 후 '나이테 측정 방식'을 사용하여 백송의 나이를 측정한 결과 백송의 나이는 약 300년이라고 했다.[67] 그렇다면 1690년에서 1700년대 초반에 중국에서 3년 정도 자라다가 조선에 들어와 이곳에 자리를 잡고

통의동 백송
일제강점기의 통의동 백송과 1992년에 죽은 백송. 현재는 죽은 백송의 후손 네 그루가 그 자리를
지키고 있다.

성장해 300여 년을 창의궁과 함께한 것이다. 이곳에서 연잉군이 살
기 시작한 것이 1712년이니 백송은 그 이전인 숙휘공주가家이던 시
기에 이미 이식되었거나, 연잉군의 궁이 되고 난 뒤에 이식되었을 가
능성이 크다. 창의궁에서 묵묵히 세월을 견뎌냈을 백송은 현재 그루
터기만 남았지만, 300개의 나이테가 역사의 기억을 소리 없이 말해
주는 듯싶다.

창의궁 가는 길

정조는 1791년 호조에 명하여 창의궁의 양성헌養性軒, 함일재咸一齋, 영모당永慕堂, 일한재日閑齋, 삼오헌三吾軒, 육덕재六德齋, 칠상루七相樓, 팔상함八祥檻, 구혜재玖惠齋가 파손되어 각 해당 관청에 수리하라고 명한다.[68] 이때 《일성록》에 나오는 창의궁 전각들의 이름이 재미있다. 일청헌壹靑軒, 이유헌二酉軒, 삼오헌三吾軒, 사미당四美堂, 육덕재六德齋, 칠상루七相樓, 팔상함八祥檻이 그것으로 숫자로 전각 이름을 지었음을 알 수 있다.

현재의 사직로는 일제강점기에 경복궁 앞에서 직선으로 나게 된다. 1914년 〈경성부시가강계도〉[69]에 계획된 이후 도로가 생겼고, 1967년 사직터널, 1979년 성산대교가 생기면서 확장된 것이다.

조선 시대의 길을 따라 창의궁으로 가보자. 경복궁 서쪽 서십자각을 지나 사직으로 가는 길, 지금은 '자하문로 2길'이라 부르는 이 길을 지나다 보면 우측으로 솟을대문이 보이면서 창의궁이 나타나고 정조가 말한 전각들이 즐비하게 서 있었을 것이다.

창의궁은 숙휘공주와 정제현 그리고 연잉군이 살던 살림집이었으나 후대에 영조 자손의 사당으로 변했다. 자하문로 10길 (구 백송길)과 자하문로 6길(구 백송남길) 사

창의궁터 표지석

이에 있었던 창의궁은 처음에는 아담한 궁이 아니었을까 싶다. 그러다가 영조 등극 후 후손의 사당이 되면서 여러 부대 시설을 갖추며 공간을 넓히고, 또한 영조의 잦은 출입으로 수행원들이 거처할 곳도 필요해지면서 그 영역이 점차 늘어났을 것이다.

사당에는 일반적으로 향나무를 심는데 창의궁에는 사당이 되기 이전인 공주와 왕자가 사는 집이었을 때 심었을 백송이 있었다. 천연기념물 제4호였던 통의동 백송의 그루터기 앞에서 여러분도 상상의 나래를 펼쳐 연잉군이 되어보기도 하고, 영조도 되어보는 즐거움을 만끽해 보길 바란다.

운현궁

고종의 잠저

 운현궁雲峴宮은 한성부 중부 정선방에 있던 흥선대원군의 집이자 흥
선대원군의 둘째 아들 명복(고종)이 태어나 왕위에 오르기 전까지 살
던 곳이다. 이곳은 원래 지명인 구름재에서 이름을 따와 '운현궁'이라 불리게 되
었다. 운현궁은 고종이 명성황후와 가례를 치른 곳이고, 흥선대원군이 섭정을
하며 나랏일을 보던 곳이기도 하다. 한양 내의 궁 중 유일하게 보존되어 있고, 소
규모의 궁궐과 같이 사대문을 갖춘 곳으로 궁의 형태를 살펴볼 수 있다.

가야사를 불사르고 이장한 남연군묘

홍선대원군의 생부 남연군은 인조의 셋째 아들이며 효종의 동생으로 시서화詩書畵에 조예가 깊었던 인평대군의 5대손 이병원의 아들이다. 1815년(순조 15) 은신군에 양자로 입적되어 남연군이 되었다.[1] 홍선대원군이 시서화에 능했던 것도 인평대군의 피를 이어받았기 때문이리라. 은신군은 이미 숙종과 명빈 박씨 소생인 연령군에 입적되었기에 남연군은 연령군가家인 안국동별궁에 살게 된다.[2] 남연군은 창응, 정응, 최응, 하응 네 아들을 두었다. 1836년(헌종 2) 홍선군이 17세일 때 남연군이 세상을 떠났는데 이때 장자 창응은 사망한 뒤였다. 나머지 형제들은 경기도 연천 남송정에 부친을 장사 지냈다.

이때 홍선군의 형제들은 왕실의 친척으로 한직閑職에 있었으며, 홍선군은 안동 김씨의 세력에 몸을 사리고 파락호 생활을 했다. 1846년 남연군묘를 이장하는 과정에는 여러 가지 설說이 있는데《매천야록》

에 따르면 흥선군이 지관을 따라 덕산 대덕사(가야사)에 가서 고탑古
塔이 앉은 자리를 보고는 돌아와 재산을 처분하여 돈을 마련하는데,
그 돈의 절반을 승려에게 주고 절을 불사르게 해 이 터를 얻었다고
한다.[3] 고종 즉위 후, 흥선대원군은 가야사를 불태웠던 죄책감에 가
야사의 동쪽 산에 새 절을 창건하고 '부처님 은덕에 보답하고 속죄한
다'는 뜻으로 보덕사報德寺를 지었다.[4]

흥선군이 부친의 묘를 이장하느라 살고 있던 안국동별궁을 정리했
기 때문에 남연군의 아들들은 운현雲峴 근처로 이사한 것으로 보인
다. 이때 종손가는 계동에, 흥선군은 운현 아래에 자리 잡았을 것이
다. 묘를 옮기고 나서 1852년(철종 3) 드디어 운현 집에서 둘째 아들
명복命福이 태어났다.

남연군묘
안동 김씨 세도에 숨죽이며 살던 흥선군은 가야사를 불태우면서까지 2대 천자지지에 아버지의 묘
를 썼다. 1868년 독일인 에른스트 오페르트가 두 차례 도굴을 시도했지만 실패했다.

보덕사와 보덕사 석탑
흥선대원군은 가야사를 불태운 것을 속죄하기 위해 1871년 보덕사를 새로 지었다. 석탑은 가야사지
에 있던 것으로, 1914년 일본인이 가져가려는 것을 회수하여 보덕사에 옮겼다.

풍수지리의 동기감응론에 따르면 묘의 좋고 나쁜 기운이 후손에게
영향을 끼치는데 기의 전달은 어릴수록 강하게 나타난다고 한다. 즉,
묘를 쓰고 얻은 자식이 그 묘의 발복을 강하게 받는다는 말인데,[5] 명
복은 할아버지의 음덕으로 태어나 운현 언덕의 큰 소나무를 타고 뛰
노는 12세 소년으로 자랐다.

명복, 익종의 양자가 되어 왕위에 오르다
흥선대원군 집안과 헌종의 어머니인 조대비(신정왕후)의 인연은 효명

세자의 장례에서부터 시작된다. 1830년 순조의 장남 효명세자가 죽었을 때 남연군의 둘째 아들 이정응(흥완군)을 수묘관守墓官으로, 셋째 아들 이최응(흥인군)은 대전관代奠官(제사 때 왕이나 왕세자를 대신하여 젯술을 올리는 관리)을 지냈다.[6] 1834년 순조의 장례 때 흥완군은 대전관을, 흥인군은 수릉관守陵官(왕실의 능을 지키는 관리)을 지냈다.[7] 헌종이 즉위한 후 아버지 효명세자를 '익종'으로 추존하니, 효명세자 묘는 '수릉綏陵'으로 바뀌었다. 1846년 수릉을 천장할 때 흥선군은 수릉천장도감綏陵遷葬都監의 대전관이 되어[8] 의릉懿陵 왼쪽(방위는 묘에서 바라보는 방향으로 기록했다. 즉, 묘에서 앞을 바라보면서 우측 또는 좌측이다.)에 있던 효명세자 묘를 양주 용마봉龍馬峰 아래로 옮겼다. 이렇게 흥선군 집안 형제들은 조대비의 남편인 효명세자와 시아버지 순조와 인연을 맺게 된다. 훗날 효명세자(수릉)는 다시 건원릉 좌측 언덕으로 옮겨 조대비와 함께 묻혔다.

조선 시대에는 왕이 어리거나, 왕세자의 교육을 받지 못하고 왕위에 오르면 왕실의 어른이 수렴청정했다. 순조가 11세에 왕위에 오르자 영조의 계비 정순왕후가 대왕대비로서 조정을 장악하고 수렴청정을 시작했다. 그리고 순조, 헌종, 철종의 비를 안동 김씨로만 들였다. 이때 순조의 장인 김조순이 정권을 장악했으며, 그 아들 김좌근과 손자 김병기에 이르기까지 세도 정치를 펼쳤다. 또한 순조비 순원왕후는 헌종이 8세에 왕위에 오르자 수렴청정을 했고, 헌종이 후사 없이 죽자 철종을 왕으로 삼아 다시 수렴청정했다. 따라서 순원왕후의 친정아버지인 김조순은 막강한 권력을 휘둘렀다.

재동 백송
수령 600년으로 추정되는 노거수로 밑동이 하얗고 줄기가 두 갈래로 갈라진 것이 특징이다. 현재
헌법재판소와 윤보선가 사이에 있다. 천연기념물 제8호.

이때 효명세자의 빈이며 헌종의 어머니인 신정왕후는 안동 김씨
세력을 몰아낼 방법을 찾고 있었고 마침 흥선군이 신정왕후의 조카
조성하와 교류하고 있었다. 당시 신정왕후의 친정은 한성부 북부 가
회방(종로구 재동)에 있었는데 이 집 옆에는 백송이 한 그루 있었다.
이 백송은 가꾸는 이의 영화榮華에 따라 그 껍질이 하얘지는 정도가
달랐다고 한다. 이 무렵 흥선군은 이곳에서 조성하를 만나 후일을 도
모하고 있었는데, 백송 밑동이 유독 하얘진 것을 보고 계획이 성공하
리라 확신했다고 한다.[9]

1863년 철종이 죽자, 신정왕후가 명복을 순조의 장자인 익종의 양
자로 입적하여 왕위에 오르게 하니 바로 고종이다. 고종이 왕위에 오

르자 신정왕후는 교서를 내렸다.

"익종에게는 '아버님皇考'과 '효자孝子'라고 부르고 헌종에게는 '형님皇兄'과 '효사孝嗣'라고 부르며 대행대왕에게는 '아주버님皇叔考'이라고 부르면서 3년 동안은 '애종자哀從子', 3년이 지난 후에는 '효종자孝從子'라고 부르도록 하라."[10]

그러면 왜 고종을 철종의 양자로 삼아 왕위를 계승하지 않고, 익종의 양자로 삼았을까? 헌종이 후사 없이 죽었을 때, 순원왕후와 안동 김씨들은 철종을 헌종의 아들이 아닌 순조의 아들로 삼아 왕실의 대를 이었다. 철종은 헌종보다 항렬이 위인 숙부 항렬이었던 것이다. 즉, 철종을 순조의 양자로 삼아 혈통血統을 이었고, 헌종에 이어 왕위를 계승함으로써 종통宗統을 이은 것이다. 마찬가지로 신정왕후는 후사 없이 죽은 익종의 혈통을 잇고자 고종을 양자로 삼았으며, 동시에 철종의 종통을 잇게 했다.

이때 궁궐의 어른으로 신정왕후 조씨와 효정왕후 홍씨(헌종의 계비)가 있었다. 고종은 12세였고 왕이 될 교육을 받지 못했기에 조대비가 수렴청정을 하며 정치에 관여하다가 대원군이 된 흥선대원군에게 자리를 물려주었다. 이때부터 흥선대원군은 1873년 고종이 친정親政할 때까지 조선의 정치에 관여하게 된다. 조대비는 고종 즉위 후 왕의 어머니로서 융숭한 대접을 받으며 83세까지 장수했다. 남편 사후에 아들이 왕이 되면서 왕후가 되었고 다시 대비, 대왕대비가 되면서 천수를 누렸으며, 대한제국 수립 후 황후로 추존되어 신정익황후가 되었다.

작은 궁궐, 운현궁

고종은 왕위에 오른 후 아버지 흥선군을 '대원군'으로, 어머니 여흥 민씨를 '부대부인'으로 봉작封爵했다. 그리고 대원군 궁의 면세 전결 1,000결에 대한 토지 값으로 은 2,000냥을 실어 보내고, 궁장宮庄(궁에 소속된 논밭)이 갖추어지기 전에는 국가에서 콩 100석과 선혜청에서 쌀 100석을 5년 동안만 실어 보내라고 했다.[11] 이듬해에는 호조에서 집을 수축하는 비용으로 17,830냥을 보내 운현궁을 새로 건축하고 수리하게 한다.[12]

흥선대원군 이하응
2대 천자지지 자리에 묘를 써서 아들을 왕으로 만들었으며, 안동 김씨의 세도 정치에 종지부를 찍었다. (국립중앙박물관 소장)

《매천야록》에 의하면 "터를 다시 넓히고 새로 단장하여 주의의 담장이 수리數里나 되었고, 네 개의 대문도 설치하여 대내大內처럼 엄숙하게 했다."[13]고 하니 그 규모와 화려함을 능히 짐작할 수 있다.

운현궁의 규모가 커진 이유는 조대비가 수렴청정을 하다가 흥선대원군에게 정권을 넘겨주자, 대원군의 세력이 커졌고 그에 따라 운현궁에 드나드는 사람도 늘어났기 때문이다.

일반 사대부가의 건축물에는 사당, 사랑채, 안채, 별채가 있는데 운현궁에는 건물이 한 채 더 있다. 안채 이로당二老堂과 사랑채 노안당 사이에 있는 노락당老樂堂이

노안당과 이로당
노안당은 운현궁의 사랑채이고, 이로당은 운현궁의 안채다. 원래 운현궁의 안채는 노락당이었으나 노락당에서 고종의 가례를 치른 후, 이로당을 짓고 안채로 사용했다.

다. 1864년에 지은 노락당은 운현궁의 중심 건물로 원래 안채였는데, 1866년 노락당에서 고종의 가례를 치른 뒤 고종이 방문할 때 사용하는 거처가 되었다. 그리고 1869년에 따로 이로당을 지어 안채로 사용했다. 이로당 뒤편으로는 별채인 영로당永老堂이, 운현 언덕에는 사당이 있었다고 한다.[14]

고종은 노안당과 노락당이 완공된 후 대왕대비와 왕대비를 모시고 운현궁에 나아갔고 은신군과 남연군의 사우에 차례로 전배하였다고[15] 했으니 운현궁을 새로 지으면서 사당도 건립한 것으로 보인다. 물론 종손가인 이재원의 집(계동궁)에 은신군과 남연군의 사당이 있었으나 흥선대원군이 운현궁을 수리하고 새로 지으면서 따로 마련한 사당이 아닐까 생각된다. 그러나 이후로도 고종은 운현궁을 방문할 때 여러 번 "경우궁에 나아가 전배展拜하고 남연군 사당에 두루 전배했다. 이

낙성식 축하 다례연
노안당과 노락당이 완공된 후인 1864년 9월 24일 고종이 대왕대비(조대비)와 왕대비(철인왕후)를 모시고 운현궁에 거둥했다. 부대부인이 두 대비를 모시고 노락당에서 다례연을 베풀고 있는 모습이다.

명성황후의 부대부인 생신 축하 방문
명성황후가 부대부인의 생신에 세자를 데리고 노락당에 방문했다. 명성황후와 부대부인, 세자와 손자 이준용이 노락당에서 즐거운 시간을 보내고 있는 모습이다.

어 운현궁에 문안했다."[16]고 했다. 즉, 순조 생모 수빈 박씨의 사당인 경우궁을 참배하고, 은신군과 남연군 사당을 참배하고 나서 운현궁을 문안한 것이다. 이때 참배한 은신군과 남연군의 사당이 종가인 계동궁에 있는 것인지, 아니면 운현궁에 있는 사당인지는 확실하지 않다. 운현궁의 사당에 대하여 〈운현궁: 실측조사보고서〉에서는 사당의 위치가 육사당 옆인데 흥선대원군의 사당인지 앞서 건립한 은신군, 남연군의 사당인지는 알 수 없다고 했다.[17]

현재 노락당에 전시되어 있는 '낙성식 축하 다례연'과 '명성황후의 부대부인 생신 축하 방문'의 모형은 노락당이 왕실 가족이 사용했다는 것을 보여주고 있다.

운현궁에는 정문과 후문 그리고 창덕궁과 운현궁 사이에 '경근문敬覲門'과 '공근문恭覲門'이 있었다. 경근문은 고종이 출입하는 문이고, 공근문은 흥선대원군이 출입하는 문이었다.[18] 고종이 운현궁에 행차하려면 창덕궁에서 종로를 지나 운현궁으로 와야 하는 번거로움이 있었다. 이곳에 두 문을 세움으로써 고종과 홍선대원군은 종로를 거치지 않고서도 창덕궁과 운현궁을 쉽게 드나들 수 있었다.

운현궁은 홍선대원군의 궁이자 왕의 잠저였지만 아들이 왕위에 오른 뒤에 다시 지어졌기에 그 규모는 궁궐에 버금갈 정도였다.

자영의 꿈에 나타난 인현왕후

1866년 3월 21일 고종과 명성황후의 가례가 운현궁 노락당에서 치러졌다. 운현궁의 안주인 부대부인 민씨는 여흥 민씨 민치구의 딸로 홍선대원군에게 출가하여 장남 재면, 차남 재황(명복) 등 아들 둘과 딸 하나를 낳았다. 부대부인은 왕비 간택 문제가 대두되자 홍선대원군에게 친정 집안인 민치록의 딸을 천거했다. 홍선대원군도 아버지가 고인인 데다가 처남 민승호가 민치록의 양자가 되었기 때문에 외척의 관여가 없을 것이라 생각해 자영紫英을 추천했다.

민치록은 숙종의 장인인 민유중의 5대손이다. 민유중이 죽자 숙종은 장인의 묘를 관리할 수 있도록 묘막을 지어주었고, 민유중의 후손은 대를 이어 경기도 여주군 근동면 섬락리(현재 능현리)에서 살게 되었다. 민치록은 문음門蔭(조상이 세운 공훈으로 자손이 벼슬길에 나아가는 것)으로 장릉 참봉 등을 지냈고 1858년에 세상을 떠났다. 그는 해주 오씨와 혼인했으나 후사를 두지 못했다. 해주 오씨와 사별한 후 두 번째 부인 한산 이씨와 혼인해 1남 3녀를 두었으나 모두 일찍 죽고, 후일 명성황후가 되는 자영만 남게 된다.

자영은 여주에서 태어나 살다가 8세 때 부친을 잃고, 어머니와 함께 한성부 북부 안국방安國坊 집, 감고당(현재 덕성여자고등학교)에서 살게 되었다. 이곳은 숙종이 인현왕후의 친정을 위해 지어준 집으로, 민유중이 살고 인현왕후가 폐비되어 5년간 머물던 곳이다.[19] 1761년 영조가 인현왕후의 안국동 본가를 방문했는데, 이때가 인현왕후가 죽은 지 60년이 지난 해였다. 영조는 인현왕후가 복위된 해에 태어났기에 그 감동이 남달랐던 듯하다. 영조는 이곳을 '감고당感古堂'이라 이름 짓고 어필로 편액을 써서 걸게 했다.[20]

1897년에 고종이 〈명성황후지문明成皇后誌文〉에 내린 어제 행록에는 다음과 같은 기록이 있다.

"을축년(1865년)에 안국동 집에서 꿈을 꾸었는데 인현왕후가 옥규玉圭 하나를 주면서 말하기를 '너는 마땅히 내 자리에 앉게 될 것이다. 너에게 복을 주어 자손에게 미치게 하니 영원히 나라를 편안하게 하라'고 했다. 어머니 한산 이씨의 꿈에도 역시 인현왕후가 말하기를 '이 아이를 잘 가르쳐야 할 것이다. 나는 나라를 위해 크게 기대한다.'고 했다. 사당 앞에 소나무가 한 그루 쓰러져 있었는데, 이 해에 묵은 뿌리에서 가지가 돋아났고 옥매화가 다시 피었다. 명성황후의 집은 바로 인현왕후의 집이다."[21]

그리고 자영이 꿈을 꾼 다음 해인 1866년 고종은 운현궁에서 자영을 왕비로 맞아들이는 친영의식親迎儀式을 행했다. 당시 가례 행사를 위해 1,641명의 수행원과 700여 필의 말이 동원되었다고 하니 가히 운현궁의 규모를 짐작할 수 있다.[22]

▌2009년 4월 18일 명성황후 가례 재현

▌전통 혼례 장소로 사용 중인 운현궁의 노락당

현재 운현궁에서는 봄과 가을, 1년에 두 번 '명성황후 가례의식 재현 행사'를 열어 시민들에게 공개하고 있다. 또 고종과 명성황후가 가례를 올렸던 노락당 마당에서 전통혼례를 할 수 있도록 장소를 빌려주고 있어 주말이면 혼례 장면을 볼 수 있다.

팔려나간 운현궁

1898년에 흥선대원군과 여흥부대부인이 세상을 떠나자, 흥선대원군 부부는 처음에 신후지지身後之地(살아생전에 정해둔 묏자리)로 마련한 고양군 공덕리에 묻혔다. 이어 1908년 파주군 운천면 대덕동(현재 파주시 문산읍 문천리)으로 옮겨졌고, 흥원興園으로 격상되었다. 이곳은 인조의 장릉이 있다가 천봉한 문산읍 운천리 능말마을 언덕인데, 1966년 현재의 남양주시 화도읍 창현리로 다시 옮겼다.[23] 그리고 2008년과 2009년에는 이 주변에 모셨던 후손의 묘를 화장하여 흥선대원군묘 좌측 언덕 흥영군 이우의 묘가 있던 자리에 함께 모셨다. 그리고 남은 석물들은 서울역사박물관에 기증하여 박물관 마당에 전시되었다.

흥선대원군이 죽은 뒤 운현궁은 장자인 흥친왕 이재면이 물려받았다. 이후 1912년 흥친왕이 죽자 장손 이준용이 대를 이었다. 이때 일제는 친일 귀족들에게 양관洋館을 지어주었다고 한다.[24] 1917년 이준용이 후사 없이 죽자 고종의 손자이자 의친왕의 차남 이우가 양자로 들어와 운현궁을 지켜나갔다. 그러나 이우가 1945년 8월 6일 일본에서 세상을 떠나자 장남 이청이 대를 이었다.

흥선대원군묘
흥선대원군의 묘는 처음에 고양군 공덕리에 있었다. 이곳은 흥선대원군이 살아생전에 마련한 묏자리다.

남양주 흥선대원군묘와 흥선대원왕 신도비
고양군 공덕리에서 파주군 대덕리에 이장되었다가 1966년에 현재의 자리인 남양주 화도읍 창현리로 이장되었다. 오른쪽에 있는 비석에는 흥선대원군의 능원이라는 뜻의 '국태공원소國太公園所'가 새겨져 있다.

┃ 흥선대원군 후손의 화장묘

일제강점기에 운현궁은 구황실 재산으로 압류되었으나 그 후손이
거처하고 있었다. 1948년에는 미 군정청이 운현궁은 왕실 재산이 아
닌 개인 재산이라는 판결을 내림으로써 이청 소유로 등기되었다.[25]
이때부터 개인 재정으로 운현궁을 유지했는데, 재정적으로 많은 어
려움을 겪게 된다. 그러자 예식장도 운영하고, 땅을 분할해서 팔기도
하고, 도로변으로 상가를 지어 운영하기도 했다. 1991년 서울시는
이청에게서 7,102㎡(2,148평)의 운현궁을 사들여 운현궁 실측을 한
후 1993년 말부터 보수, 복원하여 1996년부터 일반에게 공개했다.[26]

흥선대원군이 살던 당시의 운현궁의 규모는 현재의 운니동 114번
지 전체 면적만 해도 약 3만 1,736㎡(약 9,600평)가 되니 그 규모를 미
루어 짐작할 수 있다.

운현궁의 흔적들
흥선대원군 후손의 화장묘를 흥선대원군묘 근처로 옮기면서 남은 석물들을 서울역사박물관 마당에서 전시했으나(좌), 지금은 서울역사박물관 뒤쪽으로 옮겼다.

현재 운현궁은 어떻게 변화했을까? 종로구 운니동 114번지 2호(율곡로 78)는 운현궁에서 '운니동 예식장'으로 운영하다가 소유주가 제일모직, 동양방송, 중앙일보, 에스원으로 넘어가면서 '동양방송 운현궁스튜디오', '중앙문화센터', '삼성래미안 주택전시관' 등으로 사용하다가 현재 '래미안 갤러리'로 사용하고 있다. 삼성은 이 자리에 '삼성운니동현대미술관'을 지을 계획이었다. 이곳이 원래 고종이 태어나 살았던 운현궁 자리라고 하니,[27] 이곳이 어떠한 방법으로 개발되든지 흥선대원군과 고종 관련 유물이 나오지 않을까 기대해본다.

종로구 운니동 114번지 7호(삼일대로 460)는 덕성여자대학교 종로캠퍼스로 현재 양관은 덕성학원 법인사무국으로 사용하고 있으며, 종로구 운니동 114번지 8호(율곡로 64)에는 주한일본대사관 공보문화

덕성여대 교육관에서 내려다 본 운현궁 전역
양관인 이준 공저와 운현궁의 노안당, 노락당, 이로당, 영로당(앞에서부터)이 보인다.

원이 있다.

　종로구 운니동 114번지 9호 서울빌딩(삼일대로 472)과 114번지 31호 (삼일대로 470) 운니동 김승현가(서울특별시 민속자료 제19호, 운현궁 영로당)는 현재 법무법인 김&장의 대표 김영무 소유이다.

　종로구 운니동 114번지 10호(삼일대로 464)는 현재의 운현궁이다. '운현궁'은 1997년 사적 제 257호로 지정되었으며, 2011년에 '서울 운현궁'으로 명칭 변경되었다. 운현궁은 서울 시내에 궁의 유일한 흔적으로 남아 있어 많은 사람에게 잠저로서의 모습을 알리는 역할을 하고 있다.

제2장

왕을 낳은
부모가 살다

도정궁

덕흥대원군의 궁이자
선조의 잠저

도정궁都正宮은 한성부 서부 인달방에 있던 궁으로 덕흥대원군이 살았다. 선조가 태어난 곳이기도 한 이곳은 덕흥대원군의 후손에 의해 사당을 모신 궁으로 470년 가까이 이어져 내려왔다. 도정궁 내 덕흥대원군의 사당인 덕흥궁德興宮은 장자 하원군의 후손으로 계승되면서 도정都正들이 사는 곳이라는 뜻에서 '도정궁'으로 불리게 되었다.[1] 후손은 4대까지는 종실의 녹을 받았으며, 이후부터는 대대로 도정 벼슬을 세습했다.

중종의 막내아들 덕흥군

덕흥군 이초李岹는 창빈 안씨의 소생으로 1530년 중종의 막내아들로
태어났다. 1538년 덕흥군에 봉해졌고, 1542년 정세호의 딸과 혼인했
다. 중종은 막내아들이 덕흥군으로 봉해진 해부터 거처할 저택을 마
련하기 시작했는데, 한성부 서부 인달방에 집을 사주었다. 43세에 낳
은 막내아들에 대한 중종의 사랑이 담긴 이 저택은 건축 초기에는 그
크기가 50칸으로 제도에는 어긋나지 않았으나, 매우 큰 아름드리 재
목의 길이를 기준에서 벗어나 사용하는 바람에 신하들이 이를 사치
스럽다며 문제 삼기도 했다.[2] 또한 사직단社稷壇과 담장을 사이에 둔
곳에 자리를 잡아 1544년에는 바깥 난간과 담장을 쌓는 일이 논의되
기도 했다.[3]

　덕흥군은 슬하에 하원군, 하릉군, 하성군(선조) 세 아들을 두었고,
30세에 세상을 떠났다. 덕흥군의 부인 정씨는 영의정 정인지의 증손

녀이고 하남군 정승조의 손녀이며, 하성위 정현조의 조카 손녀이고 판중추부사 정세호의 딸이었다. 이렇게 하동 정씨 가문의 막강한 영향력이 훗날 하성군이 왕으로 추대되는 원동력이 되었을 것이다. 오죽하면 이들의 군호가 하동河東 정씨의 하河 자를 따서 하원군河原君, 하릉군河陵君, 하성군河城君이 되었겠는가.

중종 사후에 장자 인종이 왕위에 올랐으나 1년 만에 후사 없이 죽었고, 문정왕후에게서 태어난 경원대군이 명종으로 왕위를 계승했다. 명종은 왕비 1명과 후궁 7명을 두었으나 자식은 순회세자밖에 얻지 못했다. 그러나 순회세자마저도 13세의 나이로 요절하고 만다.

명종은 덕흥군의 세 아들을 자주 궁궐로 불렀는데 특히 하성군을 총애했다. 명종 사후 명종비 인순왕후가 하성군을 선조로 등극시키니 선조는 조선의 왕 중 서자로 왕위를 이은 첫 번째 왕이 되었다. 〈선조대왕 묘지문〉에는 하성군이 왕위에 오르게 된 과정을 다음과 같이 기록하고 있다.

"1552년 11월 11일에 대왕은 한성부 서부 인달방에서 탄생했다. 대왕은 탄생하면서부터 자질이 아름답고 놀이할 때에도 범상치 않았다. 어렸을 적에 명종이 두 형과 함께 불러 어관御冠을 벗어주며 차례로 써보라고 했는데, 대왕이 꿇어앉아 사양하기를 '왕께서 쓰시는 것을 신하가 어찌 쓰겠습니까.' 했다. 그리고 명종이 묻기를 '왕과 아버지 중 누가 중한가?' 하니, '왕과 어버이는 비록 같지 않으나 충효는 다를 것이 없습니다.' 하고 답하니, 명종이 매우 기특하게 여겼다."[4]

선조는 즉위 다음 해에 아버지 덕흥군을 덕흥대원군*으로 어머니 정씨를 하동부부인으로 삼고, 잠저 후원에 가묘家廟를 지었다. 그리고 조모 창빈 안씨와 부모, 큰형 하원군과 남양군부인, 신안군부인 이렇게 6명의 신위를 모시게 하여 제사를 받들게 했다. 그리고 신주를 땅에 묻지 않고 사당에 모시며 신위를 옮겨 모시지 않고 영구히 제사를 지내도록 하는 불천지위로 정했다. 그 제사는 오늘날까지 이어져 내려오고 있다.[5]

대원군
조선 왕조의 대원군 제도는 방계의 시작인 선조 때부터 실시되었다. 선조는 아버지를 덕흥대원군으로, 인조는 아버지를 정원대원군, 철종은 아버지를 전계대원군, 고종은 아버지를 흥선대원군으로 추존했다. 이렇게 조선 왕조에는 대원군이 4명이었으나, 인조의 생부 정원대원군이 원종으로 추존되면서 3명이 되었다.

창빈 안씨의 음덕을 받고 태어난 하성군

풍수가들은 중종의 아들 중에도 막내였던 덕흥군, 또 덕흥군의 아들 중에도 막내인 하성군이 왕위를 계승한 이유를 할머니 창빈 안씨의 음택이 발복한 때문이라 여긴다.

창빈 안씨는 1499년(연산군 5)에 태어나 9세에 궁녀로 뽑혀 중종의 어머니 정현왕후(자순대비)를 모셨다. 20세에 중종의 승은을 입어 후궁이 되었고, 22세에 정5품인 '상궁'이 되었다. 23세에 맏아들 영양군 이거를 낳았고, 28세에 딸 정신옹주를 낳았다. 31세인 1529년(중종 24)에는 종4품인 '숙원'이 되었고, 32세에 덕흥군 이초를 낳았다. 42세에 종3품인 '숙용'이 되었다.

창빈 안씨는 문정왕후의 배려를 많이 받았다. 문정왕후는 1517년(중종 12) 왕비에 책봉되어 딸 3명을 낳고서 아들(명종)을 얻었으며, 다시 딸을 낳았으니 1남 4녀를 두었다. 뒤늦게 아들을 낳았으나 어린 아들이 항상 불안한 상태였다. 문정왕후는 당시 복성군을 낳은 경빈 박씨와 권력 다툼이 있었으나, 한미한 집안 출신으로 성격도 단정한 창빈 안씨에게는 호의적이었다. 왕위 계승권을 넘볼 수 없는 처지였기에 가능한 처사였을 것이다.

46세에 중종이 죽자, 창빈 안씨는 삼년상을 마치고 인수궁으로 물러나려 하지만, 문정왕후의 만류로 궁궐에 계속 머물렀다. 따라서 명종이 왕위에 오르고 난 후에도 창빈 안씨가 계속 궁궐에서 지냈으므로 창빈 안씨의 손자들은 궁궐에 드나들며 명종과 가까이 지낼 수 있었다. 따라서 후사가 없던 명종은 덕흥군의 세 아들을 눈여겨보았을 것이다.

1549년(명종 4) 10월 18일, 창빈 안씨는 우연히 궁 밖에 나갔다가 갑자기 죽었다. 처음에 양주 서쪽 장흥리에 장사를 지냈는데 터가 좋지 않아 관악산 아래 과천 동작동(현재 국립서울현충원)으로 이장했다. 그리고 손자가 선조로 등극한 후 1577년(선조 10) '빈'으로 추봉되어 '창빈'이 되었고, 묘는 동재기 나루터가 있는 동작의 지명에 따라 '동작묘'라 불렀다.[6] 이 일대에 구릿빛 돌들이 많아 동재기라 했고, 과천과 수원으로 가는 나루터가 있어 동재기나루터(동작진銅雀津)라 불렀는데[7] 지금의 지하철 4호선 동작역 부근이다.

국립서울현충원터는 풍수적으로 관악산 줄기가 한강을 만나 멈추는 용진처龍盡處(용이 행룡을 다하고 멈춘 장소)에 해당한다. 주산은 공작봉孔雀峰(화장산)이며 지하철 4호선 동작역으로 가는 좌청룡, 현대

아파트로 가는 줄기인 우백호가 감싸 안아주며 앞으로 한강이 흐르는 곳으로, 이 터의 중심에 창빈 안씨묘가 있다. 이곳은 보는 이에 따라 공작포란형(공작이 알을 품고 있는 것과 같은 형상), 장군대좌형(장군이 군사를 거느리고 있는 것과 같은 형상) 등으로 부른다.[8] 여러 가지 혈명穴名을 가지고 있는 이곳으로 창빈 안씨묘를 옮긴 후인 1552년 덕흥군은 막내아들 하성군을 얻었다. 하성군은 이 묘의 발복을 받고 태어난 것이다.

1565년(명종 20) 명종이 위독했을 때 봉서封書(왕이 종친이나 가까운 신하에게 내린 서신) 하나를 대신에게 내렸는데, 하성군 이균에게 왕위를 잇도록 한다는 내용이었다. 그리고 2년 후에 명종이 고명顧命 없이 운명하자 명종비 인순왕후는 이미 정한 바 있는 하성군을 양자로 삼아 후사를 잇도록 했다.[9] 이때 선조는 생모의 상중이었다. 어머니

창빈 안씨묘와 신도비
국립서울현충원 내에 있으며 1983년에 서울특별시 유형문화재 제54호로 지정되었다. 조선 왕조에서 서자로 처음 왕이 된 선조의 할머니 묘다.

하동 정씨는 아들이 왕이 되는 것을 보지 못한 채 눈을 감았다. 이렇게 조모의 음덕과 외가의 막강한 세력에 힘입은 선조는 1567년 16세에 등극하여 인순왕후의 수렴섭정垂簾攝政을 받았으나 다음 해에 수렴섭정을 거두었다.[10]

역모로 죽은 이하전

조선 후기에 덕흥대원군의 후손은 완성군 이희, 완창군 이시인, 경원군 이하전으로 이어졌다. 이하전은 덕흥대원군의 사손嗣孫(대를 이을 손자)인데 음관蔭官(과거를 치르지 않고 조상의 공덕으로 오르는 벼슬)으로 돈녕부 참봉이 되었고, 도정*을 지냈다. 1849년 헌종이 후사 없이 승하하자 왕위 후보에 올랐다. 그러나 순조비 순원왕후는 강화도에 귀양 간 은언군의 손자 원범을 아들로 삼아 철종으로 등극시켰다. 그리고 1862년(철종 13) 김순성, 이극선 등이 이하전을 왕으로 추대하려는 역모 사건으로 제주도에 귀양을 갔다가 사사당했다.[11]

철종 역시 후사 없이 죽자, 흥선군의 둘째 아들 명복이 효명세자와 신정왕후의 양자로 왕위에 오르니 고종이다. 고종 등극 후 흥선대원군은 이하전의 관작을 복구해주고,[12] 이경용(덕흥대원군의 후손)의 8세 난 아들 이봉길을 양자로 들여[13] 이하전의 후사를 잇게 했다. 이봉길은

도정
조선 시대 정3품의 관직으로 종친부, 돈녕부, 훈련원에서 관리를 지냈다. 조선 시대에는 종친을 정치에 참여시키지 않고 다만 벼슬과 녹을 주었다. 따라서 종친부에 들어갈 수 없는 왕의 친족과 외척에게는 돈녕부의 관직을 주었고, 종실의 군君들에게는 종친부의 관직을 주었다.

이해창으로 이름을 바꾸게 된다. 1908년 이하전은 경원군으로 추증 되었다.[14]

이해창은 1904년 창산군에 봉해졌으며,[15] 1910년에는 일본 정부로부터 후작 작위를 받고 매국 공채를 사들이기도 했다. 슬하에 덕주, 홍주 형제를 두었으며, 덕주는 우갑을, 우갑은 영기를 두어 대를 이었다.

도정궁에는 세 번의 화재가 있었다. 첫 번째는 1588년에 일어나 선공감鑴工監에서 5개월 만에 복원했다.[16] 두 번째는 임진왜란 때 도정궁이 불타버려 덕흥대원군의 유모인 소빈 함양 이씨 댁에 대원군 사당을 봉안했다가 1612년에 복원됐다.[17] 세 번째 화재는 1913년 12월 3일 이해창의 부인 민씨의 장례를 준비하던 중에 발생했다. 이때 도정궁이 대부분 불에 탔다. 이에 고종이 300원, 순종이 1,000원을 하사했다. 그러나 화재의 규모가 커서였는지 다음 해에 고종이 2,000원, 순종이 3,000원을 더 내려 집 짓는 데 보조하게 했다.[18]

운경기념관과 경원당

이처럼 많은 일을 겪으며 지켜온 도정궁은 일제강점기인 1931년에 필지를 분할하게 되는데,[19] 이때부터 이해창 소유의 도정궁은 하나둘씩 나뉘어 팔려나갔다. 1939년에는 덕흥대원군과 창빈 안씨의 위패 도난 사건이 발생했으며[20] 이후 불천지위 6위를 경기도 남양주시 별내면 덕송리 339번지 덕흥대원군의 묘원 내에 있는 재실 덕흥사로

▌덕릉재실의 육위 신주함(좌)과 덕흥대원군 부부 신주(우)

▌덕흥대원군 탄신 제480주기 추모제(2010년 4월 18일)

이전하여 오늘날까지 이곳에서 제사를 모시고 있다.

도정궁터는 200여 개의 필지로 나뉘었고 여러 번의 분필과 합필로 인해 지금은 사직동 262번지와 사직동 1번지의 일부분이 포함된 영역으로 추정된다. 현재는 단독주택과 빌라, 사무실, 종교 단체, 주유소 등이 들어서 있다. 그중에 도정궁의 흔적이 남아 있는 세 곳만을 자세히 알아보자.

사직동 인왕산로 7(구 사직동 1번지 57호)은 1945년에 도정궁의 사손 이해창이 사망했기 때문에 호주 상속으로 아들 이덕주의 소유가 되었다. 이때 이덕주의 거주 주소는 사직동 262번지 1호로 분필되기 이전의 주소다. 등기부등본을 확인해 보면 이후 두 차례의 매매 과정을 거친 후 선조와 정빈 민씨 사이에서 태어난 인성군의 후손인 운경 이재형이 도정궁의 주인이 되었다. 인성군은 1628년 유효립 모반 사건에 왕으로 추대되었다 하여 진도에 유배되었다가 자결하게 된다.[21] 이후 1637년에 복관되었고,[22] 경기도 군포시 산본동에 땅을 하사받아 그 후손이 살았다.[23] 사직동 262번지 77호를 사들인 이재형은 이후 집 주변을 더 사들였다. 이재형 사후에는 1993년에 운경재단을 만들고, 1997년에는 후손이 이곳에 이재형의 호 '운경'을 딴 '운경기념관'을 짓고 운영하고 있다.

기념관 옆에 있는 고풍스러운 안채와 사랑채 '긍구당肯構堂'은 2000년에 대대적으로 개축했으며, 축대의 기단基壇들에서 도정궁의 흔적들을 찾아볼 수 있다. 원래 사직동 262번지 77호가 합병·분할되면서 사직동 1번지 57호로 변경되었고, 토지대장을 확인해보면 1번지 40호, 262번지 81호, 262번지 6호 등이 합필되어 현재의 운경기념관이 되었음을 알 수 있다. 현재 이곳은 제사 때만 가족들이 모인다고 하지만 어쨌든 덕흥대원군의 후손이 도정궁을 지키고 있다.

사직로 65(구 사직동 262번지 85호), 지금의 주유소 자리 부근에 도정궁의 사랑채 경원당이 있었다. 국회부의장을 지낸 정해영의 아들 정재문이 1973년 대양산업이라는 이름으로 이곳에 자리 잡았다. 그리고 1977년 3월 17일 사랑채가 '서울특별시 민속문화재 제9호'로 지정되면서 당시의 소유주 이름을 붙여서 '사직동 정재문가'라고 했다. 정해영은 대동연탄을 세워 석탄왕이라는 이름을 얻었으며, 이후 정계에 진출해 7선 의원을 지내면서 신민당 정책의장, 원내총무, 국회부의장을 지냈다. 1955년 사재를 털어 동천장학회를 설립했고, 서울

▍ 도정궁의 안채(좌)와 선조가 독서하던 긍구당(우)

성북동에 기숙사인 동천학사를 세웠는데 이곳에서 500여 명의 인재가 배출되기도 했다.[24]

그런데 1979년 7월 4일 성산대로 건설에 따라 도로가 확장되면서 '사직동 정재문가'가 사라질 위기에 처한 적이 있었다. 이 소식을 듣고 건국대학교에서 도정궁 경원당을 인수하여 광진구 모진동(현재 화양동) 건국대학교 연속공정연구센터 옆으로 옮겼다. 이후 덕흥대원군의 후손은 이 건물의 유래와 역사적인 의미를 살리기 위해 경원군 도정 이하전이 살았던 곳이므로 도정궁 경원당으로 개칭할 것을 추진했으며, 2009년 2월 5일 서울시의 문화재명 정정으로 '도정궁 경원당'으로 개칭되었다. 그리고 정재문의 손자 정연택은 이 자리에서 대양C&C와 주유소를 운영하고 있다.

사직동 262번지 83호(사직로 67)에는 임당빌딩이 있고 이 빌딩 뒤에 한옥이 한 채 있다. 이곳은 '학교법인 용문학원', 즉 안암동의 용문고등학교 소유로 이사장은 현대그룹 회장 현정은의 모친인 임당 김문희. 1965년 김문희가 소유했다가 2005년 재단법인 영문에 출연(出捐)했다. 재단법인 영문은 2012년에 재단법인 임당장학문화재단으로 명칭 변경되었다. 현대그룹 회장 현정은은 고 현영원 현대상선 회장과 김문희 이사장의 네 딸 중 차녀다. 이곳은 재단법인 임당장학문화재단 소유로 되어 있으며 한옥은 도정궁 위치에 남아 있는 옛 흔적으로 보인다. 개인 소유로 들어갈 수는 없으나 운경 저택에서 내려다보면 긍구당으로 올라오는 돌계단이 보인다.

돌계단과 대나무에 대한 이야기는 실록에 기록되어 있다. 순조가 덕흥대원군의 사우에 작헌례를 하고 이곳의 고적古蹟을 물으니 사손 진안군 이언식이 말하기를 "내정內庭의 돌기둥은 곧 선조께서 독서하시던 서재書齋이고, 앞기둥 뒤의 계단에 있는 회양목黃楊木은 대원군께서 손수 심으신 것이며, 총죽叢竹은 선조께서 손수 심으신 것입니다."[25]라고 했다. 이곳이 이 기록에 나오는 계단인지는 알 수 없으나 도정궁의 계단을 묘사한 것이므로 나름대로 추측해볼 수 있다.

또한《연암집》〈담연정기〉에는 도정궁의 풍경을 이렇게 적고 있다.

"지금 판돈녕부사判敦寧府事 이공李公이 살고 있는 집 서쪽에 조그만 정자를 짓고 정자 밑에 연못을 파고 담을 뚫고 샘을 끌어들여 물

도정궁 경원당
도정궁 사랑채인 경원당은 개인 소유가 되어 '사직동 정재문가'가 되었다. 1979년 성산대로 건설 계획으로 사라질 위기에 놓였으나 건국대학교에서 인수하여 건국대학교 내로 옮겼다. 현재는 'ㄱ'자 형태의 사랑채만 남아 있다.

재단법인 영문
옛 도정궁터에 남아 있는 이곳은 재단법인 영문의 사무실로 쓰이고 있다.

을 댔다. 담의 남쪽에는 석벽이 있는데 길이가 한 길 남짓하고, 벽의 틈에 노송이 박혀 있어 등걸이 구불구불 서리고 그 가지가 한옆으로 쏠려 그늘이 온 뜰에 가득했다. 내가 날마다 빈객들과 정자에서 노닐며 거문고와 바둑으로 유유자적하니, 한가하고 여유롭기가 마치 물아物我를 잊어버리고 득실의 차이를 초월한 듯했다. 이에 그 정자를 '담연정澹然亭'이라 이름하고, 지원趾源에게 부탁하여 기문을 짓게 했다."[26]

운경기념관 옆의 사직동 262번지 84호(사직로 7길 4)는 2010년 종로구청에서 매입하여 현재 '사직동 공영주차장'으로 사용하고 있다. 이곳에서 운경기념관의 높은 담장을 바라보면 도정궁의 위엄을 느낄수 있다. 그리고 훗날 이곳에 도정궁 역사관이 들어서길 기대해본다.

궁구당과 담연정을 거닐다

도정궁은 어떤 형태로 자리 잡고 있었는지, 담연정의 위치는 어디였
는지, 사당은 얼마나 위엄을 지키고 있었는지, 그 규모는 얼마나 컸
는지 등등 궁금증이 머릿속에 한가득 생겼다. 이러한 궁금증을 풀기
위해 도정궁 건너편에 새로 생긴 아파트단지 앞에서 《순조실록》의
기록과 박지원의 〈담연정기〉, 그리고 유리건판으로 남아 있는 도정
궁의 사진들을 마음으로 새기며 눈을 감고 상상의 나래를 펼쳐보
았다.

　도정궁으로 들어가는 입구에는 인왕산에서 내려오는 물줄기의 작
은 수로가 있고 그곳을 건너면 솟을대문에 양쪽으로 긴 담장의 줄행
랑이 나타난다. 일꾼이 많으니 행랑채도 길다. 대문을 들어서면 사랑
채인 경원당이 나타나고 동쪽에 한옥이 한 채 있다. 북쪽을 향해
'ㄷ'자 모양을 한 한옥이다. 무슨 용도로 사용한 곳일까? 사랑채의
부속 건물로 주인이나 손님을 위해 음식을 만들거나 시중을 들기 위
한 공간이 아니었을까? 이 한옥 뒤로 계단이 나오고 이곳에 덕흥대
원군이 심은 회양목과 선조가 심은 총죽도 보인다.

　계단을 오르면 선조가 책을 읽던 궁구당과 도정궁의 안방마님들
이 거처하던 안채가 나올 것이다. 안채 뒤로는 정갈한 장독대가 보
이고 사랑채에서 사당으로 오르는 계단이 있다. 그 위로 엄숙해 보
이는 사당이 모습을 드러낸다. 눈을 돌려 도정궁 서쪽 언덕을 바라
보면 사계절 꽃이 피고, 아담한 담연정이 작은 연못과 어우러져 평
온한 듯 서 있으며, 한 길이 넘는 담장 벽 사이로는 구불거리는 노송

옛 도정궁터
이곳에는 도정궁터였음을 알려주는 표지석만 남아 있고 현대식 건물들만 빼곡히 들어서 있다.

이 정취를 돋운다. 상상만 해도 도정궁이 얼마나 위엄이 있었는지 알 수 있다. 470년을 지켜온 덕흥대원군의 궁이요, 왕의 잠저가 아니던가.

누동궁

전계대원군의 궁

누동궁樓洞宮은 한성부 중부 경행방에 있던 궁으로 철종의 생부 전계
대원군이 살았고 철종이 태어난 곳이다. 철종은 왕위에 오른 뒤 생사
고락을 함께한 형 영평군을 이곳에 살게 했다. 1869년에는 안국동별궁에 있던
전계대원군의 사당을 영평군의 집으로 옮겼다. 철종의 딸 영혜옹주와 박영효의
혼례가 이곳에서 치러지기도 했다.

사도세자의 후궁, 양제 임씨

1752년 사도세자의 승은을 입어 승휘에 오른 임씨는 은언군과 은신군을 낳은 후 양제良娣(세자의 후궁으로 가장 높은 종2품)가 되었다. 그러나 1762년 사도세자가 죽은 뒤에 임씨도 폐서인되어 두 아들과 함께 궁궐을 나와서 전동典洞(현재 우정총국 부근 종로구 견지동을 말하나 양제궁의 정확한 위치는 알 수 없다.)에 살게 되는데, '양제궁'이라 불렸다.

영조가 은언군의 행방을 알아볼 때 '전동의 집'을 언급했던 적이 있다.[1] 영조는 죄책감에서인지 사도세자의 서자들에게 관대했다. 그러나 은언군과 은신군은 젊은 나이에 늙은 재상이 타는 남여藍輿를 타고 다니고, 시전市廛 상인들에게 수백 냥의 빚을 지고 갚지 않는 등 방자한 행동을 하여 제주도 대정현大靜縣에 안치되었다.[2] 그리고 양제궁은 문을 닫고 사람의 출입을 금했다.[3]

1771년 4월 12일 은신군이 제주도에서 사망하자, 놀란 영조는 즉

시 가시울타리를 철거하게 하고, 시신을 운구

하도록 한다.[4] 그리고 즉시 은언군을 석방하라

는 명을 내리고, 은언군이 살 두어 칸의 집을

지급하고 생모 임씨와 노복의 왕래를 허락했

다.[5] 이때 마련해준 집이 당시 과천 흑석리[*]에
있은 듯하다. 정조는 이복동생 은언군을 서용敍
用하여 수릉관으로 삼았으며, 관직을 회복시켜
주었다.[6] 은전군에게도 직첩職牒을 주고 서용했
다. 임씨는 정조 즉위년에 복작되었고,[7] 고종
때 가서 숙빈으로 추봉되었다.[8] 임씨는 1771년
7월 12일까지 살았다는 기록이 있다.[9]

역모와 순교 속에서 살아남은 사도세자의 후손

1776년 홍봉한의 이복동생 홍인한과 화완옹주의 양자 정후겸이 은
전군을 추대하여 역모를 꾸몄다. 이들은 은전군의 생모 박씨가 장헌
(사도)세자에 의해 죽었으므로, 그 원한을 이용해 은전군을 왕으로 추
대하려고 한 것이다. 신하들이 추대된 은전군을 처형해야 한다고 주
장했으나 정조는 은전군을 지켜주었다. 그러나 은전군은 1777년에
홍상범 등에 의해 다시 왕으로 추대되어 다음 해에 왕명을 받고 자결
했다.[10]

유일하게 살아남은 은언군은 정조 등극 후 홍록대부까지 올라 세

아들인 이담(상계군), 이당(풍계군), 이광(전계군)과 편안히 살았다. 그러나 1786년 홍국영은 자신의 누이이자 정조의 후궁인 원빈이 죽자, 은언군의 장자 상계군을 원빈의 양자로 삼았다. 풍산 홍씨의 대를 이었다고 해서 상계군을 완풍군完豊君으로 봉했으며, 가동궁假東宮이라 했다.

홍국영이 죽은 뒤로도 역모는 이어졌고, 상계군은 또다시 역모에 연루되었다. 이에 집안에서 폭사暴死(스스로 참혹하게 죽음)하였다고 하는데 한때 아버지 은언군이 독살하였다는 소문이 돌기도 했다.[11] 이후 은언군은 다시 강화도에 유배되었다. 12년 후인 1798년 은언군이 유배지에서 도망쳐 도성을 드나든다는 상소가 올라왔다. 이에 정조는 인륜으로 형제를 만나는 것이며 10여 차례 만났다고 이야기한다. 그를 한양으로 들이고 싶지만 1년에 한 번 정도 만나는 것이니 번거롭게 하지 말라고 말한다.[12]

이후 정조가 죽고, 1801년 신유박해 때 대왕대비가 사학에 연루된 은언군 이인의 처와 며느리를 사사했다고 기록되어 있다.

"강화부에 안치한 죄인 인의 처 송성宋姓 등은 고부가 모두 사학에 빠져서 외인外人의 흉추凶醜와 왕래하여 서로 만났으며, 방금邦禁이 엄중함을 두려워함이 없이 방자하게 그 집 안에 숨겨주었으니, 그 부범負犯한 죄를 논하면 하루도 천지 사이에 용납할 수가 없다. 이에 아울러 사사賜死한다."[13]

부인 송씨와 며느리 신씨가 천주교인으로 순교하자, 은언군은 강화도 귀양지에서 사사되었다.[14] 은언군의 부인 송씨와 며느리 신씨는

옛 은언군 신도비
흥창사 내에 있으며, 6·25전쟁
때 소실되었다. 뒤늦게 은언군 신
도비인 것이 밝혀졌다. 원래의 신
도비 앞면은 훼손되었고, 뒷면엔
흥창사 창설자 부부 이름을 적어
흥창사 창설비로 사용하고 있다.

은언군과 송마리아의 묘비
왕실 가족으로는 최초로 세례를
받은 송씨는 신유박해 때 순교자
가 되었고, 남편 은언군도 같이
사사되었다.

양제궁에 유폐되어 있을 때 천주교 신자인 강완숙을 알게 되었고, 그녀에게서 천주교 교리를 배웠다. 그리고 청나라 주문모周文謨 신부에게 마리아라는 세례명으로 세례를 받았다. 또한 신유박해 때 양제궁에 주문모 신부를 피신시킨 일이 양제궁의 궁녀 서경의의 밀고로 알려졌다. 송마리아와 신마리아는 결국 사사되었다.[15]

1801년의 신유박해로 전국에서 많은 신자가 신앙을 증거하다가 목숨을 잃었는데, 송씨와 신씨는 유일한 왕실의 순교자가 되었다. 은언군과 부인 송씨의 묘는 진관외동에 있었는데 묘는 유실되고 묘비는 1989년 전계대원군의 후손 이우영의 기증으로 절두산 순교성지로 옮겨와[16] 조선 왕실의 첫 순교자를 기념하고 있다.

은언군이 죽고 난 뒤, 당(풍계군)과 광(전계군)은 강화도에서 겨우 목숨을 부지했다. 세월이 지나 역모에 관한 일들도 잊혀지고 효명세자가 장성하여 14세가 되는 1822년, 순조는 사촌형제들이 살고 있는 강화도 집의 가시울타리를 철거하여 일반 백성처럼 살도록 했다. 그리고 혼사 비용을 챙겨주고 종친부가 주관하여 혼사를 거행하게 했다.[17] 이때 풍계군은 혼인하여 1824년 익평군을 낳고 2년 후에 죽었다. 익평군은 백부 상계군의 양자로 들어갔다.

전계군도 늦은 나이에 최수창의 딸과 혼인하여 원경(회평군)과 경응(영평군)을 낳았다. 그리고 최씨가 죽자 염성화의 딸을 부인으로 들여 원범(철종)을 낳았다. 철종은 경행방 사제(누동궁)에서 태어났고 이곳에서 자랐다. 그런데 1844년 무인 민진용 등이 원경을 왕으로 추대하려다 발각되었으니, 이 일로 원경이 사사되었다. 따라서 경응과 원범은 또다시 강화도에 유배되었다.

사도세자의 자손은 이렇게 끊임없이 역모에 연관되었다. 영조 이후 아들이 귀했고 또한 요절하는 경우가 많았기 때문이다. 그때마다 왕실의 후계자로 은언군, 은신군, 은전군과 그 자손이 추대되었다. 이리하여 사도세자의 서자와 손자들에 이르기까지 역모에 관련되어 죽임을 당했다. 그 때문에 전계군과 흥선군의 아버지 남연군은 역모로 이용되어 죽는 종친들을 봐야 하는 남다른 아픔이 있었다. 흥선군이 시중 잡배 노릇에 파락호 생활을 한 것은 이러한 사태를 피하기 위해서였다.

강화도령 원범, 왕이 되다

원범은 11세에 부친을 잃었고, 1844년 14세에 큰형 원경이 역모에 거론되어 온 집안이 교동으로 옮겼으며, 10여 일 후 다시 강화도로 옮겨 유배 생활을 했다.

1849년 6월 6일 헌종이 후사 없이 승하하자, 순조비 순원왕후의 명으로 19세의 강화도령 원범은 입궁하여 덕완군에 봉해지고 왕위에 올라 철종이 되었다. 따라서 원범이 살던 곳은 왕이 살던 잠저라 하여 '용흥궁'이라 불렀다.

본래의 용흥궁(강화읍 동문안길 21번길 16-1)은 '철종조잠저구기'라고 쓴 비석과 비각이 있는 초라한 초가집이었다. 이것을 1853년(철종 4)에 강화도 유수 정기세가 기와집으로 개축하고, 1903년 전계대원군의 사손嗣孫 청안군 이재순이 보수하여 오늘날 우리가 보는 규모의 '용흥궁'이 된 것이다.[18]

철종이 태어나던 날, 실록에는 순원왕후가 꾸었던 꿈을 다음과 같이 적었다.

"1831년 6월 17일에 경행방의 사제私第에서 탄생했습니다. 이때 순원왕후의 꿈에 영안 국구(김조순)가 한 어린아이를 올리면서 말하기를, '이 아이를 잘 기르시오.' 했는데, 왕후께서는 꿈에서 깨고 나서 그 일을 기록하여 두었던 바, 그 후 임금이 궁궐에 들어오게 되자 이를 살펴보니 의표儀表가 꿈속에서 본 아이와 똑같았습니다."[19]

철종이 왕위에 오르자 순원왕후가 수렴청정했고, 인척인 김문근의 딸을 왕비(철인왕후)로 맞아들였다. 그 뒤로 김문근이 정권을 장악하여 안동 김씨의 세도 정치가 계속되었다.

철종은 등극 후 두 형, 회평군과 영평군을 복작하고,[20] 영평군에게 은신군집(안국동별궁)에서 전계대원군의 제사를 모시게 했다. 또 전계대원군의 사저였던 경행방의 집을 주었다. 영평군은 청도 김씨와 혼

용흥궁
강화도에 있는 철종의 잠저로 처음에는 비석과 비각만 있는 초가집이었으나, 세 차례에 걸쳐 개축·보수하여 지금에 이르고 있다.

| 용흥궁 비각

| 용흥궁비

철종 어진
6·25전쟁 때 어진 오른쪽이 소실되었다. 1861년에 그린 것으로 추측되며 왕이 구군복具軍服을 입고 있는 유일한 자료이다. (국립고궁박물관 소장)

인하고 이 집에 살았는데 익랑(대문 좌우에 이어지은 행랑)이 많았으므로 '익랑골'로 불렸다. 1869년(고종 6)에는 안국동별궁에 모셔진 전계대원군의 사당을 경행방에 있던 영평군의 집으로 옮겼다.

왕의 교육도 받지 못하고 시골 무지렁이로 살던 철종은 재위 2년 반 만에 정사를 돌보았고,[21] 재위 14년 만인 1863년에 생을 마쳤다. 자녀는 숙의 범씨의 딸 영혜옹주만 살아남고 모두 일찍 죽었다.

1872년 고종은 철종이 남긴 유일한 딸인 영혜옹주와 부마 박영효의 혼례를 영평군의 집, 누동궁에서 치르도록 했다.[22] 박영효는 금릉위에 봉해졌고, 관훈동 30번지 근처에서 신혼살림을 차렸다. 그동안 영혜옹주와 박영효의 집은 인사동 경인미술관터로 알려져 남산한옥마을로 이전·복원했다. 그러나 2010년 서울시는 경인미술관터는 민영휘 가옥의 일부이며 박영효 가옥은 그 서쪽에 있었다고 밝혔다. 따라서 영혜옹주와 박영효의 집은 그 흔적이 없어져 인사동의 일부가 되었다.

전계군을 전계대원군으로 추봉하다

고종은 철종의 둘째 형 영평군에게 후사가 없자, 1864년 선조의 아홉째 아들인 경창군의 후손 이신휘의 아들 이순달을 계후하게 하였다.[23] 이순달은 1899년 청안군에 봉작되었으며 청안군이 후사가 없자 다시 풍선군 이한용을, 풍선군이 후사가 없자 1908년 청풍군 이해승을 계후하게 했다. 그리고 이해승의 아들 이완주와 손자 이우영이 전계대원군의 제사를 모셨다. 이해승은 1910년 일본 정부에서 후작 작위와 은사공채恩賜公債(조선총독부가 국권피탈에 공로가 있는 사람에게 준 사례금)를 받았으며, 6·25전쟁 때 납북되어 이후 행방은 알 수 없다.

1841년 전계군이 죽자, 아버지 은언군묘 근처인 경기도 양주군 신혈면 진관에 안장했다. 신혈면 진관은 1914년 양주군에서 고양시로 편입되면서 신혈면과 하도면이 합해져서 신도면이 되었다. 1973년에 신도면 관내 구파발리와 진관내·외리는 서울시로 편입되어 현재

전계대원군묘와 신도비
철종은 왕위에 오른 뒤 생부 전계대원군의 묘를 이장하면서 신도비와 재실을 건립하도록 했다.

그랜드힐튼호텔
전계대원군의 첫째 부인 완양부대부인묘가 있던 자리다.

의 은평구가 되었다.[24]

철종은 등극하면서 생부 전계군을 전계대원군으로, 아버지의 첫째 부인 최씨를 완양부대부인, 생모 염씨를 용성부대부인으로 추봉했다.[25] 묘도 다시 정비하고 신도비를 세웠으며, 1856년에는 전계대원군과 완양부대부인의 묘를 포천시 선단동으로 옮겼다. 이후 용성부대부인묘, 회평군묘, 영평군묘가 옮겨져 일가가 함께 있다.

그랜드힐튼호텔이 자리한 홍은동 선산은 영평군에게 사패지賜牌地(왕이 내려준 땅)로 내려져 후손에게 내려왔다. 현재에도 이 부근의 산 대부분이 이우영의 소유다. 일제강점기와 8·15광복을 거치면서 왕족의 재산은 모두 국가에 귀속되었지만 덕흥대원군·전계대원군·흥선대원군 후손의 재산은 개인 재산으로 분류되었다. 그 때문에 고종의 직계 후손이 모든 재산을 빼앗길 때, 이들은 재산을 지킬 수 있었다.

이해승의 아들 이완주는 신봉원과 혼인하여 이우영, 이우진을 두었으나 일찍 죽었다. 신봉원은 1968년 학교법인 동고학원을 설립했고, 1969년 홍은동 선산 아래 홍은동 산 11번지 141호(연희로 37안길 51)에 정원여자중학교를 개교하고 이사장에 취임했다. 1995년에는 둘째 아들 이우진이 이사장으로 취임했다.[26] 이해승의 며느리이며 동고학교재단 명예이사장 신봉원은 2010년 4월까지 살았다.

이우영은 1988년 5월에는 선산이 있던 홍은동 땅에 병원을 지으려 했으나 뜻대로 되지 않았다. 마침 한국에 취항하는 스위스항공에서 호텔 사업을 제안해옴으로써 스위스그랜드호텔을 세웠다. 그러나 2001년 세계적인 항공업계 불황으로 스위스항공이 파산하면서 2002년 4월 그랜드힐튼서울로 바뀌어 현재에 이르고 있다.[27]

누동궁에 들어선 한옥들

전계대원군이 살았고 철종이 태어났으며 영평군이 살았던 누동궁이 있던 곳은 궁동 또는 궁골이라 불렀다. 1914년에는 궁동, 익동, 돈녕동, 니동, 한동이 합하여 익선동이 된다.[28]

누동궁터인 종로구 익선동 166번지 전체 넓이는 약 8,264㎡(2,500평)로, 남북으로 긴 형태의 궁이었다. 의친왕의 5녀 이해경은 2005년 9월 〈이코노미스트〉와 한 인터뷰에서 누동궁에 관해 이렇게 말했다.

"어머니와 가끔 큰집이라 불리는 누동궁에 갔어요. 당시 이우영 회장의 조부인 이해승 씨가 집주인이셨죠. 들어가는 입구부터 조경이 잘 되어 있었고 경치가 수려했죠. 출입문 입구에는 양쪽으로 커다란 장식물이 나열되어 있어서 마치 중국의 성에 들어가는 기분이었습니다."[29]

얼마 전까지만 해도 누동궁 주변에서 중국식 석물들이 그 자리를 지키고 있었는데, 문득 이것들이 이해경이 이야기하는 누동궁 입구의 조경 일부가 아닐까 하는 생각이 들었다.

이해승이 팔고 나간 종로구 익선동 166번지에는 한옥마을이 조성되었다. 구 등기부등본을 보면 1930년대에 익선동 166번지에서 분할되어 옮겨졌다고 기록되어 있다. 누동궁은 분할되어 행랑길·누동궁 1길·2길로 나뉘었다가 다시 누동궁 1길·2길·3길로 나뉘었는데, 2010년 새 주소가 발표되면서 수표로 28길로 통합되었다. 이 한옥들은 아직까지 현존하고 있으나, 서울시는 2004년에 익선동 일대에 '익선동 개발계획'을 발표했다. 이곳에 아파트, 관광호텔, 오피스

▌누동궁 주변의 중국식 석물들

누동궁에 들어선 한옥들
옛 누동궁터에는 한옥마을이 들어섰는데 개발계획으로 곧 사라질 예정이다.

텔, 근린생활시설이 들어올 예정이다.[30]

　언젠가 누동궁은 이 사업으로 그 흔적들이 사라져버릴 것이다. 그나마 남아 있던 '누동궁길'이라는 이름조차 다른 이름으로 바뀌었으니 안타까울 뿐이다. 도로명 주소가 편리한 점도 있겠지만, 그 지역의 역사적 의미를 담고 있는 길 이름들이 모두 사라져버려 과거의 흔적을 찾아다니는 사람으로서 답답하기 그지없다. 나는 주변의 고층건물이나 빌라에 올라가 누동궁의 흔적인 한옥마을을 바라보며 사라지기 전의 누동궁을 눈으로 가슴으로 새겼다.

경모궁

사도세자의 사당

한성부 동부 숭교방에 창경궁의 정원이었던 함춘원含春苑이 있었다. 영조 때 사도세자가 죽은 후 이곳에 사당을 짓고 '수은묘垂恩墓'라 했으며, 정조는 즉위하자 수은묘를 '경모궁景慕宮'으로 높여 불렀다. 정조는 아버지를 한 달에 한 번 참배하기 위해 창경궁에서 경모궁으로 가는 길목에 월근문과 일첨문을 내기도 했다. 고종 때 사도세자를 장조로 추숭하면서 신주를 종묘로 옮기고 나서, 영희전에 있던 신주를 이곳으로 옮겼다.

경모궁

창경궁의 정원, 함춘원

함춘원은 조선 시대 때 창경궁 동쪽에 딸린 정원이었다. 성종은 1484
년에 태종이 상왕이 되어 머물렀던 수강궁터에 창경궁을 짓고,[1] 창경
궁의 안산인 마두봉馬頭峰을 보호하라는 풍수지리에 따라 이곳에 나
무를 심고 담장을 둘러 사람의 출입을 금했다.

　연산군 때에는 함춘원 밖에 별정군을 배치하여 일반인의 통행을
금했고, 담을 구축했으며 대문을 만들고, 함춘원 동편인 낙산까지 전
지역에 있던 민가를 철거했다. 그러나 중종은 백성을 다시 돌아와 살
게 했다. 인조 때에는 함춘원의 절반을 사복시司僕寺에 나눠주어 이
후 140여 년간 말을 기르는 방마장放馬場으로 사용했다.[2]

　임진왜란 때에는 이곳에 순회세자의 부인인 공회빈 윤씨 시신을
임시로 묻는 일도 있었다. 공회빈 윤씨는 1592년 2월에 세상을 떠났
다. 상중이던 4월 14일 임진왜란이 일어나자 선조가 황급히 궁궐을

창경궁과 함춘원터
창경궁의 정원이었던 함춘원은 임진왜란의 발발로 공회빈 윤씨의 시신을 임시로 묻어놓았지만 끝내 시신을 찾지 못했다.

떠난다. 공회빈 윤씨의 관은 그대로 둔 채였다. 다음 해에 돌아와 시신을 창경궁 후원에 가매장했다고 하여 함춘원 곳곳을 파헤쳤으나 끝내 찾지 못했다.[3]

뒤주 속에서 8일 만에 죽은 사도세자

영조 때 이곳에 사도세자의 사당인 '수은묘'가 들어섰다. 사도세자는 영조의 둘째 아들로 영빈 이씨의 소생이다. 이복형인 효장세자가 죽은 뒤 7년 후, 영조의 나이 40세가 넘어서 태어났다. 2세에 왕세자로 책봉되고, 10세에 혼인했으며, 15세부터 대리청정을 시작하여 13년 동안 대리청정하다가 세상을 떠났다.

1762년 2월에는 왕세손(정조)의 가례가 있었고,[4] 5월에는 액정 별감 나상언의 형 나경언이 동궁의 허물 10여 조를 적어 올렸다. 나경언의 상소는 영조와 홍봉한, 윤동도가 보았고, 홍봉한이 불태우기를 청한다.[5] 따라서 지금 내용을 확인할 수 있는 것은 《영조실록》과 《한중록》의 기록뿐이다. 다음은 《영조실록》에 실린 내용이다. 크게 노한 영조가 세자를 창덕궁 뜰에 꿇어앉히고 책망했다.

" '네(사도세자)가 왕손의 어미를 때려죽이고 여승을 궁으로 들였으며, 서로西路에 행역行役하고 북성北城으로 나가 유람했는데, 이것이 어찌 세자로서 행할 일이냐? 사모를 쓴 자들은 모두 나를 속였으니 나경언이 없었더라면 내가 어찌 알았겠는가? 왕손의 어미를 네가 처음에 매우 사랑하여 우물에 빠질 듯한 지경에 이르렀는데, 어찌하여 마침내는 죽였느냐? 그 사람이 아주 강직했으니, 반드시 네 행실과 일을 말하려다가 이로 말미암아서 죽임을 당했을 것이다. 또 장래에 여승의 아들을 반드시 왕손이라고 일컬어 데리고 들어와 문안할 것이다. 이렇게 하고도 나라가 망하지 않겠는가?"[6]

여기에서 사도세자에게 맞아 죽은 왕손의 어미는 은전군의 생모인 귀인(경빈景嬪) 박씨이며, 여승은 양제 가선을 말한다. 《한중록》은 사도세자의 죽음을 목격한 혜경궁 홍씨의 회고록으로 사도세자 죽음의 현장을 비교적 자세히 적었다.

1762년 윤 5월 13일 영조는 세자에게 왕비 정성왕후의 위패를 모셔놓은 혼전인 휘령전(문정전)에 예를 행하도록 했으나 세자가 병을 일컬으면서 오지 않았다. 영조가 다시 행례하기를 재촉하여, 세자가 뜰 가운데서 사배례를 마치자 "여러 신하들 역시 신神의 말을 들었는가? 정성왕후께서 나에게 이르기를, '변란이 호흡 사이에 달려 있

집복헌
집복헌은 사도세자와 순조가 태어난 곳(좌)이며, 영춘헌(우)은 정조가 죽은 곳이다.

다.'고 하였다." 하며 세자에게 자결을 명했다. 세자가 자결하려 했으
나 춘방春坊의 여러 신하들이 말렸다.[7] 이어서 영조는 사도세자를 서
인으로 폐하고 뒤주에 가두었다.

윤 5월 21일 뙤약볕 아래에 갇혀 있던 세자는 8일 만에 세상을 등
지니, 나이 28세다. 이 해가 임오년이라 이 일을 '임오화변壬午禍變'
이라고 한다. 세자가 죽은 후, 영조는 세자의 호를 회복하고 시호를
'사도세자'라 했으며,[8] 장례일에 휘경동 배봉산 아래 사도세자묘를
찾았다.[9] 삼년상을 치른 후에는 한성부 북부 순화방(세심대 아래)에 사
당을 세웠다가[10] 창경궁 홍화문 동쪽으로 옮겨 묘호를 '수은垂恩'이라
했다.[11] 영조는 사도세자가 죽은 후 14년을 더 살았고, 아비의 비참한

문정전
사도세자는 창경궁 문정전 뜨락 뙤약볕 아래에서 뒤주에 갇혀 물 한 모금 마시지 못한 채 죽어갔다.

죽음을 지켜본 11세의 아들은 25세의 청년으로 왕위에 올랐다.

　왕위에 오른 정조는 "과인은 사도세자의 아들이니라."[12] 하고 부르
짖는다. 할아버지 영조가 효장세자의 아들로 삼아 왕세손에 올렸지
만, 정조가 사도세자의 아들임은 누구도 부인할 수 없는 사실이었다.
정조는 즉위 후 10일 만에 사도세자의 존호를 '장헌', 묘를 '영우원',
사당을 '경모궁'으로 올렸다.[13] 이후 도감을 설치하여 경모궁을 고쳐
지었으며, 경모궁 현판에 직접 어필을 내렸다.[14] 그러고는 자주 경모
궁에 들러 참배했다. 창경궁에서 경모궁으로 나가는 곳에 한 달에 한
번 뵈러 가는 '월근문月覲門'을 내고, 경모궁에서는 매일 바라본다는
'일첨문日瞻門'을 내어 서로 통할 수 있게 했다.[15] 또한 창경궁에는

월근문

정조가 아버지 사도세자를 참배하러 가기 위해 만든 문으로 한 달에 한 번 거동할 때만 사용하는 문이라는 뜻에서 월근문이라 이름 지었다. 창경궁 정문인 홍화문 북쪽에 있다.

생부의 사당을 바라볼 수 있는 통명
전 뒤 언덕에 자경전을 지어 생모 혜
경궁 홍씨를 모셨다. 1791년 정조는
아버지 장헌세자를 항상 받들기 위한
마음으로 자신의 어진을 현륭원과 경
모궁 망묘루에 걸어두었다.[16] 이후 이

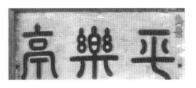

곳에 순조, 익종, 헌종, 철종의 어진이 봉안된다.[17]

　1899년 고종은 장헌세자를 '장종'으로 추존한다. 동시에 경모궁의
의미가 없어지자 경모궁의 망묘루를 영빈 이씨의 사당인 선희궁 내
로 옮겨 짓고 이름을 '평락정'이라 했다.[18] 그리고 망묘루에 봉안했
던 다섯 분의 어진을 선희궁 평락정으로 이안했다.[19] 이어 경모궁에
있던 장종의 신위를 종묘(영녕전 제15실)에 모셨으며,[20] '장조'로 추존
했다.[21] 그리고 1900년 이 자리에 영희전을 이건하고, 영희전에 봉안
되어 있던 태조, 세조, 원종, 숙종, 영조, 순조의 영정을 옮겼다.[22] 이
때 만들어진 《영희전영건도감의궤》가 지금까지 전해진다.

정조, 아버지 묘를 천장하다

정조는 등극 후 생부의 묘를 천장하기 위해 여러 장소를 물색하다가
경기도 화성시 화산 아래로 정하고, 1789년 배봉산 아래에 있던 영
우원을 화산 아래로 천장하고 '현륭원顯隆院'이라 했다. 이곳은 원래
옛 수원읍이었는데, 광해군 때 수원 객사의 뒷산이 선조의 능으로 추

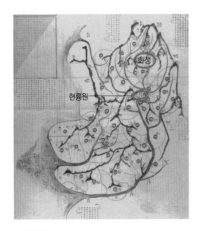

수원부 지도
정조는 현릉원 북쪽에 화성을 건설했다.

천된 적이 있었으나 동구릉의 목릉으로 결정되었다.[23]

또한 현종 때 효종의 능으로 추천되기도 했다. 당시 가구 수는 500여 채, 전답은 700여 결結의 규모인 이 고을을 북쪽 고등마을로 옮기려고 했다.[24] 효종의 능은 두 달이 넘도록 장소를 결정하지 못했다. 현종은 수원의 산을 끝까지 주장하였으나 신하들은 백성의 공역이 커짐을 염려하는 등의 이유로 건원릉 내로 결정하게 되는데 신하들은 "종묘사직과 신민들에 있어서 더없는 다행입니다."[25]라고 했다. 그리고 효종은 "수원은 지금 비록 쓰지 않더라도 이미 원릉園陵의 장부에 편입시켰으니, 혈도穴道 근처에 나무를 많이 심고, 또 개간하여 경작하는 것을 금하라. 그리고 관에서 다른 전답을 주어 산맥山脈을 해치지 못하게 하라." 하고 이곳을 보존하도록 했다.[26] 그러나 효종의 영릉寧陵은 건원릉 내에서 여주에 있는 세종의 영릉英陵 동쪽으로 천장하게 된다.[27]

1789년 7월 11일 금성위 박명원이 영우원을 천장하자는 상소를 올리자 정조는 그동안 생각해 두었던 여러 지역을 나열하면서 수원 화산 아래로 천장을 결정한다.[28] 그리고는 수원읍 읍소재지를 팔달산 밑으로 옮기고 10만 냥을 풀어 백성의 거처를 옮기게 했다.[29] 그리고

3개월 만에 천장을 끝냈다. 광해군이나 현종이 결단하지 못했던 것을 정조는 순식간에 감행한 것이다.

정조의 수원 화성 행차

천장 이후 정조는 해마다 현륭원을 참배하고 화성을 건설했다. 화성은 실학자인 정약용이 성을 설계하고, 거중기 등의 새로운 기술을 이용하여 건설 기간을 단축시켰다. 1794년에 화성 주변에 성을 쌓기 시작하여 약 2년 8개월 뒤인 1796년에 완성했으니, 사적 제3호이자 유네스코 세계문화유산인 '수원 화성水原華城'이다.

1795년 정조는 문무백관과 왕실 가족을 이끌고 화성에 행차했다. 이때가 동갑 부모인 장헌세자의 사갑死甲이며 혜경궁 홍씨의 회갑回甲인 해였기 때문이다. 1795년 윤 2월 9일부터 16일까지의 8일간의 행차를 기록한 〈화성원행반차도〉가 서울대학교 규장각 한국학연구원에 소장되어 있다.

이 반차도는 청계천 장통교와 삼일교 사이에 백자기白磁器 벽화로 재현해놓았다. 1,779명의 사람과 779필의 말을 자기에 구워 정조의 화성 행차의 역사적 의미와 그 시대의 의복이나 가마 등의 모습을 보여주고 있다. 다만 제목이 〈정조대왕 능행반차도〉로 되어 있어 유감이다. 현륭원은 고종이 황제가 된 후에 장헌세자를 장조로 추존하면서 비로소 융릉이 되었기 때문에 이 행차는 원園일 때 이루어진 것이므로 〈정조대왕 원행반차도〉가 되어야 한다. 즉, 방문객들이 '능陵'

(왕과 왕후의 무덤)과 '원園'(왕세자와 왕세자비, 왕의 사친私親의 무덤)을 구분할 수 있도록 원본에 충실해야 할 것이다.

혜경궁 홍씨는 이때 처음으로 남편의 묘를 참배했다. 행차 4일째 상황을 《원행을묘정리의궤》*에서는 다음과 같이 기록하고 있다.

"정조는 군복을 벗고 참포黲袍(연한 검푸른 색의 상복)로 갈아입고, 오서대烏犀帶(검은 물소 가죽으로 만든 띠)를 두른 다음, 여를 타고 원상園上으로 올라갔고, 두 군주도 뒤를 따랐다. 혜경궁은 특별히 제작한 유옥교有屋轎라 불리는 지붕이 있는 여를 타고 올라갔다. 울지 않기로 약속했던 혜경궁이 묘소 곁에 설치한 휘장 안으로 들어가자마자 비통함에 겨워 통곡을 했다. 정조 또한 애통함을 금하지 못했다. 정리사들은 혹여라도 혜경궁이 병환이라도 날까 염려하여 행궁으로 돌아가기를 간청했다. 이에 정조는 친히 차茶를 어머니께 권해드리고 귀환길에 올랐다. 새벽에 시작한 현륭원 참배는 이렇게 비통한 오열 속에 끝이 났다."[30]

사도세자는 33년 만에 찾아온, 친정을 두둔하고 자신을 죽음으로 몰아넣는 데 일조한 부인을 바라보며 어떤 마음이 들었을까? 또 혜경궁 홍씨의 오열은 어떤 의미였을까?

화성 행차 기록은 후손에게 많은 역사적 자료를 남겼다. 화성 행차가 있은 지 212년 뒤인 2007년 4월 29일, 서울시에서는 하이서울페스티벌 행사 중 하나로 '정조반차도 행렬'을 재현

《원행을묘정리의궤》
1795년에 현륭원에 행차한 내용을 정리한 의궤로 권두에는 여러 가지 그림이 나오는데, 특히 행렬 전체의 모습을 그린 반차도가 있다. 본문에는 행사와 관련된 모든 것이 기록되어 있다.

융릉
정조의 생부 사도세자와 혜경궁 홍씨의 합장묘다. 고종이 장조로 추존하여 묘호도 현륭원에서 융릉
으로 승격되었다.

융릉비
고종이 사도세자를 장조로 추존하면서 세운 비
석으로 융릉 안 비각 우측에 있다. '대한 장조
의 황제융릉 헌경의황후부좌大韓莊祖懿皇帝隆陵
獻敬懿皇后附左'라고 쓰여 있다.

현륭원비
정조는 왕위에 오른 후 아버지 사도세자의 수
은묘를 천장하고 현륭원이라 했는데, 그때 세
운 비석이다. 융릉 비각 안에 있으며 정조가
친히 어제한 것이다.

했다. 행렬은 창덕궁에서 시작하여 보신각, 남대문, 서울역을 지나 용산으로 향하고, 이촌 지구 한강둔치에서 부교(배를 이어 만든 다리)를 건너 노들섬에 이르는 것으로 마쳤다. 행렬들이 부교를 만들어놓은 한강을 건너는 모습은 과히 장관이었는데, 이는 1795년 38척의 배를 묶어 만든 배다리를 재현한 것이다. 나는 그동안 이 행렬을 머릿속으로 상상만 하며 제1한강교 다리 위에서 '정조의 원행길'을 안내했다. 그러나 이 행차를 재현할 때 창덕궁에서부터 행렬과 함께하면서 마치 200여 년 전의 정조와 혜경궁 홍씨, 청연·청선 군주를 만난 듯 감동을 느끼며 배다리를 건넜다.

사도세자는 반대 세력의 끊임없는 위협을 겪으며 부모와 부인에게조차 버림받고, 마침내 뒤주에 갇혀 한 많은 삶을 끝냈다. 그러나 사후 아들의 지극한 효성을 받았고, 조선 왕실은 그의 서자 은언군과 은신군의 후손으로 이어졌다. 현재에 이르러서도 사도세자를 주제로 한 많은 책과 영화, 드라마가 전 국민의 각광을 받는 이유도 이

'정조반차도 재현' 행렬
2007년 4월 29일 창덕궁을 출발하여 남대문을 지나 300m 길이의 배다리를 지나는 모습이다.

때문일 것이다.

함춘원 마두봉 언덕에 세워진 대한의원

창경궁의 정원이었던 마두봉 언덕에는 '대한의원'이 있었다. 조선 전기의 의료 시설에는 궁궐 안에는 '내의원'이 있었고, 궁궐 밖에는 백성의 질병 치료와 구호 사업을 하는 '제생원', 전염병이 퍼지는 것을 막고 백성에게 약을 나누어주는 '혜민국', 가난한 백성의 질병을 고치기 위해 세운 '동서활인원' 등이 있었다.

한국 최초의 서양식 병원은 1885년 갑신정변 때 자객의 칼에 찔려 부상을 입은 민영익을 살려낸 미국인 호러스 뉴턴 알렌Horace Newton Allen의 건의로 재동에 설립한 '광혜원'이었다. 광혜원은 '제중원'으로 바뀌었고, 1894년에 제중원의 운영권을 미국 북장로교회 선교부로 이관했다. 이것이 지금의 세브란스병원이다.

1899년에는 '의학교'를 세우고 종두법 보급에 공헌한 지석영이 교

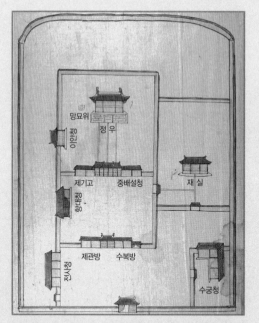

망묘위
정우
향대청
제기고 중배설청
재실
향대청
제관방 수복방
전사청
수궁청

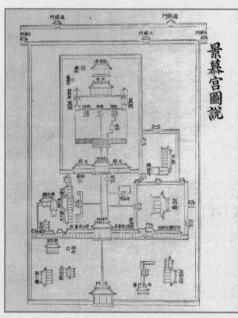

景慕宮圖說

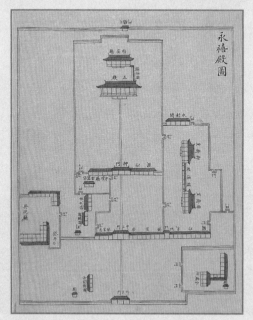

永禧殿圖

경모궁터의 변화

사도세자의 사당을 영조 때에는 '수은묘'라 했고, 정조 즉위
후에는 '경모궁'이라 높여 불렀다. 상단 좌측의 〈수은묘도〉(서
울대학교 규장각한국학연구원 소장)는 영조 때의 그림이고, 상단
우측의 〈경모궁도설〉(고려대학교 박물관 소장)은 정조 때의 그
림이다. 하단의 〈영희전도〉(서울대학교 규장각한국학연구원 소
장)는 경모궁에 영희전을 옮긴 후의 모습을 그린 것이다.

장으로 취임했으며 총무, 위생 등을 관할하던 내부內部에 속한 '내부병원內部病院'을 세웠다. 내부병원은 1900년 7월에 '광제원廣濟院'으로 개칭되었다. 1907년에 의학교와 광제원 등을 합쳐 '대한의원'을 신설했다. 일제강점기에는 '조선총독부의원'으로 바뀌었다가 '경성제국대학 의학부'로 바뀌었고 8·15광복 후에는 '서울대학교 의과대학'이 되었다.[31]

1907년 창경궁 함춘원 내 마두봉 언덕에 지어진 대한의원 건물은 1976년에 사적 제248호로 지정되었고, 1978년까지 서울대학교병원 본관으로 사용하다가 본관 건물을 신축·이전하고 나서 현재 '서울대학의학박물관'과 '병원연구소'로 사용하고 있다.

내신문과 삼계만 남은 경모궁터

경모궁의 모습을 알 수 있는 기록을 시대별로 보면 다음과 같다. 영조 때(1764년)《수은묘영건청의궤》에 수록된〈수은묘도〉, 정조 때(1785년) 경모궁과 영우원 의절儀節을 기록한《궁원의》에 수록된〈경모궁도설〉, 고종 때(1901년)《영희전영건도감의궤》에 수록된〈영희전도〉가 있다.[32] 이 도면들을 비교해보면 수은묘일 때는 단출한 사당이었다가 경모궁이 되면서 많은 전각이 생겨났고 영희전이 되면서 다시 간략해졌음을 알 수 있다.

구 서울대학교 본관(사적 제278호) 뒤쪽에는 경모궁의 세 번째 문이었던 내신문과 구름무늬의 삼계와 석단만이 남아 있다. 얼마 전까지

경모궁 정당 앞 삼계
삼계 중 가운데 계단 태계泰階는 신神이 오르는 계단이며, 동쪽 계단 조계阼階는 주인이 오르는 계단(동계)이며, 서쪽 계단 서계西階는 손님이 오르는 계단이다.

경모궁지 내신문
경모궁의 세 번째 문이었던 내신문이다. 얼마 전까지 '함춘원지'로 알려졌으나 '서울 경모궁지'로 명칭 변경되었다. 현재 문화재 발굴 조사가 이루어지고 있다.

'함춘원지'라고 알려졌던 이곳은 고려대학교 박물관에 소장된 《궁원의宮園儀》에 기록된 〈경모궁도설〉을 살펴보면 삼계 앞에 있는 내신문이다. 함춘문은 함춘원 영역 전체에 있는 문이므로 그 위치가 이곳이 아닌 것이 확실하다. 이러한 의견들로 문화재청은 2011년 '함춘원지'를 '서울 경모궁지'로 명칭 변경했다. 현재는 서울대학교 의과대학 동창회관인 '함춘회관'이라는 건물만이 이곳에 함춘원이 있었음을 알려주고 있다.

나는 경모궁터를 바라보며 세자로 죽은 지 137년 만에 왕이 된 사도세자와 그 아버지를 사모했던 효성 깊은 아들 정조, 그러한 남편과 아들을 바라보며 친정의 몰락을 막기 위해 안간힘을 썼던 혜경궁 홍씨, 아들을 죽인 영조와 또한 아들을 죽이는 데 앞장서야 했던 생모 영빈 이씨를 생각해본다. 애증과 고통이 뒤섞인 권력의 무상을 사무치게 후회하며 지금쯤은 서로 화해하지 않았을까 하고 말이다.

칠궁 (육상궁과 연호궁)

숙빈 최씨의 사당과 정빈 이씨의 사당

    한성부 북부 순화방에 영조의 생모 숙빈 최씨의 사당인 육상궁毓祥宮이 있었다. 연잉군은 왕위에 오르자 어머니를 위해 사당을 짓는데, 처음에는 '숙빈묘', 그 후에는 '육상묘'였다가 1753년에 '육상궁'으로 승격되었다. 이후에는 왕을 낳은 후궁 7명의 신위를 모시게 되어 '칠궁七宮'으로 불렸다. 즉, 육상궁(숙빈 최씨), 연호궁(정빈 이씨), 저경궁(인빈 김씨), 대빈궁(희빈 장씨), 선희궁(영빈 이씨), 경우궁(수빈 박씨), 덕안궁(순빈 엄씨)을 말한다.

칠궁의 주인들

칠궁의 첫 번째 주인은 영조의 생모인 숙빈 최씨다. 1718년(숙종 44) 숙빈 최씨가 죽고 나서[1] 7년 후인 1725년에 아들 연잉군이 영조로 등극했다.[2] 영조는 즉위년에 경복궁 북쪽에 사당을 마련하여 '숙빈묘淑嬪廟'라 했고, 이후 '육상묘', '육상궁'으로 이름을 올렸다.[3]

고종 때에 흩어져 있는 후궁들의 사당을 정리하기 시작했다. 1870년 추존왕 원종의 생모 인빈 김씨·숙종의 간택후궁 영빈 김씨·정조의 간택후궁 화빈 윤씨의 사당은 경우궁 안의 별묘에 함께 모시고, 경종을 낳은 희빈 장씨·진종(효장세자)을 낳은 정빈 이씨·장조(사도세자)를 낳은 영빈 이씨·문효세자를 낳은 의빈 성씨의 사당은 육상궁 안의 별묘에 함께 모시도록 했다.[4] 그러나 영빈 김씨와 인빈 김씨의 이봉은 취소된다.[5]

1878년에는 육상궁에 화재가 나서 고쳐 지었으며,[6] 1882년에 다시 화재로 신주가 타버려 다음 해에 육상궁을 개건했다.[7] 1887년에는 대빈궁의 신위(희빈 장씨)가 옛 사당 자리로 돌아갔다.[8] 1896년 선희궁(영빈 이씨)의 신위를 육상궁 별묘로 옮기고, 다음 해 다시 옛 선희궁으로 이전하여[9] 육상궁 별묘에는 연호궁(정빈 이씨)과 의빈궁(의빈 성씨) 신위만 남게 되었다.

순종은 1908년에 제사 제도 개정안인 '향사이정에 관한 건'을 반포했다. 이때 아들이 왕이 되지 못한 영빈 김씨·화빈 윤씨·의빈 성씨의 신위는 땅에 묻었고, 아들이 왕위에 오른 후궁들의 신위를 모신 저경궁·대빈궁·연호궁·선희궁·경우궁에 봉안한 신위는 육상궁 내로 합사合祀하여 육궁六宮이 되었다.[10] 그리고 1929년에 덕안궁을 옮겨오면서 '칠궁七宮'이 되어 오늘에 이른다.[11]

1966년 3월 22일에는 육상궁을 사적 제149호로 지정했다. 일반적으로 칠궁으로 불리어 오던 육상궁은 2011년 7월 28일 '서울 육상

| 칠궁의 주인들 |

궁	주인	묘	남편	아들
저경궁	인빈 김씨	순강원	선조	원종(정원군, 추존왕-인조의 생부)
대빈궁	희빈 장씨	대빈묘	숙종	경종
육상궁	숙빈 최씨	소령원	숙종	영조
연호궁	정빈 이씨	수길원	영조	진종(효장세자, 추존왕-정조의 양부)
선희궁	영빈 이씨	수경원	영조	장조(사도세자, 추존왕-정조의 생부)
경우궁	수빈 박씨	휘경원	정조	순조
덕안궁	엄황귀비	영휘원	고종	영친왕

육상궁과 연호궁

저경궁

대빈궁

덕안궁

선희궁과 경우궁

수빈 박씨 신주

| 칠궁에 모신 신주들

궁'으로 명칭이 변경되었다. 여기에서는 원래의 칠궁 구역에 있던 육상궁과 연호궁만 알아보고, 나머지 궁은 따로 단락을 나누었다.

어머니의 은혜를 온전히 보존하는 육상궁

영조의 어머니 최씨는 어려서 궁궐에 들어가 궁녀 생활을 시작했다. 무수리라고도 하고 침방나인이라고도 하는데, 궁궐의 온갖 궂은일을 다 거쳤다. 최씨는 인현왕후가 폐서인으로 강등되어 궁궐에서 쫓겨난 후 인현왕후를 위해 기도를 올리다가 이곳을 지나던 숙종의 눈에 띄어 승은을 입어 종4품 '숙원'이 되었다.[12]

첫째 아들 영수를 낳고 종2품 '숙의'가 되었으며,[13] 둘째 아들 연잉군을 낳고 종1품 '귀인'이 되었다.[14] 이처럼 숙종은 최씨가 아들을 낳을 때마다 품계를 올려주었고, 1699년에 단종 복위가 이루어진 경사로 '숙빈'으로 승급되었다.[15] 숙빈 최씨가 낮은 계급의 궁인으로 궁궐에 들어와 숙원이 되고 아들을 낳을 때마다 품계가 올라가 숙빈이 되었으니, 그 과정을 보더라도 당시 왕실에서 왕자의 출산이 얼마나 중요한지를 알 수 있다. 숙빈 최씨는 희빈 장씨의 권세 속에서도 숙종의 총애를 받았다. 그러나 아들 연잉군이 왕세제가 되는 것도, 왕위에 오르는 것도 보지 못하고 죽게 된다.

숙빈 최씨의 출산 전후 과정은 호산청에서 기록한 《최숙원방 호산청 일기》를 통해 알 수 있다. 이 일기에는 '숙원'으로 첫째 아들을 낳았고, '숙의'로 둘째 아들을 낳았으며, '귀인'으로 셋째 아들을 낳았

《최숙원방 호산청일기》
숙빈 최씨의 출산 전후 과정을 기록한 책이다. 모두 3책으로 제 1책은 영수의 〈계유구월일 최숙원방 호산청 일기〉, 제2책은 영조의 〈무술팔월일 최숙의방 호산청 일기〉, 제3책은 일찍 죽은 셋째 아들의 〈무인칠월일 최귀인방 호산청 일기〉로 출산의 전후 과정을 기록한 일기다. 왕실에서는 왕의 자손이 임신하면 출산을 돕기 위해 왕비의 경우 출산 예정 3개월 전에 산실청産室廳을, 후궁인 경우 출산 예정 1개월 전에 호산청護産廳을 설치했다. (한국학중앙연구원 장서각 소장)

다고 쓰여 있다.[16]

영조는 즉위한 뒤 생모의 사당을 잠저인 창의궁에 건립하기를 원했지만 대신들의 반대로[17] 경복궁의 북쪽(한성부 북부 순화방)에 사당을 건립했다.[18] 1725년 건립 당시 묘호를 '숙빈묘'라 했다가[19] 1744년에 '육상묘毓詳廟'로 고쳤으며,[20] 재위 29년째 되던 해인 1753년에 다시 '육상궁'으로 승격했다.[21]

그리고 '전자은어사묘全慈恩於斯廟'라는 현판을 직접 내렸는데 '어머니의 은혜를 온전히 보존하는 사당'이라는 뜻이다. 영조는 틈날 때마다 거둥하여 어머님의 명복을 빌었고, 재실인 냉천정에는 자신의 어진을 걸어 봉안했다. 어진을 사당 앞 재실에 걸어두고 밤낮으로 생모를 모신다는 마음을 나타낸 것이리라. 이 어진을 모사한 것이 현재 남아 있는 보물 제932호 '영조 어진'이다.

육상궁의 모습은 정선이 그린 〈정선필육상묘도鄭敾筆毓祥廟圖〉(보물 제873호)와 〈장안연우長安烟雨〉에 잘 나타나 있다. 1739년에 그려진 〈정선필육상묘도〉에는 육상궁으로 승격되기 전인 숙빈묘일 때의 모습으로, 초가집의 형태와 홍살문이 보인다. 그리고 1741년 그려진 〈장안연우〉에는 숙빈묘가 기와집 형태로 바뀌었다.[22] 숙빈묘는 이후

'전자은어사묘'와 '영조 어진'
영조는 '어머니의 은혜를 온전히 보존하는 사당'이라는 뜻의
'전자은어사묘' 현판을 육상궁에 직접 내리고 틈날 때마다 거
둥하여 어머니의 명복을 빌었다. (국립고궁박물관 소장)

육상묘, 육상궁으로 바뀌었고 1878년과 1882년 두 차례에 걸쳐 일어
난 화재로 다시 지어졌을 것이다.[23]

어머니를 향한 그리움, 소령원

숙빈 최씨가 죽고 처음 추천된 장지는 경기도 광주(현재 성남시 수성구
태평동)의 명선, 명혜공주묘의 청룡靑龍터와 선릉 근처였으나 숙종이
허락하지 않았다.[24] 이에 연잉군이 양주 고령동 옹장리로 정했다(현
재 파주시 광탄면 영장리에 있는 소령원). 이즈음에 숙종은 세자빈(경종비
단의왕후)의 상을 당했고,[25] 소현세자빈의 신주를 다시 만들고 시호를
내리는 등의 일로 분주하여[26] 연잉군이 묏자리를 찾고 있었다. 이때
전해지는 일화가 있다.

연잉군이 어느 날 용미리산을 지나는데, 한 남자가 험준한 망지에
다 산소 자리를 파고 있는 것이 보였다. 그 모습이 하도 딱해 상주에
게 사연을 물으니 집이 가난하여 좋은 자리에 산소를 쓸 수 없다는
대답을 했다. 그래서 이 자리는 누가 보아준 자리냐고 물으니, 아랫
마을 산기슭에 사는 선비가 알려주었다고 말했다. 측은지심에 연잉
군이 양주 목사에게 쌀 한 가마니와 돈 100냥을 보내라고 기별을 보
냈다. 양주 목사가 즉시 포졸을 시켜 쌀과 돈을 보내주어 상주는 묘
소를 다시 잡아 장사를 치렀다. 묏자리를 알려준 선비가 괘씸하다 생
각한 연잉군은 그 선비를 찾아가서 "왜 이런 망지에 산소 자리를 잡
아주었냐?"고 물었다. 그러자 선비는 "쌀 한 가마니와 돈 100냥이
생길 자리인데 왜 그러십니까?"라고 대답했다. 놀란 연잉군은 이 선
비가 이름난 지사地師임이 틀림없다고 생각했다. 얼마 후 생모 숙빈
최씨가 세상을 뜨자 영조는 이 선비에게 부탁하여 묏자리를 정했는
데 그곳이 바로 소령원이라는 것이다.[27]

소령원에는 묘비가 세 개나 있다. '유명조선국후궁숙빈수양최씨
지묘'는 1718년 숙빈 최씨 사망 후 처음 세운 것으로 연잉군이 즉위
하기 전이다. '숙빈해주최씨소령묘'는 1744년 묘호를 '소령'으로 고
치고 세운 것이고, '조선국화경숙빈소령원'은 1753년 시호를 '화경'
으로 묘를 원으로 올린 후 세운 것이다.[28]

또한 소령원 입구에는 연잉군이 왕이 된 다음 해인 1725년에 세운
신도비가 서 있다. 용의 머리와 발톱을 지닌 거북이 커다란 보주를
입에 물고 등에 비석을 세운 형태로, 머리 위에 '왕王' 자가 새겨져

숙빈해주최씨소령묘

소령원(사적 제358호)
연잉군은 이름난 지사에게 물어 숙빈 최씨의 묏자리를 정할 정도로 효심이 극진했다. 소령원에는 묘비가 세 개나 있고, 입구에 신도비가 있다. 묘 앞에 세워져 있는 비석이 제일 처음 세운 '유명조선국후궁숙빈수양최씨지묘'다.

조선국화경숙빈소령원

보광사 어실각과 300년 된 향나무
영조는 보광사를 어머니 숙빈 최씨의 원찰로 삼고 위패를 모셨다. 그 뜻을 기리기 위해 향나무를 심었는데, 300년 된 향나무가 어실각을 지키고 있다.

소령원 신도비

있는데 마치 당장이라도 승천할 기세로 서 있다. 그 규모도 어마어마해 어떤 왕릉의 신도비 못지않은 웅장함을 보여준다. 그리고 보광사를 원찰로 삼고 어실각을 지어 어머니의 위패를 모셨으며, 향나무를 심어 그 뜻을 기렸다. 지금도 영조가 심은 300년 된 향나무가 영조 대신 어실각을 지키고 있다.

　2005년 한국중앙학연구소 장서각에서 '조선 왕실의 여성' 전시회를 개최했다. 나는 이 소식을 듣고 한달음에 달려갔다. 전시회는 책봉과 가례, 출산과 안태, 의례와 행사, 교육과 여가, 상장과 추숭으로 이루어졌다. 이날 소령원과 관련된 〈묘소도형여산론〉, 〈소령원도〉, 〈소령원화소정계도〉, 〈소령원배치도〉를 보고 영조가 어머니에 대한 마음이 얼마나 절절했는지를 느낄 수 있었다. 이외에도 영조가 어머니를 위해 손수 쓴 비문의 탁본과 《호산청일기》도 전시되었다. 〈숙빈 최씨 소령원도〉는 2007년 보물 제1535호로 지정되었다.

죽어서도 시어머니를 모시는 정빈 이씨

연호궁延祜宮은 영조의 후궁이자 추존왕 진종(효장세자)의 생모인 정빈 이씨의 사당이다. 정빈 이씨는 영조가 연잉군 시절에 맞은 후실이다. 창의궁에서 일찍 죽은 딸과 경의군(진종)과 화순옹주를 낳았다. 1721년 연잉군이 왕세제로 책봉되자 세자궁에 속한 내명부 종5품 '소훈'이 되었고, 영조가 왕으로 즉위하자 '소원'으로 승격되었으나 남편이 왕이 되는 것을 보지 못하고 갑자기 세상을 떠났다. 이때 경

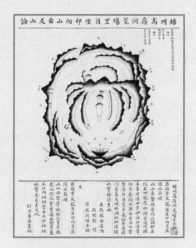

〈묘소도형여산론〉
소령묘의 산의 모양을 그린 것으로 상단에 제
목을 쓰고, 가운데 산도를 그리고, 하단에는
산론을 적었다. (한국학중앙연구원 장서각 소장)

〈소령원도〉
산도의 형식으로 가운데 묘소와 제청祭廳, 비
각碑閣을 배열하고 아래쪽에는 전답을 그려놓
았다. (한국학중앙연구원 장서각 소장)

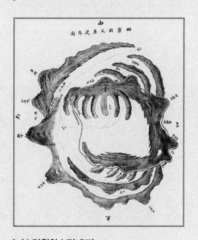

〈소령원화소정계도〉
능원에 산불이 번지는 것을 방지하기 위해 일
정한 거리까지 초목을 불살라 제거하는 화소
火巢를 표시한 것이다. 붉은선으로 화소의 경
계를 나타냈다. (한국학중앙연구원 장서각 소장)

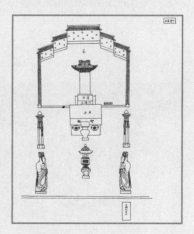

〈소령원배치도〉
소령원의 석물 배치를 나타낸 그림이다. 봉분
주변의 담장, 비석, 혼유석, 상석, 장명등, 망
주석, 문인석 등을 실재 위치에 맞추어 그대
로 그렸다. (한국학중앙연구원 장서각 소장)

의군은 3세, 화순옹주가 2세였으니 어린 아들과 딸을 두고 눈을 감은 것이다. 1725년에 경의군이 효장세자로 책봉되자 '정빈'으로 추증되었다.[29]

영조는 사도세자가 죽자, 세손 정조를 죽은 효장세자의 아들로 입적시켜서 왕위를 이어받게 했다. 정조는 즉위 후 양부 효장세자를 '진종'으로 추존하고, 1778년에 진종의 생모인 정빈 이씨의 묘를 '수길원緩吉園'으로 높였으며, 경복궁 추성문 밖 서북방(한성부 북부 순화방)에 사당을 정하고 '연호궁'이라 했다.

연호궁은 1870년(고종 7)에 육상궁 별묘로 이전했으며, 이곳은 경복궁 신무문 밖 후원으로 편입되었다. 연호궁은 육상궁과 가까운 거리에 있다가 육상궁 내에 옮겨져 현재에 이르고 있다. 8·15광복 후 이곳에 청와대가 들어섰는데, 연호궁의 옛 위치는 현재의 청와대 영

수길원과 수길원비
영조의 후궁 정빈 이씨묘로 시어머니 되는 숙빈 최씨묘 소령원과 가까이에 있다. 묘비에는 '대한온희정빈수길원'이라고 새겨져 있다.

| 육상묘와 연호궁의 현판

빈관 부근으로 추정된다.[30]

현재 육상궁과 연호궁은 한 건물 안에 있어 영조의 생모와 영조의 후궁, 즉 시어머니와 며느리가 함께 있다. 정빈 이씨는 숙빈 최씨 사후 3년 후에 죽었으니 죽어서도 시어머니를 모셨을 것이다. 그런데 육상묘의 현판이 안쪽에, 연호궁의 현판이 바깥쪽에 있어서 마치 연호궁 내에 육상궁이 들어간 것 같은 느낌이 들었고, 육상궁이 아닌 육상묘라고 쓰인 현판이 무수리에서 왕의 어머니가 되기까지 파란만장한 숙빈 최씨의 역사를 말해주고 있는 듯했다. 사당뿐만 아니라 고부 간의 묘인 숙빈 최씨의 소령원과 정빈 이씨의 수길원도 가까이에 있다. 조선 왕실에서 유일하게 묘도 사당도 함께하는 고부 간이다. 정빈 이씨의 아들 효장세자는 10세에 죽었고, 딸 화순옹주는 월성위 김한신과 혼인하여 월성위궁에 살다가 남편을 따라 죽었다.

김신조 사건과 칠궁

칠궁의 속내를 가장 근간에 알 수 있는 자료는 1977년에 출간된 《한국의 고건축 4: 칠궁》이다. 사진작가 임응식은 이때 '한국의 고건축'이라는 주제로 경복궁, 비원(창덕궁 후원), 종묘, 칠궁의 사진을 찍었다. 책에서는 칠궁의 소문小門을 들어서면 덕안궁, 경우궁, 선희궁, 대빈궁의 정문이 한 줄로 늘어서 있고, 똑같은 전정前庭이 반복되고 있다고 했다.[31] 그렇다면 이 사진은 칠궁이 이건되기 전의 사진이다. 사진으로나마 이건되기 전 칠궁을 볼 수 있다니 감격스러운 순간이었다. 사진 속 칠궁은 각 궁마다 월대(섬돌)와 삼계, 담장이 있다.[32]

칠궁은 1967년과 1976년의 도시계획에 따라 일부가 철거, 이전되었다. 궁들을 북쪽으로 옮기면서 각 궁마다 있던 월대는 세 궁(저경궁, 대빈궁, 경우궁(선희궁))을 연결하여 공동으로 사용하고, 삼계는 단계로 줄였으며, 각각의 담장과 삼문을 없애고 전체에 담장을 두르고 삼문을 냈다.[33]

칠궁이 옮기기 전후의 모습은 〈조선 시대 사묘 칠궁의 구성 공간 고찰〉 '변경모형분석도'를 통해 확인할 수 있다.[34] 현재는 덕안궁 서쪽 도로 쪽으로 세 궁이 나란히 서 있는 모습이지만 이건되기 전 칠궁은 각 궁이 담장으로 둘러싸여 각각의 문이 있는 엄숙한 사당으로 지금과는 완연히 다른 모습이었을 것이다.

조선 왕실의 후궁 7명의 신주가 모셔져 있는 칠궁은 1968년 1월 21일 북한 간첩들이 대통령 관저인 청와대를 기습하려 했던 사건(1·21사건 또는 김신조 사건)으로 대변화를 겪는다. 북한군 31명이 청와대

| 현재의 칠궁 전경

침투를 목적으로 휴전선을 넘어온 사건이다. 이들은 경복고등학교 뒷문과 칠궁 사이까지 침투했다. 종로경찰서장 최규식이 이들을 제지하다 죽었으며 시민도 사망했다. 이 사건 이후 청와대 경호를 이유로 창의문로와 효자로가 만나는 칠궁 서쪽 도로를 뚫었다. 이 공사로 칠궁은 축소, 이건되었고 1978년에 지은 영빈관으로 인해 칠궁 앞이 막혀버렸다.

김신조 사건 이후 칠궁의 재실 구역에 살고 있었던 의친왕의 다섯째 아들 이택(수길)을 비롯한 10여 세대도 다른 곳으로 이사했다. 그리고 청와대 주변에 있는 공공기관의 경비를 철저히 한다는 이유로 문화재관리국은 청와대 측의 요청에 따라 칠궁의 관리와 경비권을 청와대에 넘겼다.[35] 이후 33년 동안 민간인에게 칠궁의 관람은 허락되지 않았다. 그러다가 2001년 11월 청와대 관람이 공개되면서 칠궁도 일반인의 관람이 허용되었다. 아직도 청와대 방문의 마지막 코스로만 관람해야 하는 불편함이 있지만 앞으로 칠궁만을 관람할 때가 오리라 생각된다. 2006년 경복궁의 북문인 신무문이 개방되었고, 2007년 청와대의 뒷산인 백악산이 개방되었기 때문이다.

칠궁으로 합사되기 이전에는 각 궁마다 제사를 지냈으나 합사 이후 1년에 두 번, 각 궁의 제사를 지내도록 했다. 그러나 1929년에 덕안궁이 이전해오고 8·15광복 이후 칠궁 제사를 지내지 못하다가, 2001년 11월 24일에 제사를 재계한다는 고유제를 지냈다.[36] 2003년부터 칠궁 제사를 모시는데 매년 10월 넷째 주 월요일에 전주 이씨 대동종약원에서 제사를 지내고 있다. 1년에 딱 한 번, 이날은 칠궁의 자유 관람이 가능하니 칠궁을 자유롭게 보고 싶은 독자들은 이날을 꼭 기억하여 '장희빈'도 '동이'도 만나기 바란다.

저경궁

인빈 김씨의 사당

 저경궁儲慶宮은 한성부 남부 회현방에 있던 궁으로 선조의 아들인 정
원군이 살던 곳이다. 정원군은 아들이 인조로 등극한 후 원종으로 추
존되었다. 이곳 언덕은 소나무가 울창하여 '송현궁松峴宮'이라 불렀으며, 영조
때 원종의 어머니 인빈 김씨의 신위를 새로 봉안하면서 '저경궁'이라 했다. 인
빈 김씨의 신위는 순종 때 육상궁(칠궁)으로 옮겼다.

서모의 은혜를 잊지 않다

1555년에 태어난 인빈 김씨는 김한우의 딸로 일찍이 궁궐에 들어왔다. 명종비 인순왕후 덕에 14세의 나이로 선조의 후궁이 되었다. 처음 '소용'에 봉해졌다가 '귀인'이 되었고, 후에 '빈'으로 승격되었다. 인빈 김씨는 공빈 김씨가 산후병으로 죽은 해(1577년)부터 17년 동안 4남 5녀, 의안군·신성군·정원군·의창군과 정신·정혜·정숙·정안·정휘옹주를 두었다. 선조가 인빈 김씨를 얼마나 사랑했는지 장자 의안군에게 소공주궁을 크게 지어 하사할 정도였다. (소공주궁은 현재 서울시 중구 조선호텔 자리에 있던 궁이다.)[1]

공빈 김씨는 임해군과 광해군을 낳고 25세에 죽었다. 인빈 김씨는 생모를 일찍 여읜 광해군을 옹호했는데 광해군은 "내가 서모庶母의 은혜를 받아서 오늘이 있게 된 것이니, 그 의리를 감히 잊지 못한다." 라고 했으니, 그녀의 소생들은 모두 탈이 없었다.[2] 그러나 인빈 김씨

가 죽은 후 둘째 아들 신성군의 양자로 들어온 능창군(정원군의 아들)
이 역모에 몰려 자살했고, 그 때문에 1619년 화병으로 셋째 아들 정
원군이 죽었다. 이에 1623년 선조의 손자이자 정원군의 첫째 아들인
능양군이 반정을 일으켜 왕이 되니 인조다.

인빈 김씨가 죽기 전 선조는 이미 정원군을 그녀의 봉사손奉祀孫으
로 정해놓았다.[3] 장자 의안군은 요절하고, 차자 신성군은 중종과 경
빈 박씨의 소생인 복성군에게 양자로 갔으므로 삼자 정원군이 봉사
손이 된 것이다. 그리고 정원군의 첫째 아들 능양군이 대를 이어야
했으나 능양군이 왕위에 올랐기에 인빈 김씨의 제사는 복창군과 그
의 양자 의원군이 지냈다.[4] 그러나 1680년(숙종 6) 복창군이 '삼복의
변'에 연루되어 사사되었다.[5]

인조와 인열왕후 소생인 인평대군은 복녕·복창·복선·복평군을
두었는데, 이 사건 전에 복녕군은 이미 죽었다. 1680년 4월 정원로가
허견 등이 복선군을 옹위하고자 한다는 글을 올렸다. "허견이 말하
기를, '주상의 춘추가 젊으신데 몸이 자주 편찮으시고 또 세자가 없
으니, 만약 불행한 일이 있으면 대감이 임금 자리를 면하려도 될 수
가 없을 것입니다.'고 하니, 복선군이 대답이 없었습니다."[6]

이때 복선군이 아무 말도 없었다 하여 역모로 몰려 삼형제가 죽임
을 당했다. 이를 '삼복의 변' 또는 '경신환국'이라고 한다. 이 사건 후
후손은 연좌되었는데 복창군의 양자로 들어간 의원군은 본가(복녕군
가)로 돌아가도록 하여 연좌를 면하게 했다.[7] 의원군은 인평대군의
장자 복녕군의 차남이었다.

저경궁

아들(인조)과 손자(효종)가 왕이 되었으나, 제사를 받들 봉사손이 없어 인빈 김씨의 신주는 여러 곳으로 옮겨다녀야 했다. 인빈 김씨의 신주는 현재 칠궁 내에 모셔져 있다. 칠궁의 제사는 매년 10월 넷째 주 월요일에 지낸다.

이후 인빈 김씨의 4남 의창군에게 양자로 간 숭선군(인조와 귀인 조씨 소생의 장남)이 인빈 김씨의 제사를 지냈고,[8] 그 아들 동평군이 뒤를 이었다.[9] 1688년 동평군이 다시 역모에 몰리자 숙종은 1689년 의원군을 다시 복창군의 후사로 삼고, 제사를 받들게 했다.[10] 1701년에 숙종은 선조와 정빈 홍씨 소생인 경창군의 후손 임양군에게 인빈 김씨와 의창군의 제사를 모시게 했다.[11]

이후 여천군의 집에 옮겨진 인빈 김씨의 사당에는 그녀의 아들인 의창군 부부와 증손자인 낙선군(인조의 서2남) 부부, 이렇게 5명의 신위를 함께 봉안하고 있었다. 이에 영조는 사당을 따로 세우라고 명했고,[12] 1748년에 사당이 완성되었다.[13]

인빈 김씨의 사당, 저경궁

1755년 여천군이 역모죄로 몰리자, 인빈 김씨의 사당을 송현궁으로 옮겼다. 이때 인빈 김씨의 시호를 '경혜'로 올리고, 궁호를 '저경궁'으로 개칭해 송현궁이 저경궁으로 바뀌었다.[14] 그리고 의창군과 낙선군의 봉사를 임시로 인평대군의 증손자 안흥군 이숙李琡이 하도록 했다. 안흥군은 의원군의 아들로 날 때부터 귀가 먹고 벙어리였기에 영조와 안흥군은 글로 대화를 나누었다. 안흥군이 글로 아뢰었다.

"소신이 어제 갑자기 두 왕손의 제사를 임시로 주관하라는 명을 받았는데, 의리와 분수로 헤아리면 마땅히 받들어 행해야 하나 제주題主를 고치게 되면 절차는 어려움이 있기 마련입니다. 의창군 이광은 바로 선조 때의 왕자로 신의 고조부 능창대군 이전의 삼촌이니, 신의 오대 방조傍祖입니다. 낙선군 이숙李潚은 바로 인조 때의 왕자로 신의 증조부 인평대군 이요의 동생이니, 신의 오촌 증대부입니다. 두 대代의 신위를 이제 마땅히 제주를 고쳐야 하는데 일이 변례變例(임시로 바꾼 법례)에 관계되니, 삼가 원하건대 특별히 헤아려 주소서."

이에 영조가 글을 써서 보냈다.

"의창군의 신주에는 '오대 방조고五代傍祖考'라 일컫고, 방제旁題에는 '오대 방손五代傍孫'이라고 일컬으라. 낙선군의 신주에는 '증계조고曾

저경궁 하마비
인빈 김씨의 사당은 영조 때 '저경궁'이 되었으며, 어느 누구라도 타고 가던 말에서 내려야 하는 '하마비'를 세워 존경의 뜻을 표했다. 한국은행 앞에 세워져 있다.

봉안각
1743년에 영조가 저경궁 봉안각에 내린 어필(국립고궁박물관 소장)

송현고궁기
1755년 영조의 어제로 저경궁 정당에 걸려 있었다. 저경궁의 옛 이름은 송현궁이었는데 인빈 김씨의 신위를 모시면서 저경궁이 되었다. (국립고궁박물관 소장)

저경궁향대청기회
1761년 영조의 어제로 저경궁 향대청에 걸려 있었던 현판이다. (국립고궁박물관 소장)

저경궁추기
1767년 영조의 어제(국립고궁박물관 소장)

季祖考'라 일컫고 방제에는 '증질손曾姪孫'이라 일컫도록 하라."[15]

이처럼 아들과 손자가 왕이 되었으나, 제사를 받들 봉사손이 역모로 사사되어 인빈 김씨의 신주는 이리저리 옮겨 다녀야만 했다. 인빈 김씨의 사당은 1755년 영조 때에야 저경궁이 되었고 하마비를 세우게 되는데, 현재 남아 있는 하마비에 '을해년'(1755년)이라고 새겨져 있는 이유다. 영조는 저경궁에 자주 들렀으며 많은 어필과 기록을 남겼고 그 후 저경궁은 존속해왔다.

1870년 고종이 여러 사당의 신주를 옮기면서 저경궁의 신주를 한성부 북부 양덕방 계동에 있는 경우궁 별묘로 옮기려 했으나 대왕대비(헌종 모 조대비)의 반대로 이루어지지 않았다. 그러다가 1908년에 육상궁으로 옮겨졌다.

인빈 김씨의 묘, 순강원

인빈 김씨의 묘인 순강원은 경기도 남양주시 진접읍 내각리에 있는데, 막내아들 의창군이 인조 때 죽어 어머니 묘의 오른쪽 언덕에 묻혔다. 의창군은 1589년에 태어나 1603년 15세에 허성의 딸과 혼례를 올렸다.[16] 이에 선조는 의창군에게 살 집을 마련해주었는데 집은 60여 칸이나 되지만 기둥과 들보만 있고 형편없이 부수어져 있어 수리를 해야 했다. 이때 집을 수리하기 위해 삼각산 중흥사가 있는 중흥동重興洞의 소나무를 베었다 하여 물의를 일으키기도 했다.[17]

순강원과 의창군 부부묘
인빈 김씨묘가 있는 곳으로 아들 의창군묘도 순강원 내에 함께 있다. 의창군의 신도비는 거북 모양의 받침돌로 되어 있고 위쪽은 두 마리의 용으로 장식되어 있다.

의창군은 광해군 때 처삼촌 허균의 역모 사건에 연루되어 유배 생활을 하게 되는데[18] 인조가 등극하면서 유배에서 풀려났다. 1636년 (인조 14)에는 인빈 김씨묘 앞에 신도비를 세웠는데 글은 막내아들 의창군이 짓고, 전액篆額(비신碑身의 상단부에 비의 명칭을 새긴 부분)은 전서를 잘 쓰는 부마 동양위 신익성이, 찬贊(행적을 기리는 글)은 효종의 장인 장유가 썼다.[19]

영조는 자신의 생모 숙빈 최씨의 사당과 묘를 육상궁과 소령원으로 추숭하는 과정에서 인빈 김씨의 사당을 '저경궁', 묘를 '순강원'으로 높이게 된다.[20] 인빈 김씨의 묘는 그제야 순강원이 되었는데, 인빈 김씨묘 우측 언덕에 의창군묘가 있어서 함께 순강원에 포함되었다.

송현 언덕의 달성위궁

달성위궁은 선조의 딸 정신옹주와 그의 사위 달성위 서경주가 살던 궁이다. 달성위궁에 대해서는 광해군 때 궁궐 공사를 위해 선조와 인빈 김씨의 장녀 정신옹주와 부마 달성위 서경주의 홍인문(동대문) 안에 있는 집에 있는 연못의 잡석과 흙을 파다 썼다는 기록이 나온다.

"홍인문 안 달성위의 집에 큰 못이 있는데 조종조祖宗朝에서 그곳을 파 저수지로 만든 뜻이 분명히 있다. 도감으로 하여금 잡석과 흙을 모두 파내어 가져다 쓰게 하고, 이와 함께 그 일대를 더 넓게 파서 큰 못으로 조성하는 일을 살펴 하도록 하라. 그리고 외방의 새 모형의 수레와 각 도의 소들을 다시 급히 올려 보내도록 재촉하여 쓰라고 도감에 이르라."[21]

1624년 인조는 정신옹주에게 집 두 채를 하사했다.[22] 이때 받은 집이 정동의 달성위궁과 송현의 달성위궁인 것으로 보인다. 그렇다면 정동 달성위궁은 1905년 엄황귀비의 친정 동생인 엄준원이 사숙을 연 곳이고, 송현의 달성위궁은 상동교회(달성교회)가 된다. 정원군은 송현궁(후일 저경궁)에 살다가 임진왜란 이후 새문동(현재 경희궁터)으로 옮기고, 인빈 김씨의 제사도 이리저리 옮겨 다녔다. 비어 있는 송현궁 근처에 정신옹주와 달성위 서경주의 궁이 있었던 듯싶다.

달성위 서경주는 약봉 서성의 넷째 아들로 선조의 총애를 받았으며, 인목대비의 친정아버지 김제남에게 딸을 시집보내 사돈지간이 되었다. 광해군 때 계축옥사로 김제남이 화를 입어 가족이 몰살당할 때 정신옹주는 외손주를 숨겨 살아남게 했다고 한다. 이후 이들의 손자 서명응은 대제학을, 서명선은 영의정을 지냈다. 증손자 서호수는 이조판서를, 그의 아들 서유구는 대제학을 지냈으며 농업 백과사전인《임원경제지》를 펴냈다. 이렇게 달성위가家는 후손들이 번성하여 유지되었다.

조선 말기에는 이화학당을 세운 메리 스크랜턴Mary Scranton이 송현의 달성위궁을 빌려서 사택으로 사용했다.[23] 스크랜턴 여사는 1885년에 의사인 아들 윌리엄 밴턴 스크랜턴William Benton Scranton 부부와 함께 조선에 온 선교사이다. 그녀는 정동에 한옥을 구입하여 '이화학당'을 설립했고, 의사인 아들은 제중원에서 알렌을 돕다가

정동에 '시병원'(스크랜턴을 조선어로 시라돈施蘭敦이라 했기에 시施병원
이 되었다.)을 열었다.[24]

정동이 주로 왕실과 관료들이 거처하는 곳이라면, 상동尙洞(명종
때 영의정을 지낸 상진尙震의 집이 있던 곳이라 상동이라 한다.)은 남대문시
장 부근으로 서민들에게 선교 활동을 하기에는 적지였다. 윌리엄 스
크랜턴은 1888년부터 1890년까지 상동의 땅 약 7,273㎡(2,200평)을
사들여 이곳으로 자리를 옮겨 의료 사업을 하면서 선교 활동을 했다.
스크랜턴 여사는 이화학당을 후배 선교사들에게 맡기고 상동으로 합
류했다. 이후 교회의 신도 수가 많아지자 1895년 6월에는 스크랜턴
여사가 살던 달성위궁 안의 큰 한옥들을 교회로 사용하면서 '달성교
회'로 불렸다. 그러다가 1900년 남대문로 30(구 새로나백화점) 자리에
교회를 착공, 1902년에 완공하였고, 이름을 '상동교회'라 했다. 스크
랜턴 여사는 사망하여 '양화진 외국인 선교사 묘원'에 묻혔고 아들은
일본에서 활동하다가 사망하여 고베의 '외국인 묘지'에 묻혔다.

1905년 을사늑약이 체결되자 상동교회에서 구국기도회를 열었고,
3·1운동 때는 민족 대표 33인 중 4명(최성모, 오화영, 이필주, 신석구)이
이 교회 신자였다. 이러한 이유로 1944년 일제는 강제로 상동교회를
폐쇄시킨다. 1976년 12월 19일 상동교회는 이 자리에 새로나백화점
을 세우고 건물 위층은 그대로 상동교회가 사용하고 있다.[25] 달성위
궁과 저경궁은 송현 언덕에 자리 잡고 있었던 것이다.

조선은행이 된 저경궁

저경궁터는 1907년 국유화되었는데, 1911년 12월 12일 조선총독부는 〈경성신보〉에 저경궁 건물 2동과 소문 2개소를 매각한다는 공고를 냈다.[26] 이후 이곳에 서울대학교 치과대학의 전신인 '경성치과의학전문학교'가 들어오는데, 우리나라에서 제일 먼저 설립된 정규 치의학교육기관으로 1922년 개교하여 을지로에 개설했던 병원을 이곳으로 이전한 것이다.

1927년 저경궁터에 교사와 부속병원을 착공하고, 1928년 9월 29일에 4층 건물의 교사가 준공되면서 저경궁의 흔적은 사라졌다. 8·15광복 후 '경성치과의학전문학교'는 '경성치의학대학원'으로 바뀌어 1945년 11월 1일 개교했다. 1946년 8월 22일에는 미군정 법령 제102호 '국립서울대학교 설립에 관한 법령'에 의거하여 국립서울대학교의 단과대학으로 정식 편입되었다. 그리하여 1969년 12월 28일 소공동 교사를 떠나 연건동의 새 교사로 이전했다.[27] 사진에서 보면 저경궁의 사당으로 보이는 건물이 보이는데 그 아래쪽에 저경궁의 제반시설이 있었을 것으로 추측된다.

또한 조선총독부는 1907년 11월에 저경궁 앞쪽 남대문로 변에 '제일은행 경성지점'을 신축·착공했다. 1911년 8월 15일에는 '조선은행'으로 개칭되었으며, 건물은 1912년 1월에 준공했다.[28]

경성치과의학전문학교 신축교사
1928년에 저경궁터에 들어섰다.

조선은행은 1945년 8·15광복과 더불어 '한국은행'으로 바뀌었다. 6·25전쟁 때 내부가 불타서 1958년에 복구하여 사용했으며, 1981년 사적 제 280호 '한국은행본관'으로 지정되었다. 1987년 '서울대학교 치과대학' 자리에 신관을 세워 이전함에 따라 본관은 1989년에 현재의 모습으로 복원하여 2001년부터 '화폐금융박물관'으로 사용하고 있다.[29]

저경궁의 위치에 대해 이규철의 논문에서는 경성치의학대학원(한국은행 신관)이 있는 곳으로,[30] 장필구의 논문에는 대관정, 즉 경성부립도서관이 있었고 현재 삼환기업 소유의 주차장이 있는 곳까지라 밝히고 있다.[31] 만약 주차장까지가 저경궁이었다면 이곳은 아직 개발되지 않은 땅이니 앞으로 저경궁에 관한 유물이 나올지 기대된다.

선조의 사랑을 듬뿍 받았고, 아들과 손자가 왕이 된 인빈 김씨의 저경궁터에는 지금 한국은행 본관 건물이 들어서 있다. 그 앞에 저경

조선은행
1910년대의 사진으로 조선은행 뒤에 한옥 건물이 저경궁의 흔적이다. 조선은행은 8·15광복 후 한국은행으로 바뀌었다.

한국은행
저경궁터에는 한국은행 본관이 들어섰는데, 지금은 화폐금융박물관으로 사용되고 있다.

궁이었음을 알려주는 하마비만 남아 있을 뿐이다. 다만 '송현松峴'이
라는 옛 이름에 걸맞게 한국은행 정원에는 소나무들이 숲을 이루고
있다.

대빈궁

희빈 장씨의 사당

대빈궁大嬪宮은 한성부 중부 경행방에 있던 궁으로 숙종의 후궁이며 경종의 생모인 희빈 장씨의 사당이다. 처음에는 장씨의 신주를 정동 사저에 모셨으나, 경종이 왕위에 오른 후에 희빈 장씨를 옥산부대빈으로 추존하면서 사당을 건립하여 '대빈궁'이라 불렀다. 1908년에 육상궁으로 옮겨져 칠궁 내에 있다. 일제강점기에는 경성측후소가 들어섰으며, 2010년 11월까지 대빈궁길이라는 길 이름으로 남아 있었다.

숙종의 여인들

효종 때부터 조선 왕실은 아들이 귀해졌다. 효종 사후 외아들 현종이 왕위를 이었으며, 현종 사후 외아들 숙종이 왕위에 올랐다. 숙종은 조선 시대 적장자로 왕이 된 7명의 원자元子 중 한 명이다. 숙종은 1667년(현종 8) 7세에 왕세자에 책봉되어 왕이 될 교육을 받았고, 1674년 14세로 즉위했으며, 45년 10개월 동안 재위했다. 조선 왕실에서 원자로 태어나 정식으로 왕세자 교육을 받고 왕위에 올라 장기 집권을 한 드문 경우이다. 왕실에 아들이 귀해지자 숙종은 왕비 3명, 후궁 6명을 두어 6남 2녀를 두었으나 3남만 장성했다.

정비는 김만기의 딸 인경왕후로 세자빈으로 책봉되었으나 천연두를 앓다가 딸만 둘 낳고 일찍 죽었다. 제1계비 인현왕후는 민유중의 딸로 인경왕후가 죽은 다음 해에 책봉되었으나, 후사가 없고 폐서인이 되었다가 복위되었다. 제2계비 인원왕후는 김주신의 딸로 인현왕

명릉

숙종과 인현왕후, 인원왕후가 묻혀 있다. 숙종과 인현왕후의 능(좌)은 같이 있고 인원왕후의 능(우)은
이들의 묘 왼쪽에 있다.

후가 죽은 다음 해에 책봉되었으나 후사가 없었다.

정실 왕비에게는 후사가 없었지만 후궁 희빈 장씨는 그 사이 아들
둘을 낳았다. 하지만 윤(경종)만 남고 성수는 일찍 죽었다. 희빈 장씨
는 숙부 장현과 남인들의 힘으로 궁궐에 들어갔고, 궁궐에 들어가 인
경왕후 사후 숙종의 총애를 받아 왕자 윤을 낳아 희빈이 되었다.

숙빈 최씨는 아들을 셋 낳았으나 둘은 일찍 죽고 연잉군(영조)만 남
았으며, 명빈 박씨는 연령군을 낳았다. 이외에 숙종의 후궁으로 영빈
김씨, 귀인 김씨, 소의 유씨가 있었다.

이렇게 많은 여인을 거느렸던 숙종은 사후 경기도 고양시 서오릉
에 묻혔다. 명릉에는 숙종과 인현왕후·인원왕후 두 왕비가 함께 묻
혔고, 익릉에 인경왕후가 모셔져 있다.

일제강점기에 흩어져 있던 후궁, 왕자, 공주 들의 묘를 합할 때 소
의 유씨와 귀인 김씨 묘를 서삼릉 근처로 옮겨왔고, 좀 떨어진 곳이

긴 하지만 경기도 파주시에 숙빈 최씨의 소령
원이 있다.

또 1969년에는 경기도 광주에 있던 희빈 장
씨의 대빈묘가 서오릉 권역으로 이장되었다.
이렇게 숙종은 사후에도 세 왕비와 네 후궁을
주변에 거느리고 있으니 조선의 왕 중에 가장
행복한 분일 거란 생각이 든다.

| 인경왕후 신도비

천민에서 왕비로

장옥정의 어머니는 노비였다. 부친 장형은 사
역원의 역관이었고, 조부 장응인도 중인 가문
의 역관으로 크게 활약했다. 당시에는 '노비종
모종량법奴婢從母從良法'(아버지가 노비라도 어머
니가 양인이면 자식은 양인이 되는 법)이 폐지되고
제정되는 사이에 있었지만 어찌하였든 장옥정
은 어머니가 노비였기 때문에 천한 신분에서
벗어나지 못했다.

| 인현왕후 신도비

장옥정은 한성부 서학동 여경방에서 태어났다고 한다(서학동은 지
금의 조선일보사 부근이다).[1] 11세에 부친이 죽자 숙부 장현에게 의탁했
다. 장현은 효종 때부터 숙종 때까지 역관으로 활동했으며, 딸은 궁
인으로 들여보냈다.[2] 장현은 역관이 금하는 물건을 함부로 가져간 죄

로 3년간 노역 형벌을 받았다가 며칠 뒤에 사면받기도 하고,[3] 연경(베이징)에 갔을 때 긴요한 문서를 찾아온 공로로 품계가 올라가기도 했다.[4]

장옥정이 22세가 되던 1680년에 '삼복의 변'(경신환국)이 일어난다. 장현과 동생 장찬이 복성군 집안과 친밀히 지냈고, 아들 장찬, 장천익이 복창군과 복선군과 활 쏘는 친구로 친히 지냈다는 이유로 형을 받고 유배되었다.[5] 장현은 그동안 실세였던 남인들과 교류하고 있었다.

또다시 의지할 곳이 없어진 장옥정은 나인으로 궁궐에 들어간다. 실록에서는 장옥정을 "나인內人으로 뽑혀 궁중에 들어왔는데 얼굴이 자못 아름다웠다頗有容色"[6]고 묘사한 기록이 있으니 그 미모가 대단히 뛰어났던 것으로 보인다. 그녀는 궁궐에 들어와 왕의 승은을 입을 날만 기다렸다. 드디어 장옥정이 숙종을 만나게 되는데, 이때가 1680년 10월 26일로 숙종의 정비 인경왕후가 죽고 한 달도 지나지 않았을 즈음이다.[7] 그러나 숙종의 생모 명성왕후明聖王后는 장옥정이 남인에 연류된 장현의 조카라는 것을 알고 궁궐 밖으로 내쫓아 버렸다.

그러나 1681년 계비 인현왕후가 책봉되고, 1683년 어머니 명성왕후가 죽은 뒤인 1686년, 숙종은 다시 장옥정을 불러 '숙원'으로 삼았다.[8] 2년 후인 1686년 10월 27일 숙종이 애타게 기다리던 왕자가 태어났고 장씨는 '소의'가 되었다. 숙종이 기뻐하며 다음 해에 왕자의 명호를 정하려 하자 당시 정권을 잡고 있던 서인 등이 후일을 기다리자고 주장했다.[9] 그러나 숙종은 다음날 원자元子로 명호를 정하였고,

4일 후에는 원자의 정호를 종묘, 사직에 고하고는 소의 장씨를 '희빈'으로 삼았다.[10]

1689년 2월 송시열이 송宋의 예를 들면서 원자의 정호를 정하는 것은 이르다며 상소를 올린다. 이에 숙종이 말했다.

"송시열은 산림의 영수領袖로서 나라의 형세가 고단하고 약하여 인심이 물결처럼 험난한 때에 감히 송의 철종을 끌어대어 오늘날의 정호定號를 너무 이르다고 하였으니, 이러한 것을 그대로 두면 무장의 무리들이 장차 연달아 일어날 것이니, 마땅히 원찬遠竄하여야 할 것이다. 그래도 유신儒臣이니, 아직은 관전寬典을 좇아, 삭탈 관작削奪官爵하고 성문 밖으로 내치게 한다."[11]

그리고 송시열을 제주도로 유배 보냈다.[12] 또한 신하들의 반대에도 숙종이 인현왕후를 폐하려 하자 4월 25일 서인 오두인 등 86명이 폐위를 반대하는 상소를 올린다. 이에 숙종은 진노하여 이들도 처벌한다.[13] 이후에도 계속 폐위 반대 상소가 있었지만 5월 2일 인현왕후 민씨를 폐하여 서인으로 삼고[14] 희빈 장씨를 비로 삼는다.[15]

5월 30일에는 이기주 등이 송시열의 억울함에 대한 상소를 올리는데 숙종은 이들도 멀리 귀양 보내고[16] 6월 3일 송시열을 사사賜死하라는 명을 내리는데 실록은 이렇게 전한다.

"송시열이 제주에서 나치拿致되어 돌아오는데 바다를 건너와서 중궁中宮을 이미 폐한 것과 오두인·박태보가 간하다가 죽은 것을 듣고는, 드디어 먹지 아니하고 정읍현에 이르러 사사賜死의 명을 받자, 이에 유소遺疏 두 본本을 초草하여 그 손자 송주석에게 주어 다른 날을 기다려 올리게 하고, 또 훈계하는 말을 써서 여러 자손에게 남겼다. 아들 송기태宋基泰가 말하기를, '국가에서 형벌을 쓸 때 현일弦日을 꺼리니, 마땅히 이를 따라야 할 것입니다.' 하니, 송시열이 들어주지 아니하며 말하기를, '내가 병이 심하여 잠시를 기다릴 수 없으니, 명을 받는 것을 늦출 수 없다.' 하고는 드디어 조용히 죽음에 나아가니, 이때 나이가 83세이다."[17]

이때 서인에서 남인으로 정권이 교체되는데 이를 '기사환국'이라고 한다. 그리고 다음 해에 희빈 장씨는 왕비에 책봉된다.[18] 노비에서 후궁으로, 드디어 국모의 자리인 왕비에까지 오른 것이다.

빈어가 후비의 자리에 오를 수 없게 하라

희빈 장씨가 왕비의 자리에 오른 지 4년 뒤인 1694년 서인으로 인경왕후의 친정 조카 김춘택 등이 폐비의 복위 운동을 감행했다. 이때 서인과 남인은 교대로 옥사를 당하는데 그 결과 폐비 민씨는 복위되고, 왕비 장씨를 희빈으로 강등하여 옛 작호를 내린다.[19] 이때 이미 죽은 송시열은 복작되었으며[20] 남인은 정계에서 물러나는데, 이를 '갑술옥사(갑술환국)'라고 한다.

그리고 한 달여 후, 희빈 장씨의 오빠가 중궁 모해 죄로 끌려갔다. 궁지에 몰린 장희재는 국청鞫廳에서 민암 부자에게서 들은 이야기를 희빈에게 편지로 알렸을 뿐이라고 말한다. 편지에는 항간에 은화를 모아 환국을 꾀하는 자가 있는데, 폐비도 동참했다는 이야기가 적혀 있었다. 숙종은 장희재를 사형에 처하라고 명한다. 이때 서인에서 분파된 소론의 남구만은 끝까지 장희재를 옹호한다. 숙종은 세자에게 화가 미칠까 염려하여 위리안치(집 울타리에 가시를 쳐 가두는 형벌)로 끝냈다.[21]

이어 1701년에는 인현왕후가 죽은 후에 희빈 장씨가 취선당 서쪽에다 신당을 설치하고 인현왕후가 죽기를 기도한 일이 발각되었다.[22] 결국 희빈 장씨에게는 '내전을 질투하여 모해하려 한 죄'로 자진하라는 명이 떨어졌고,[23] 장희재는 복주伏誅(엎드려 칼을 받음)했으며, 궁인과 무녀 등도 참형당했다.[24] 이를 '무고巫蠱의 옥獄'이라 하는데, 이때 희빈 장씨에 대하여 관대한 태도를 취한 소론이 몰락하게 되고 다시 노론이 득세하게 되었다.

이렇게 숙종 대에 일어난 남인과 서인, 노론과 소론의 정권 쟁탈전인 경신환국, 기사환국, 갑술옥사의 중심에는 인현왕후와 희빈 장씨가 있었다. 인현왕후는 서인으로, 희빈 장씨는 남인으로 역사적 사건에 휘말려 희생되었던 것이다.

숙종은 이후 후궁이 왕비로 승격하는 일이 없도록 하라고 명했다. "이제부터 나라의 법전을 명백하게 정하여 빈어嬪御가 후비后妃의 자리에 오를 수가 없게 하라."[25]

그 때문에 조선 후기에는 후궁이 아들을 낳아도 왕비가 될 수 없었다. 그 예로 영조는 정성왕후가 세상을 떠났는데도 사도세자를 낳은 영빈 이씨를 왕비로 삼지 않고, 15세의 정순왕후를 다시 들였다. 이 제도의 가장 큰 피해자는 영빈 이씨라 할 수 있을 것이다. 아들 사도세자의 죽음에 앞장서야 했던 영빈 이씨가 권세를 가진 왕비가 되었더라면 그 상황은 달라졌을지도 모른다. 고종의 후궁 엄황귀비 또한 이 제도 때문에 후궁으로 남아 있어야 했다.

268년 만에 숙종 곁으로 가다

1701년 희빈 장씨가 죽자 경기도 양주시 인장리에 장사 지냈다. 그러나 1718년 12월에 묘지가 불길하다는 지적에 따라 장지를 물색하여 다음 해에 경기도 광주 진해촌(현재 광주시 오포읍)으로 천장했다.

"장씨의 천장지遷葬地를 광주 진해촌으로 정하도록 명했다. 처음에 함일해가 상서하여 인장리의 묘지는 불길하다고 논하고, 여러 사람의 의논 또한 결점이 많다고 여겼으나, 왕이 이미 천장하도록 명했다. 예조 참의가 지사地師로 이름이 드러난 자 10여 인을 거느리고 경기도 일대에서 명당을 두루 구한 것이 1년이나 되었는데, 처음으로 수원의 청호촌과 광주의 진해촌 두 곳을 얻게 되었다. 그러나 수원은 비방과 칭찬이 여러 갈래로 많았으므로, 마침내 여러 지사의 산에 대한 평론을 갖추어 아뢰자, 왕이 진해촌으로 정하도록 명했다."[26]

또 다른 이유가 있다면 아마 경종 때문이었으리라. 인장리의 희빈 묘는 동구릉(현재 구리시 인창동으로 동창리와 인장리의 각 일부가 합쳐져 인창리가 되었다.) 부근으로 숙종이 왕릉을 행차하려면 희빈 장씨의 묘를 지나야 했다. 그러니 세자가 아버지를 따라 행차할 때마다 숙종과 신하들 모두 마음을 조려야 했을 것이고 이에 천장을 서두르지 않았을까? 아예 세자의 능행차가 가지 않는 광주 진해촌으로 유배 보내듯 천장한 것처럼 보인다.

숙종은 천장할 때 동궁과 빈궁이 망곡례望哭禮를 할 수 있도록 해주었다.[27] 숙종은 죽기 1년 전에 희빈 장씨의 묘를 천장하는데, 부인을 죽인 남편으로 부인과 아들에게 베푸는 마지막 배려였을지도 모른다.

경종은 왕위에 오른 직후부터 어머니의 일로 당쟁의 소용돌이에 휩쓸렸다. 경종 즉위년 조중우가 상소를 올렸다.

"왕의 덕과 의는 효행에 지나침이 없고, 추보追報의 도리는 《예경》의 밝은 훈계이며, 어미가 아들로서 존귀하게 되는 것은 《춘추》의 대의입니다. 이제 전하께서 나라와 백성의 주인이 되었는데, 낳아주신 어버이는 오히려 명호名號(이름과 호)가 없이 적막한 마을에 계시고 사당은 쓸쓸하고 한 줌의 무덤에는 풀만 무성합니다. 문무 신하의 2품 관도 죽은 뒤에 벼슬이 오르는 일이 있는데, 전하께서는 당당하고 존귀한 몸으로 유독 낳아서 길러준 어버이에게는 작호爵號를 내리지 않으니, 무엇으로써 나라의 체통을 높이고 지극한 도리를 펴겠습니까? 신이 기억하기로는 지난날 선대왕께서 전하의 도리를 통촉하여 특히 천장을 허락하셨고, 전하의 뜻을 살펴서 다시 망곡望哭하게 했으니, 이로써 미루어 보건대 선대왕의 영혼이 오늘날의 일에 대하여 반드시 어긋났다고 하지는 않을 것입니다. 신이 삼가 《선원보략》 1책을 보니, 전후의 여러 글에서 모두 여쭈고 의논하여 왕의 허락을 받았는데, '희빈' 두 글자를 일찍이 삭제하지 않았으니, 선대왕의 은

희빈 장씨의 대빈묘와 묘비
잊혀져 있던 희빈 장씨묘는 268년 만에 세상에 모습을 드러내 현재 서삼릉 내에 있다.

밀한 뜻이 어찌 여기에 있지 않겠습니까? 엎드려 원하건대 특히 예
관禮官에게 명을 내려 빨리 명호를 정해 지극한 도리를 다하고 나라
의 체통을 높이소서."[28]

　그러자 노론들이 들고 일어나 조중우를 유배 보냈고, 그는 유배지
로 가던 중 죽었다. 이 상소문을 보면 희빈 장씨의 묘소는 명호, 즉
이름도 없이 적막한 마을에 있고 사당은 조용하고 한 줌의 무덤에는
풀만 무성하다고 했다. 진해촌의 희빈 장씨 묘는 돌보는 이가 없었다
는 뜻이다. 이후 능도 원도 아닌 희빈 장씨의 묘는 계속 잊혀지다가,
1969년 남편 숙종이 묻혀 있는 서오릉 경내로 옮겨졌다. 파란만장한
인생행로를 거쳐 두 번의 이장과 잊혀진 세월을 지나 사후 268년 만
에 마침내 남편 곁으로 오게 된 것이다. 그녀는 왕비의 자리에까지
올랐지만 폐비가 되었기에 대빈묘大嬪墓로 남아 있게 되었다.

옛 대빈묘와 느티나무
경기도 광주군 오포읍 문형리의 옛 희빈 장씨묘가 있던 자리로, 숙종은 죽기 전에 희빈 장씨의 묘를 천장했다. 왼쪽에 희빈 장씨의 묘가 있었고, 오른쪽에 느티나무가 있다. 느티나무는 1983년 광주시 보호수 48호(수령 510년)로 지정되었다.

경종의 사모곡

폐비가 된 희빈 장씨에게 사당을 따로 세워주었을까? 폐비였으나 아들이 세자였으니 그녀를 버릴 수도 챙길 수도 없는 상황이었을 것이다. 아들 경종은 왕위에 오른 후 어머니를 추존하고 싶었다. 그러나 신하들은 "전傳에 이르기를, '3년 동안 아버지의 도道를 고치지 않아야 효孝라고 할 수 있다.' 했고, 또 이르기를, '돌아가신 뒤에도 생전에 섬기듯 한다.' 했는데, 이를 풀이하는 자가 '계지술사繼志述事하는 뜻이다.'라고 했습니다."[29] 하며 선대의 뜻을 따를 것을 주장했다.

그러나 1722년 벽두부터 신하들은 사친을 추보하는 일에 대해 논쟁한다. 그리고 6월 8일 대상을 치른 뒤부터 황화방 본방에 사묘를 세우자는 논의가 본격적으로 일어난다.

대빈궁
경종은 1722년 희빈 장씨의 사당, 대빈궁을 세웠다. 현재 칠궁 내에 자리하고 있으며, 2009년 10월 26일 칠궁 제사를 지내는 모습이다.

10월 5일에는 "사당은 별도로 다른 곳에다 지을 필요가 없습니다. 본궁 안의 터가 약간 넓다고 하니, 해당 관청에 날짜를 가려서 짓게 하소서."[30] 하는 것을 보니 이때 경종은 희빈 장씨의 사당을 새로 지을 생각을 하고 있었던 듯하다. 그리고 수순을 밟아 10월 10일 희빈 장씨를 옥산부대빈으로 추숭하고,[31] 10월 15일 본궁의 사당을 지을 곳을 다시 고르라고 한다.[32] 이때 한성부 중부 경행방에 사당을 세운다. 그러고는 한 번도 거둥하지 않다가 1723년 홍만조의 건의로 생모의 사당을 찾았다.

"전하께서 즉위하신 지 4년 동안 전에 없던 재앙이 해마다 나타나 징조를 보이니, 대개 아래에 있는 인사가 미진한 데가 있으면 위에 있는 하늘이 바로 재앙을 내리는 것입니다. 전하께서 능陵을 살피고 묘廟를 배알하시는 일 외에 문묘나 선원전璿源殿(창덕궁 안에 조선 역대 왕들의 어진御眞을 모신 전각) 등에 술을 올리는 예는 차례차례 몸소 행하셨으나, 오직 사묘私廟에만은 한 번도 찾지 않으셨습니다. 마땅히 행해야 될 예를 빠뜨리고 행하지 않으니, 신하와 백성이 전하의 뜻을 의아하게 여깁니다. 인심人心을 저버리고 천의天意에 부합될 수 없는 법이니, 오늘의 재앙은 진실로 이상할 것이 없습니다."[33]

이렇게 신하들이 사묘에 제사할 것을 청하기에 6월 9일 경종은 대빈궁에 거둥한다.[34] 경종은 그동안 생모의 묘나 사당에도 참배하지 못했을 터이니 남다른 감회에 잠겼을 것이다. 폐비되어 사약까지 마신 어머니를 둔 경종은 당쟁의 소용돌이 속에서 건강까지 좋지 않았지만, 어머니를 대빈으로 추존하고 사당을 세운 것으로 자식의 도리를 다했다.

대빈묘와 대빈궁으로 남다

경종은 어머니 희빈 장씨의 사당을 지을 때, 제도는 쫓겨난 중종 비 폐비 신씨(단경왕후)의 사우와 같게 하고, 제수는 인조의 아버지 원종의 어머니인 인빈 김씨의 예와 같게 하라고 했다.[35] 폐비 신씨의 사당은 숙종 25년에 지어졌고,[36] 영조 때 단경왕후로 복위되었다.[37] 따라서 대빈묘廟는 폐비 신씨의 사당이 둥근기둥이었는지 네모기둥이 었는지에 따라 결정되었다. 당시 왕과 왕비가 사용하는 건축물은 둥근기둥을, 이외에는 네모기둥을 세웠다. 지금 남아 있는 대빈궁의 기둥이 둥근 것은 폐비지만 왕비였던 폐비 신씨의 사당을 둥근기둥으로 하였기에 이를 따른 것이 아닐까 생각된다. 또한 대빈궁으로 기록되는 것은 정조 때부터이므로 그 이전에는 대빈묘廟로 불리었다가 영조 이후 사친의 사당을 궁으로 부르면서 대빈묘도 대빈궁으로 불렸던 것으로 보인다.

대빈궁은 1870년에 육상궁에 일시 옮겨지고 1887년에 경행방의 옛 궁에 옮겼다가 1908년 7월에 다시 육상궁 경내로 옮겨졌다.

이순우에 의하면 《경성부사》에서는 대빈궁이 낙원동 24번지로 나오나, 낙원동 58번지가 국유이므로 이곳을 대빈궁으로 보았다. 그리고 낙원동 58번지의 대빈궁에는 '경성측후소'가 있었다고 한다. 원래 경성측후소는 동부 마두산(조선총독부의원 구내)에 있었으나 1913년 1월에 낙원동 대빈궁 자리를 수선하여 이전한 것이다. 이후 1932년에 경기도 경성부 송월동 1번지(현재 송월동 기상대인 송월길 52로, 구 신문로2가 1번지 43호)로 이전했다.[38]

경성측후소
1925년의 모습으로 측후소 우측의 한옥이 대빈궁의 흔적일 것이라 추측한다.

구 등기부등본 확인 결과 경성측후소가 이전한 이곳을 1933년에 박봉근이 매입했고, 1938년에 주식회사 천향각이 인수한다. 이후 조선총독부에 귀속되었고, 현재는 국세청 소유로 종로세무소가 위치하고 있다.

낙원동 58번지의 전체 면적은 약 3,372㎡

옛 대빈궁터
옛 대빈궁 자리에는 현재 종로세무서와 한옥들이 들어서 있다.

(1,020평) 정도이니 규모가 작은 사당이었을 것이다. 이곳은 2010년 10월까지만 해도 종로세무소 옆으로 '대빈궁길'이라는 표시가 있었으나, 도로명 변경으로 '삼일대로 26길'로 바뀌었다. 그리고 현재 5층의 종로세무소를 헐고 8층으로 신축하고 있으며, 주변에 있던 요정 오진암 자리엔 10층의 '종로 이비스호텔'을 지으면서 대빈궁 주변 풍광이 변하고 있다.

희대의 여인 장희빈은 노비의 딸에서 여성으로서 최고의 지위인 왕비가 되었으나,

대빈궁길
'대빈궁길'이라는 표시로 대빈궁터였음을 알 수 있었으나 '삼일대로 26'으로 바뀌어 이제는 그 흔적조차 남지 않았고, 그저 골목길에 지나지 않는다.

당쟁의 변화 속에서 폐비가 되었다. 그녀가 낳은 아들이 왕이 되었으나 후사 없이 죽었으니 서오릉의 대빈묘와 칠궁에 남아 있는 대빈궁만이 역사 속 그녀의 흔적을 말해줄 뿐이다. 그나마 사당만이라도 '궁'이라는 이름으로 남아 후궁들이 모여 있는 칠궁에 자리하고 있고, 네모기둥인 다른 사당과 달리 둥근기둥을 한 채로 남아 있다는 것이 그녀에게 조금이나마 위로가 될지 모르겠다.

선희궁

영빈 이씨의 사당

선희궁宣禧宮은 한성부 북부 순화방에 있던 궁으로 영조의 후궁이자 사도세자의 생모인 영빈 이씨의 사당이다. 1764년 영빈 이씨가 세상을 떠나자 영조는 사당을 세우고 '의열묘義烈廟'라 했다. 이후 정조 때 선희궁으로 바뀌었다. 1908년에 육상궁으로 옮겨져 경우궁과 합사되었다. 1912년에는 서대문구 천연동에 있던 경성고아원을 이곳으로 옮기고 제생원이라 했다.

아들을 사지로 내몬 영빈 이씨

선희궁의 주인인 영빈 이씨는 어려서 궁중에 들어와 영조의 총애를 받았고, 영조가 왕위에 오르자 '귀인'이 되었으며, 1730년 '영빈'에 봉해졌다.[1] 이때는 정빈 이씨 사후 효장세자마저 요절한 후였다. 영빈 이씨는 영조의 총애를 받아 5명의 옹주를 낳은 뒤 1735년 왕자(사도세자)를 출산하여 후사를 기다리던 영조를 기쁘게 했다. 하지만 장수한 남편이 아들 사도세자에게 대리청정하게 하면서부터 반대 의견으로 맞서는 부자지간의 아슬아슬한 당파 싸움을 지켜보아야 했다.

영빈 이씨는 1762년 아들 사도세자가 죽임을 당하는 과정에 일조한다. 실록에는 "영빈은 바로 세자의 탄생모誕生母 이씨로서 임금에게 밀고한 자였다."[2]라고 할 뿐 자세한 기록은 없다. 그러나 혜경궁 홍씨가 쓴 《한중록》에는 선희궁이 가서 울면서 "동궁의 병이 점점 깊어 바랄 것이 없으니, 소인이 차마 이 말씀을 드리는 것이 정리에 못할 일이나 옥체를 보호하고 세손을 건져 종사를 평안히 하는 일이 옳 사오니 대처분을 내리소서."[3]라고 말했다고 한다.

그리하여 영빈 이씨는 조선 왕실 여인 중 자식을 죽음으로 내몬 가장 불행한 여인이 되었다. 영빈 이씨는 아들이 죽고 2년 후에 세상을 떠났다. 아들의 죽음으로 맘고생은 말도 못했을 것이다. 그것도 오뉴월 땡볕에 물 한 모금 마시지 못하고 처참하게 죽어가는 아들을 뒤에서 지켜봐야 했던 어머니의 마음이 오죽했겠는가?

영조는 영빈 이씨에게 '의열義烈'이란 시호를 내리고,[4] 40여 년간 후궁으로 있으면서 근신하고 침묵을 지켜 불행한 때에 처하여 보호한 공로가 있다 하여 후궁 일등의 예로 장례를 치르라고 했다.[5] 9월 3일에는 《표의록》을 지어 왕실과 국가를 위해 희생한 영빈 이씨의 대의大義를 추모했다. 그리고 묘를 서교西郊의 연희궁延禧宮으로 정하고,[6] 9월 27일 장례를 치른다.[7] 또한 효장세자를 낳은 정빈 이씨의 정빈묘靖嬪墓와 사도세자를 낳은 영빈 이씨의 의열궁義烈宮을 후일에 차례차례 원園으로 봉한다는 글을 남긴다.[8]

의열묘에서 수경원으로

영빈 이씨의 묘는 실록에 영조 생전에는 '의열원義烈園'으로 불렀으나, 이후 '의열묘'로 불렀다.[9] 그러다가 정조 때에 금성위 박명원이 상소를 올렸다.

"삼가 우리나라의 고사를 살펴보건대, 궁宮·원園 및 묘廟에 각각 칭호가 있어 서로 통용하지 않은 것은 대개 체모를 존중해서였습니다. 그런데 의열영빈궁義烈映嬪宮에 있어서만은 의열이란 두 글자의 칭호를 안의 궁宮과 밖의 묘墓에 통칭하고 있으니, 사리로 헤아려 보아도 구차하고 전례로 상고해 보아도 의거할 만한 것이 없습니다. 근래의 일로 말하더라도 온희 정빈溫僖靖嬪의 궁을 연호延祜라 하고, 원園을 수길綏吉이라 하여 칭호를 각기 달리하였으니, 증거로 삼을 수 있는 전례前例가 있습니다. 삼가 바라건대 조정에 하문하시어 그 궁과 묘의 칭호를 의논해 정하는 것이 사리에 맞을 듯합니다."

이후 묘호墓號를 '선희宣禧'로 바꿨다.[10] 선희묘는 고종 때 영빈의 시호를 '소유昭裕'로 원호를 '수경綏慶'으로 하면서[11] '수경원綏慶園'이 되었다.

세월이 지나 이 부근에 연희전문학교가 들어오는데, 1915년 호러스 그랜트 언더우드Horace Grant Underwood가 YMCA 건물 일부를 빌려 '조선기독교대학'을 설립한 것이 기초가 되었다.

이후 그의 사촌형 존 토마스 언더우드 John Thomas Underwood가 거액을 기증하여 1917년 경기도 고양군 연희면 창전리 토지를 사들여 교사를 신축하여 연희전문학교가 들어섰다. 1946년 연희대학교가 되었으며, 1955년 세브란스의과대학이 들어오면서 1957년 연희대학교와 세브란스

수경원
1945년 연세대학교 교정 사진으로 교정 오른쪽에 보이는 묘소가 수경원이다.

옛 수경원터(상)
연세대학교 내에는 옛 수경원의 흔적이 남아 있다. 좌측 정자각에는 의열묘 현판이 있으며, 현재 연세기록보존소로 사용하고 있다.

연세대학교 루스채플(중)
영빈 이씨묘 봉분 자리에는 1974년 대학 교회가 세워졌다.

수경원 비각(하)
수경원으로 옮긴 수경원비의 비각이다.

의과대학이 통합해 연세대학교가 되었다.[12] 따라서 수경원은 연세대학교에 둘러싸여 버렸다. 그러다가 1970년 옛 수경원이 있던 자리를 연세대학교에서 인수했다. 이때 묘와 묘비를 서오릉으로 옮겼다. 묘비각과 정자각은 현재 연세대학교 내에 남아 있고, 영조 친필의 '의열묘' 현판은 연세대학교중앙박물관에 소장되어 있다. 수경원의 봉분 자리에는 1974년에 대학 교회인 '루스채플'이 건립되었다.

그리고 현재 서오릉의 수경원은 명칭만 '원園'이지 정자각도 없이 묘와 묘비만 있는 '묘墓'의 형태가 되었다. 유물로는 묘를 옮기면서 발굴된 '백자청화 영빈이씨 묘지·명기 및 석함'이 있으며 2010년 서울특별시 유형문화재 제311호로 지정되었다.

'백자청화 영빈이씨 묘지'는 영조가 영빈 이씨의 죽음을 슬퍼하는 마음을 글로 직접 지은 것이고, 영조와 영빈 이씨의 소생 중 맏딸 화평옹주와 혼인한 금성위 박명원이 글씨를 썼다. 수경원 명기明器(죽은

수경원과 수경원비
서오릉 내에 있는 영빈 이씨묘로 명릉(숙종과 인현왕후 능)과 익릉(인경왕후 능) 사이에 있다.

사람과 함께 묻기 위해 실물보다 작게 상징적으로 만든 그릇이나 악기, 생활용구)는 제기祭器를 본뜬 소형의 백자로 보존 상태가 매우 양호하다. 모두 20점으로 보簠, 작爵, 향로, 호壺 등으로 구성되어 있다. 석함은 묘지墓誌를 넣어 보관하던 것이다.[13]

의열묘에서 선희궁으로

영조는 영빈 이씨가 죽은 해인 1764년에 사당을 세웠다. 한성부 북부 순화방順化坊에 사당을 건립하고 '의열궁義烈宮'이라 했다. 영조는 대의로 사직을 보호하기 위해 영빈 이씨가 아들의 죽음을 도왔다고 생각한 것이다. 그리고 신하들이 반발하지 못하도록 대상大祥 날 궁宮의 칭호와 원園의 칭호는 전에 이미 하교했다고[14] 못 박는다. 왕도 되지 못한 세자의 생모 사당에 '궁' 호를 붙여준 것이다. 실록은 '의열궁宮' 또는 '의열묘廟'로도 쓰고 있다.

그러나 정조의 생각은 달랐다. 어찌 아들을 죽음으로 내몬 것이 의열이겠는가? 1788년에 정조는 베풀 '선', 기쁠 '희'를 써서 묘 이름을 '선희宣禧'라 고쳤다. 이때부터 의열궁은 선희궁이 되었다.

선희궁은 계속 존속되다가 1870년에 일시 육상궁에 옮겨 모셨다가,[15] 1897년 다시 선희궁으로 돌아왔다.[16] 그리고 육상궁으로 옮겨진 신위는 정조의 후궁 수빈 박씨의 사당인 경우궁과 합사되었으니 시할머니와 손주 며느리가 한 건물에 있게 되었다.

세심대와 감류천

정조는 선희궁을 찾을 때마다 세심대洗心臺에 오르곤 했는데 실록에 남아 있는 기록들을 살펴보면 이때 정조의 마음을 알 수 있다.

"육상궁을 참배하고 영조의 어진을 모신 봉안각을 살폈으며, 선희궁·연호궁, 의소묘에 술을 올리고, 창의궁 장보각을 살펴보았다. 그리고 정조는 가까운 신하들과 함께 세심대에 올라 잠시 쉬면서 술과 음식을 내렸다. 정조는 시詩 한 수를 짓고 여러 신하들에게 화답하는 시를 짓도록 했다. 이어 좌우 신하들에게 이르기를, '임오년(1762년)에 사당을 지을 땅을 결정할 때 처음에는 이 누각 아래로 하려고 의논했으나, 그때 권흉權兇이 그 땅이 좋은 것을 꺼려서 동쪽 기슭에 옮겨 지었으니, 지금의 경모궁이 그것이다. 그러나 궁터가 좋기로는 도리어 이곳보다 나으니, 하늘이 하신 일이다. 내가 선희궁을 배알할 때마다 늘 이 누대에 오르는데, 이는 아버지를 여읜 나의 애통한 마음을 달래기 위해서다."[17]

등세심대상화구점
1791년 정조가 세심대에 올라 느낀 감회를 직접 짓고 쓴 것이다. (국립고궁박물관 소장)

이때 정조가 오른 누대는 선희궁 북쪽 동산 뒤 100여 보가량 되는 곳에 있다고 했으니, 지금의 국립서울농·맹학교 뒤 '후천后泉'이라는 각자角字가 새겨진 바위 위쪽으로 추정된다.

1792년에는 정조가 이민보에게 이렇게 말했다.

"작년 봄 나의 시에 '좌중에 백발이

'후천' 각자 바위
정조가 자주 올랐던 세심대 부근으로 추정되는 곳이다. 후천后泉이라고 쓰인 각자 바위가 있는 곳이다.

많으나 내년에도 지금처럼 술잔을 기울이세'란 구절이 있었는데, 지금 또 경들과 함께 이 모임을 가졌으니, 참으로 우연한 일이 아니다. 오늘은 날씨 또한 매우 화창하니 마땅히 경들과 더불어 다시 전날 놀던 곳을 찾아보련다.' 그러고는 작은 가마를 타고 세심대에 올랐는데 연로한 여러 신하에게 각각 구장鳩杖(왕이 70세 이상 되는 높은 벼슬아치에게 주던 지팡이)을 하사하여 오르는 데 편리하게 했다. 정조가 직접 율시律詩 한 수를 짓고 여러 신하들에게 화답하라고 명했다. 그리고 이병모 등을 돌아보고 이르기를, '매년 이 행차 때마다 반드시 이곳에 오는 것이 어찌 단지 꽃을 구경하는 즐거움 때문이겠는가. 내가 특별히 이곳에 대해서 은근히 잊지 못할 것이 있는데, 여러 신하들은 과연 모두 아는가?' 했다."[18]

이렇게라도 신하들에게 아버지 사도세자에 대한 안타까운 마음을 전달하고 싶었을 것이다. 이어 1795년 세심대에 올랐을 때 실록은 이렇게 전한다.

"선희궁 북문을 나갔다. 나이 60세가 넘은 신하들에게 모두 지팡이를 하사하여 산을 오르는 데에 편하게 하라고 명했다. 마침내 옥류천玉流泉을 따라 수십 보를 지나가서 세심대에 이르렀다. 정조가 장막을 친 자리에 올라가 앉아 영의정 홍낙성과 우의정 채제공을 불러 말했다. '매년 이때가 되면 꼭 이 세심대에 오르는데 이는 경치 좋은 곳을 찾아 꽃을 감상하기 위해서가 아니다. 이곳은 대개 경모궁을 처음 세울 때 터를 잡았던 곳이기 때문이다. 내가 어찌 한가하게 즐기려고 그러는 것이겠는가.' 또 이렇게 말했다. '지금부터 10년 뒤의 갑자년(1804년)은 바로 아버지(사도세자)와 어머니(혜경궁 홍씨)의 결혼 60주년이 되는 해年다. 그때에 어머니께서 현륭원顯隆園(사도세자의 묘)에 가서서 참배하는 일이야말로 정리상으로나 예법상으로나 그만 둘 수 없는 일이다. 내가 이번에 어머니의 행차를 모시고 갔다가 환궁한 뒤에 수라水剌에 사용하는 그릇 등속을 그냥 본부本府에 놔두도록 했는데 이것도 나에게 생각이 있어서 그렇게 한 것이었다. 10년이 지난 뒤에 경들이 다시 행차를 모신다면 어찌 희귀한 일이 되지 않겠는가. 그런데 지금 경들의 근력을 보건대 모두 걱정할 것이 없겠다.' 고 했다."[19]

정조가 지난 윤 2월 9일부터 16일까지 8일 동안 화성을 방문한 이후 10년 후 부모님의 회혼례 때 다시 현륭원 행차를 계획하고 있었음을 알 수 있는 대목이다. 그러나 정조의 이러한 효심은 1800년 세상을 떠나면서 뜻을 이루지 못했다.

국립서울농·맹학교에서는 2009년 학교 뒤 언덕을 정비하고 계단을 만들어놓았는데, 이 언덕에 오르면 선희궁 남쪽의 전경을 볼 수 있다. 이때 '감류천甘琉泉'이란 각자를 발견하고 조그마한 연못도 만들었다. 공사 중에 세심대의 각자도 발견하지 못했고 또 그 위치가 어디인지는 밝혀지지 않고 있다. 이미 없어진 것인지, 아니면 어디에 숨어 있어서 찾지 못하는 것인지 모르지만, 나는 그 언덕 위 바위에 앉아 정조의 마음을 헤아려 본다.

동쪽으로는 육상궁, 경복궁, 창덕궁, 종묘 언덕이 보이고 멀리 용마산도 보인다. 어쩌면 흥인문도 살짝 보일 듯하다. 남쪽으로 눈을 돌리면 경복궁의 근정전과 경회루, 광화문과 육조거리, 멀리 숭례문과 남산도 보인다. 창의궁, 창성궁 등 즐비한 한옥들도 죽 늘어서 있다. 약간 서쪽을 바라보면 아래로 자수궁과 경희궁, 멀리 관악산까지 한눈에 들어온다. 정조가 이곳을 즐겨 찾은 이유를 알 것 같았다. 이곳에서 보면 한양을 한눈에 볼 수 있고, 답답했던 가슴이 확 트이며 울긋불긋 꽃놀이하기에도 적당한 곳이었으리라는 생각이 들었다.

선희궁터에 들어선 국립서울농·맹학교

1912년 선희궁터에 '경성고아원'이 들어왔다. 조선 초기에 설치된 서민 의료기관 제생원은 극빈자의 치료와 미아의 보호를 맡았으나 세조 때 혜민서에 병합되었다. 정조는 1783년 흉년이 들자, 백성을 구제하기 위해 '자휼전칙字恤典則'을 제정하여 구걸하는 아이는 10세로 한도를 정하고, 길가에 버려진 아이는 3세를 한도로 하여 진휼청에서 기르게 했다.[20]

1888년에는 명동성당에 '천주교회고아원'이 설립되어 천주교에서 운영했는데, 이것이 근대 고아원의 시작이다. 1905년에는 이필화가 '사립 경성고아원'을 설립했다. 1911년 조선총독부에서 이필화의 경성고아원을 인수하여 '조선총독부 제생원'으로 이름을 바꾸어 천연동 98번지 숭의묘터에 고아, 맹아, 정신질환자를 수용했다. 그러다가 정신질환자는 조선총독부의원으로 넘기고 고아를 교육하는 양육부와 맹아를 가르치는 맹아부로 나누었는데, 맹아부는 천연동에 두고 양육부는 선희궁터로 이전한다. 1931년 양육부는 경기도 양주군 노해면 공덕리(현재 서울시 노원구 공릉동)의 땅을 매입하여 이전하고 천연동에 있던 맹아부를 선희궁으로 옮겼다.[21] 1934년 5월 12일 〈조선중앙일보〉에는 조선총독부 제생원 양육부 이전 신축 낙성식을 했다는 기사가 났고[22] 8·15광복 이후 국립양육원으로 바뀌었다. 즉, 제생원은 일제강점기에 맹아부와 양육부로 나뉘어 맹아부는 천연동에, 양육부는 선희궁에 있다가 맹아부가 선희궁으로 옮겨오면서 공릉동으로 이전한 것이다.

1959년에 선희궁터 서측(필운대로 97)은 맹아학교, 동측(필운대로 103)은 농아학교로 분리되었다. 1988년 서울올림픽 때 서울농아학교를 서울선희학교로 바꿨다가 2002년 다시 서울농학교로 바꾸어 현재 국립서울농학교에 이르고 있다. 서울맹아학교에는 1937년 헬렌

선희궁
선희궁은 현재 국립서울농학교 내에 복원되어 있고, 영빈 이씨의 신주는 칠궁 내에 있는 선희궁에 모셔져 있다.

켈러 여사가 방문했고, 1945년 국립맹아학교, 1952년 서울맹아학교로 불리다가 현재 국립서울맹학교로 불린다.[23]

선희궁터(서울특별시 유형문화재 제32호)에는 복원된 선희궁 건물과 주춧돌, 기단, 담장의 흔적들이 남아 있고, 서울시 보호수 은행나무 (1-15호)와 느티나무(1-27호)가 300여 년 동안 선희궁과 함께하고 있다.

선희궁은 당파 싸움에 희생된 아들과 그 아들을 죽음으로 몰아야 했던 어머니 영빈 이씨의 답답한 마음이 보지 못하고 듣지 못해 답답한 이들을 교육하는 장소로 탈바꿈한 듯하다.

한편 종로구 신교동 1번지 전체는 약 4만 661㎡(12,300평)가 되니 선희궁은 현재의 국립서울농·맹학교와 주변의 개인 주택들까지 포함했던 대규모의 궁이었다. 영조의 배려와 정조의 안타까움이 깃든 선희궁은 오늘도 묵묵히 인왕산을 지키고 있다.

어느 날 우연히 국립고궁박물관에서 만난 〈선희궁도宣禧宮圖〉는 선희궁에 대한 나의 궁금했던 마음을 한번에 풀어주었다. 선희궁 뒤쪽의 솔숲과 나무들 그리고 세심대와 내담과 외담으로 둘러싸인 선희궁의 모습을 한눈에 볼 수 있었기 때문이다.

경우궁

수빈 박씨의 사당

경우궁景祐宮은 한성부 북부 양덕방에 있던 궁으로 정조의 후궁이자 순조의 생모인 수빈 박씨의 사당이다. 1823년 수빈 박씨가 세상을 떠나자 다음 해에 옛 용호영 자리에 사당을 짓고 궁호를 '경우궁'이라 하고, 다음 해 2월 신주를 봉안했다. 수빈 박씨는 살아서 아들이 왕위에 오르는 것을 본 유일한 후궁이다. 갑신정변 때 고종이 이곳으로 피신했는데, 왕을 알현하러 오던 조정 중신들이 이곳에서 살해되기도 했다. 이 경우궁은 1908년에 육상궁으로 옮겨졌다.

경우궁

내가 죽은 뒤에는 행록을 짓지 말라

수빈 박씨는 좌찬성 박준원의 딸로, 김조순이 지은 휘경원徽慶園의 지문誌文에는 이렇게 기록되어 있다.

"어머니의 꿈에 노인이 무릎을 꿇고 큰 구슬 하나를 바쳤는데, 광채가 방 안에 가득했다. 이윽고 빈을 낳았는데, 어려서부터 특이한 바탕이 있었다. ……빈께서는 항상 말씀하시기를 '부녀자가 무슨 지장誌狀이 필요하겠는가? 내가 죽은 뒤에는 행록行錄을 짓지 말라.'고 하셨기 때문에……. 빈의 성품은 총명하고 장중하여 평상시에 말씀이 적었으며 아랫사람을 인자하면서도 위엄 있게 이끌었고 의복과 물건들은 진귀한 것을 좋아하지 않았다. 혜빈(혜경궁 홍씨)을 받들 때 효성과 순종을 다하고 정조를 섬길 때 거스른 말이 없었으며 순조를 양육할 때 의복을 항상 빨아서 입히고 가르칠 때 반드시 의로운 방도로 했다."[1]

정조는 왕비 1명과 후궁 4명을 두었는데, 효의왕후는 정조가 세손 시절인 1762년 혼인하여 후에 왕비가 되었으나 후사가 없었다. 그리하여 정조는 여러 명의 후궁을 들였다. 1778년 홍국영의 누이동생을 원빈에 봉하여 후궁으로 들였으나 다음 해에 죽고, 1780년 다시 화빈 윤씨를 들였으나[2] 다음 해에 산실청을 설치한 기록만 있으니[3], 아이를 낳았으나 일찍 죽은 것으로 보인다. 1782년 마침내 궁녀 성씨에게서 왕자를 얻으니 곧 문효세자다.[4] 30세가 넘어 첫 번째 아들이 탄생했고, 성씨는 의빈에 봉해졌다.[5] 그러나 2년 후 의빈 성씨는 딸을 낳고 산후병으로 죽었다.[6] 문효세자도 5세의 나이로 요절하자[7] 후사가 끊긴 왕실은 또다시 후궁을 간택했고 이때 들어온 이가 수빈 박씨다. 1787년에 빈호를 '수빈'으로 받아 가례를 치렀다.[8]

정조의 후궁 4명 중 3명은 간택을 받은 정식 후궁이고 의빈 성씨만 승은을 입은 후궁이다. 수빈 박씨는 입궐 3년 후인 1790년 왕자를 낳았으니 훗날의 순조다. 수빈 박씨가 창경궁 집복헌集福軒에서 순조를 낳던 날, 실록은 이렇게 기록하고 있다.

"이날 새벽에 금림禁林에는 붉은 광채가 땅에 내리비쳤고, 해가 한낮이 되자 무지개가 태묘太廟의 우물 속에서 일어나 오색 광채를 이루었다. 백성은 앞을 다투어 구경하면서 이는 복되고 길한 일이라 했고 모두 기뻐했다."[9]

아들을 얻은 정조는 그날로 순조를 효의왕후의 아들로 삼아 원자로 정했으니,[10] 후사를 기다리는 정조의 마음이 얼마나 급했는지를 보여주는 일면이기도 하다. 순조가 태어난 지 3년 후 공주를 낳을 때[11]

가순궁 산실청을 설치하는[12] 것을 보면 원자를 낳고 가순궁嘉順宮 궁호를 받은 것으로 보인다.

수빈 박씨묘 휘경원과 사도세자묘 영우원

순조는 1800년(정조 24) 1월 1일 왕세자로 책봉되었다가 그해 7월 4일 11세의 나이로 왕위에 올랐다. 수빈 박씨는 살아서 아들이 왕위에 오르는 것을 본 유일한 후궁이기에 다른 후궁들에 비해 특별한 대접을 받았다. 1822년(순조 22) 12월 26일 수빈 박씨가 53세로 창덕궁 보경당에서 세상을 떠나자[13] 배봉산에 장사지냈는데, 옛 영우원永祐園 자리 근처였다.[14]

배봉산은 사도세자가 처음 묻혔던 곳이다. 실록에 따르면 사도세자묘는 양주 배봉산에 갑좌경향甲坐庚向(묏자리나 집터가 갑방甲方을 등진 방향, 서향)으로 모셨다.[15] '수은묘'로 불리다가 정조 때 '영우원'으로 올렸고, 1789년(정조 13)에 수원부 화산 아래로 옮겼다. 이때 화평옹주의 남편 박명원이 천장할 것을 주장하는 상소를 올렸다.

"첫째는 띠가 말라죽는 것이고, 둘째는 청룡靑龍이 뚫린 것이고, 셋째는 뒤를 받치고 있는 곳에 물결이 심하게 부딪치는 것이고, 넷째는 뒤쪽 낭떠러지의 석축石築이 천작天作(하늘의 조화로 만들어진 물건)이 아닙니다. 이로써 볼 때 풍기風氣가 순하지 못하고 토성土性이 온전하지 못하고 지세가 좋지 않다는 것을 미루어 알 수 있습니다."[16]

일반적으로 수은묘 위치는 서울 시립대학교 내라고 알려졌다. 그런데 1968년 서울위생병원 뒤 간호학교 신축지에서 사도세자의 묘지명이 발견되었다. 동년 11월 6일 휘경동 29-1에서 이종민에 의해 출토되어 신고되었고,[17] 11월 21일 〈동아일보〉에는 문화재위원회 위원장 김상기가 이 장소가 천릉하기 전 영우원임을 확인하였다고 한다.[18] 서울위생병원 간호학교는 현재 삼육보건대학교가 되었다.

'휘경원'은 수빈 박씨묘로 배봉산 좌묘원坐卯原(동쪽 언덕)에 장사지냈는데, 이곳은 옛날 영우원 자리의 왼쪽이다.[19] 그리고 1855년 남양주에 위치한 인빈 김씨의 순강원 우측 언덕으로 옮겼다가,[20] 명당이 아니라 하여 1863년에 현재의 자리인 남양주로 옮겼다.[21]

휘경원이 떠난 자리에 훗날 경성요양원이 들어섰고, 8·15광복 이후 서울위생병원, 삼육의료원 서울병원으로 바뀌었다. 휘경徽慶은 '아름답고 경사스러운 곳'이라는 의미인데, 순조는 생전에 어머니에게 효도를 했으니 그 죽음을 아름답고 경사스럽게 받아들였을

휘경원과 휘경원비
수빈 박씨는 생전에 '죽은 뒤에 행록을 짓지 말라.'고 하여 기록이 많이 남아 있지 않다. 비각 내에 있는 휘경원비에는 '유명조선국현목수빈휘경원'이라 새겨져 있다.

것이다.

　수빈 박씨의 묘소를 양주 순강원으로 옮긴 지 52년이 지난 1907년, 헌종의 후궁인 경빈 김씨가 76세로 세상을 떠나자 고종은 비어 있는 휘경원 서쪽 기슭에 손좌건향巽坐乾向(북서향)으로 장사지냈다.[22] 1949년에는 경빈 김씨묘를 서삼릉 일곽에 후궁들의 묘를 모아놓은 후궁 묘역으로 옮겼고, 1970년 이곳에 휘경중학교가 개교했다.

　현재 휘경중학교는 신축하였고 옛 건물은 주차장이 되어 경빈 김씨묘를 찾을 수 없다. 나는 수빈 박씨의 휘경원 그리고 경빈 김씨묘의 위치를 실록과 현장답사를 통하여 알아보았으나 사도세자의 영우원의 위치가 정확하지 않아 판단하기 어려웠다. 영우원의 위치를 서울시립대학교 쪽이라고 한다면 수빈 박씨의 휘경원이 영우원 왼쪽 자리가 되지 않기 때문이다. 그러나 삼육보건대학교 뒤 산줄기로 본다면 휘경원이 왼쪽 자리가 되고 그 뒤로 중랑천이 흐르고 있으니 그곳이 영우원의 옛터가 될 듯하다. 2012년 6월 국립중앙박물관에서 《조선의 묘지명 Ⅱ》를 출간하였는데 이곳에 사도세자의 묘지명이 실려 있다. 나는 이 책을 들고 배봉산 유좌묘향 언덕에 올라 이제는 혼도 떠났을 사도세자를 그려보았다.

　수빈 박씨의 관련 유물로는 1822년에서 1823년까지의 장례 절차를 기록한 《휘경원원소도감의궤》와 1855년에 천봉한 과정을 기록한 《휘경원천봉원소도감의궤》(서울대학교 규장각한국학연구원 소장)가 있다. 《휘경원원소도감의궤》는 1866년 병인양요 때 강화도 외규장각에 있던 것을 프랑스군이 약탈해갔다. 이후 프랑스 국립도서관에서 소장하고 있다가 1993년에 방한한 프랑스의 프랑수아 미테랑 대통령이 김영삼 전 대통령에게 《휘경원원소도감의궤》 상권만 전달했다.

2005년 부산국제영화제 수상 작품인 '꼬레엥 2495'(감독 하준수)는 이 한 권의 의궤를 바탕으로 돌아오지 않은 의궤를 찾아다니는 과정을 기록한 다큐멘터리 영화이다. '꼬레엥 2495'는 《휘경원천봉원소도감의궤》의 프랑스 국립도서관 등록번호이다.

재불 서지학자 박병선은 프랑스 국립박물관 창고에서 외규장각 의궤들을 발견했다. 이후 이 사실을 알게 된 한국의 학계와 정부에서 의궤 반환을 시도하는데, 이 여정에서 우리가 알지 못한 정치적인 내면의 이야기가 그려지고 있다.

이렇게 여러 사람의 노력 끝에 2011년 5월 외규장각의궤 297권이 돌아와 국립중앙박물관에서 전시회를 가졌다. 《휘경원원소도감의궤》 하권도 이때 돌아왔다. 그러나 의궤 반환에 기여했던 박병선은 그해 11월에 세상을 떠났다.

경사스러움을 돕는 사당

생모가 죽자 순조는 창경궁 안에 혼궁魂宮(3년 동안 신위를 모시던 곳)을 짓고 '현사궁顯思宮'이라 했으며 원호는 '휘경'으로, 시호는 '현목顯穆'으로 정했다.[23] 그리고 삼년상을 치르면서 현사궁의 사당 지을 곳을 찾던 중 용호영의 지형이 아주 좋다고 하여 사당을 이곳으로 정

성일헌 편액(국립고궁박물관 소장)

하고, 1824년(순조 24) 1월 21일 도감을 설치해서 날짜를 가려 사당을 짓도록 했다.[24] 4월 15일에는 용호영을 창덕궁 요금문 밖에 있는 구 군향색軍餉色(군량 담당 부서)으로 옮겼으며, 12월 1일 궁호를 '경우궁'으로 내리고 다음 해 2월 신주를 옮겨 모셨다. 1837년(헌종 3)에는 경우궁 내의 '성일헌'에 순조와 효명세자(익종)의 어진을 봉안했다.[25]

2008년 3월 11일 국립고궁박물관에서 〈경우궁도景祐宮圖〉(국립문화재연구소 소장)를 전시한다는 소식을 들었다. 며칠 후 국립고궁박물관으로 한달음에 달려간 나는 수빈 박씨의 사당을 도면과 그림으로 그린 〈경우궁도〉를 보며 주변의 숲과 나무들로 현재의 위치를 유추할 수 있었다. 《현사궁별묘영건도감의궤》와 《현목수빈입묘도감의궤》, 어필 현판 '경우궁'을 한자리에서 볼 수 있었다. 나는 〈경우궁도〉를 앞에 두고 쉽게 발걸음이 떨어지지 않았다. 왕실 사친의 사당, 경우궁을 그린 유일한 그림을 나의 눈으로 직접 확인할 수 있다니 믿겨지지 않았다.

1901년 고종은 정조를 정조 선황제로 추숭할 때 '수빈'을 '수비'로 높였다.[26] 그동안 수빈 박씨로 쓰였으나 2005년 한국학중앙연구원 장서각 주최로 열린 '조선 왕실의 여성' 전시회에 전시된 '진향문進香文'을 보면 한글로 '현목유빈졸서'로 나와 있어 '유빈'으로 쓰인 것을 알 수 있다. 이 진향문은 수빈 박씨의 장례에 사용되었는데, "유

《현사궁별묘영건도감의궤》(한국학중앙연구원 장서각 소장)

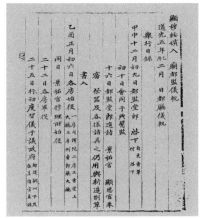

《현목수빈입묘도감의궤》(한국학중앙연구원 장서각 소장)

진향문
수빈 박씨의 죽음을 애도하는 내용을 담은 글(한국학중앙연구원 장서각 소장)

세차 임오 십이월 신축삭 이십육일 병인 현목유빈졸서"로 시작한다. 한문과 한글로 쓰여 있고 한글은 왕실 여성을 위한 것이었다.[27] 이 문건이 발표되기 이전에는 수빈으로 썼는데, 이후 유빈으로 쓰기도 한다. 공식적으로는 수빈으로 쓰고 있다.

경우궁으로 피신한 고종

1884년 10월 17일에 갑신정변이 일어나자 고종과 왕비, 후궁들은 경우궁으로 피신한다.[28] 다음 날 갑신정변의 주역인 김옥균을 비롯한 개화파들이 경우궁 대청에서 현직 관료인 수구파들을 죽인다. 그리고 고종은 근처에 있는 이재원의 집(계동궁)으로 거처를 옮겼다가 다시 창덕궁 관물헌으로 돌아갔다.[29]

갑신정변이 끝난 다음 해에 고종은 경우궁을 육상궁 근처 인왕동으로 옮길 것을 명한다.

"경우궁이 얼마나 엄숙하고 공경스러운 곳인가? 그런데 한번 역적 무리들이 침범해서 더럽힌 뒤부터 너무도 놀랍고 두려워서 어느 하루도 마음속에서 잠시나마 잊은 적이 없었다. 사당을 옮겨 짓는 문제는 체모體貌로 볼 때 아주 신중히 해야 할 문제일 뿐 아니라 또한 일

경우궁
유일하게 살아서 아들이 왕이 되는 것을 본 수빈 박씨의 사당으로 칠궁 내에 있다.

을 크게 벌이는 것에 관계되기 때문에 오늘에야 비로소 그대들과 함께 토의하는 것이다."[30]

이리하여 다음 해에 경우궁을 인왕동 자수궁 터로 옮겨지었다. 그 후로 경우궁터는 비어 있게 되었고 민영휘의 소유가 되었다. 민영휘는 민쇠갈구리라고 불리는 민두호의 아들 민영준이다. 민영준은 1877년(고종 14) 문과에 급제한[31] 이후 1879년부터 관직에 오르면서[32] 승승장구했다. 이조참의, 이조판서, 일본주재 판리 대신辦理大臣, 규장각 직제학, 평안도 관찰사, 강화부 유수, 형조판서, 선혜청 제조, 이조 판서, 예조 판서, 규장각 제학, 공조 판서, 병조판서 등을 두루 지냈다. 그러나 아들 민형식과 함께 오로지 취렴聚斂을 일삼아 자신을 살찌우는 것으로 원망을 샀다고 하여[33] 민영준은 영광군 임자도에, 민형식은 홍양현 녹도로 유배를 보낸다.[34] 그러나 다시 등용되었고,[35] 민영준은 이름을 민영휘로 바꿨다. 이러한 과정에서 그는 조선 최고의 갑부가 되었다.

경우궁터에 세워진 학교

민영휘는 교육의 중요성을 강조하며 1904년에 학생 30명으로 자택에서 '광성의숙廣成義塾'을 열었다. 광성의숙은 '넓게 배우며 그 뜻을 성취하라'는 의미다. 1906년 한성부 북부 광화방 관상감터에 교사를 신축할 때 고종이 민영휘의 '휘徽' 자를 따서 친히 '휘문'이라는 교명을 하사했다. 1920년에는 경성부 소유의 경우궁터를 매입하여 약

9,917㎡(3,000평)를 운동장과 고교 교사로 사용했다.[36] 1978년 1월 강북의 학교를 강남으로 이전하는 국가 정책에 따라 휘문고등학교는 72년간 자리했던 이곳에서 강남구 대치동 952번지 1호(강남구 역삼로 541)로 이전했다. 대치동 부지는 1962년 민영휘의 손자 민병유 이사장이 '학교법인 휘문의숙'에 기증한 곳이다.[37] 《휘문칠십년사》의 도면을 보면 본관 교사가 자리하고 있는 곳이 관상감터였고, 운동장 있는 곳이 경우궁터이다.[38] 그리고 논문 〈서울시 도심부 이전적지의 개발에 관한 연구〉에 게재된 실측도면에는 휘문고 남측의 주택까지 포함하여 지금의 현대빌딩이 들어섰다.[39]

휘문고등학교가 강남으로 이전한 후 현대에서 이곳과 부근을 매입하여 1983년에 본관(현대빌딩), 1985년에 별관(현대건설빌딩)을 완공했다.[40] 현대빌딩의 두 건물은 지번이 다르다. 왜냐하면 율곡로 대로변 현대빌딩은 구 원서동 206번지로 계동궁의 일부이기 때문이다. 뒤쪽은 현대건설빌딩(구 계동 140번지 2호)으로 경우궁 권역이다. 현재는 두 건물이 율곡로 75로 통일되었다.

휘문중·고등학교학교 배치도, 휘문고 원서동 교정 사진을 비교해 보면 처음에 휘문의숙이 들어섰을 때는 본관(후일 희중당)과 서관(중학교)이 있었다. 그러다가 1922년에 희중당을 다시 지었고, 그해 8월 경성부와 여러 차례 교섭 끝에 7만 원에 경우궁을 구입한다. 그리고 그 안의 집들을 철거하고 큰 느티나무 두 그루도 베어버리고 9,917㎡(3,000평)의 운동장을 만들었다.[41]

현대빌딩 앞에는 '서울 관상감 관천대'(보물 제1740호)가 있다. 조

원서동 휘문고

휘문고는 1904년 민영휘가 자택에 광의의숙을 세운 데서 시작됐다. 종로구 원서동 관상감터에 교사를 신축할 때 고종이 민영휘의 '휘' 자를 따서 휘문이라는 교명을 하사했다.

선 시대 천문관측 기관인 서운관이 이 언덕에 있었는데, 세조 때 관상감으로 바뀌었다. 이 유적은 천문관측 기구인 소간의를 설치해놓은 대臺인데, 임진왜란 때 훼손되어 관천대만 남아 있는 것이다.[42] 《휘문칠십년사》에 보이는 관천대는 부분적으로나마 잘 보존되어 있었다. 조선 초기 이 운현 언덕의 주인인 서운관은 역사 속에 관천대 하나를 남겨 놓았던 것이다. 휘문고등학교 교정에 있던 관천대는 현대그룹 사옥을 건립할 때 조사 과정에서 1982년 사적으로 지정되었고, 1984년 현재 위치(구 종로구 원서동 206번지 2호)에 지금과 같은 모양으로 복원되었다.[43]

경우궁터 慶祐宮址

이곳은 정조의 후궁이자 순조의 생모인 수빈박씨의
신위가 1824년부터 1908년까지 모셔졌던 사당이다.
경우궁은 갑신정변 때 김옥균, 박영효, 홍영식 등이
청나라 군이 반란을 일으켰다고 속여 왕과 왕비를
이곳으로 오게 하고, 수구파 대신들을 제거하여
혁신 내각을 구성했던 곳이기도 하다.

Site of Gyeongugung Shrine

Gyeongugung was the shrine that housed
the memorial tablet for Lady Park, who was
a royal concubine of Jeongjo, the 22nd king
of the Joseon Dynasty, and mother of Sunjo,
the 23rd king, from 1824 to 1908.

│ 옛 경우궁터
│ 옛 경우궁터는 현재 현대건설빌딩 일부와 주차장이 되었다.

　순조의 생모를 향한 효심으로 세워진 경우궁은 갑신정변의 핏자국
으로 얼룩졌으며, 경우궁을 옮긴 뒤에는 마대영문馬隊營門으로, 이후
에는 경성부 위생국에서 사용했다고 한다.[44] 이어 학교와 빌딩으로
바뀌어 오늘에 이르고 있다. 얼마 전에는 도로 위의 포장마차에 의해
보이지 않았으나 도로를 정비해 이제는 잘 보이는 표지석 앞에서 나
는 〈경우궁도〉를 상상하며 경우궁을 그려본다. 경우궁은 계동에서
인왕동 자수궁으로 다시 육상궁 내로 옮겨져 선희궁과 함께 모셔져
있어서 과거의 영화는 잊혀진 듯하다.

덕안궁

순헌황귀비 엄씨의 사당

덕안궁德安宮은 한성부 남부 명례방에 있던 궁으로 고종의 후궁이자 영친왕의 생모 순헌황귀비 엄씨의 사당이다. 본래 이 근처는 경운궁의 일부로 명례궁이 있던 자리에 황자를 출생한 귀비 엄씨를 위해 명례궁터에 궁을 건립하고 '경선궁慶善宮'이라 불렀다. 엄황귀비가 세상을 떠난 후에 경선궁 자리에 사당을 짓고 '덕안궁'이라고 했다. 1929년에 육상궁으로 옮겨졌다.

명례방의 명례궁

세조의 잠저는 한성부 남부 훈도방에 있던 영희전이다. 1454년(단종 2)에 세조는 수양대군 시절에 적몰籍沒한 가사 한 채를 받는다.[1] 계유정난의 정난공신으로서 하사받은 것이다. 대역 죄인의 재산은 관청에서 몰수하였고, 이것을 공신들에게 하사했는데 이때 세조가 받은 집이 한성부 남부 명례방에 있었던 것으로 추측된다.

훈도방 궁과 명례방 궁은 명동성당 뒤의 진고개를 사이에 두고 있었다. 세조가 왕위에 오른 후 훈도방 잠저는 의숙공주와 부마 정현조에게 주어 의숙공주가家가 되었고, 명례방에 있던 집은 잠저로 '명례궁'이 되었다. 이후 명례궁은 실록에 기록된 것을 미루어보면 광해군 때에는 이미 한성부 서부 황화방 정릉동으로 옮겨져 있었다.[2]

현종 때 영안위 홍주원의 아들 홍만회가 명례궁 구기舊基에 집을 짓고 살게 된다.[3] 《사의당지四宜堂誌》에 의하면 이곳은 원래 명례궁의 옛터로 인조 때 이책의 집을 정명공주에게 내린 것인데 정명공주가 아들 홍만회에게 주어 살게 했다고 한다.[4]

인조반정 이후 선조의 딸 정명공주는 홍주원과 혼인하여 안국동별궁에서 살았고, 막내아들을 분가시키면서 인조로부터 받았던 명례궁에 집을 지어 살게 한 것이다. 이 집에 관하여는 후손 홍경모가 지은 《사의당지》가 전해 내려오기 때문에 현재에도 그 위치와 규모에 대해 알 수 있는데 1671년부터 집을 지었다고 한다.[5] 그렇다면 명례궁은 정릉동으로 이전한 뒤, 이책의 소유가 되었다가 정명공주에게 넘어와 홍만회의 집이 된 것으로 보인다.

세월이 지나 1895년(고종 32) 일본인 세와키 도시오 의학사가 한성병원을 창설했는데, 그 자리가 명례궁터로 위치는 명치정 2가 25번지였다. 이후 1904년 공립으로 변경되어 공립 한성병원이 되었고, 1906년에 개축·확장했으며, 1907년에 대한의원으로 합쳐졌다. 이후 이곳은 일본인 거류민단(타국에서 같은 민족끼리 만든 단체)의 소유가 되었으며, 1914년에는 경성부가 사들여 공공사업장으로 사용했다. 1915년 9월 조선일보사 주체로 미술전람회를 개최하기도 했다. 1922년에는 이곳을 수리하여 경성부립도서관(현재 남산도서관)으로 사용했다.[6]

한성병원과 경성부립도서관이 있던 명치정 2가 25번지는 현재 명동 10길(구 명동2가 25번지) 일대로, '명례방길'이라는 길 이름으로 남아 있으니 명례궁은 이 주변에 있었던 것으로 보인다. 명례궁 지역은 명례방이나 명례동으로 불리며 오늘날 명동이 되었다.[7]

정릉동의 명례궁

정릉동은 태조 이성계 때 신덕왕후가 죽자 취현방 북녘 언덕에(현재 중구 정동 일대) 신덕왕후의 묘를 쓰고 정릉貞陵이라고 한 데에서 유래했다.[8] 도성 내에 능을 쓸 수 없다는 신하들의 반대가 있었지만, 태조는 왕후를 지극히 사랑하여 이곳에 능을 쓰고 화려한 석물로 단장했다. 태조가 죽자, 의정부에서 정릉의 영역을 정하도록 상소를 올렸다. "'정릉이 경중京中에 있는데도 그 조역兆域이 너무 넓으니, 청하건대 능에서 백 보 밖에는 사람들에게 집을 짓도록 허락하소서.' 하니 이를 허락했다. 이에 세력 있는 집에서 분연하게 다투어 좋은 땅을 차지했는데, 좌정승 하윤이 여러 사위를 거느리고 이를 선점하였다."[9]고 하니 정종 때 정사공신, 태종 때 좌명공신이 된 하윤이 사위들과 함께 이곳에 자리 잡은 것이다.

1409년에는 정릉을 사을한沙乙閑(현재 성북구 정릉)의 산기슭으로 옮겼고, 석물은 땅에 묻었다. 그런데 1410년 여름 홍수로 청계천의 다리가 무너지고 사람들이 죽었다. 이에 8월에 돌다리를 만들기로 하고, 정릉을 옮길 때 묻었던 석물들을 사용하여 돌다리를 만들었는데 이것이 광통교다.[10](이 다리는 청계천을 복원할 때 옛 모습 그대로 복원되어 현재에도 600여 년 전의 역사를 확인할 수 있다.)

정릉을 옮긴 후 이곳에 왕실 가족들이 거처하게 되는데 세조의 장자 의경세자의 아들인 월산군과 잘산군이 명례궁 지역(현재 덕수궁)에 살았다. 1457년 9월 2일 의경세자(덕종) 사후 해양대군을 세자로 책봉했으니[11] 세자빈 한씨(인수대비)와 월산군과 잘산군(자을산군)은 궁궐 밖으로 나와 살았을 것이다. 세조는 의경세자의 사당(효정묘孝靖廟)을 세우려 했는데 지체되었고,[12] 1469년 새로 세운 효정묘에 신주를 옮기고 월산군으로 하여금 제사를 모시게 했으니[13] 효정묘는 월산군과 잘산군이 사는 정릉동에 지었을 것이고, 월산군과 후손이 이곳에서 사당을 관리하며 살았을 것이다. 임진왜란으로 피란 갔던 선조가 한양으로 돌아왔을 때 모든 궁궐이 불타버려 월산군가에 머무르기도 했다.

판서 윤국형이 찬한 《갑진만록甲辰漫錄》에는 선조가 정릉동 행궁으로 들어가 궁궐을 이루는 과정을 적고 있다.

"세 곳의 대궐이 모두 난리에 불타서 대가가 계사년 환도한 뒤에, 정릉동 양천도정陽川都正의 집과 계림군桂林君의 집을 대내大內로, 심의겸沈義謙의 집을 동궁東宮으로 삼았으며, 또 부근의 대소인가는 궐내의 각사各司로 썼다. 을미·병신년 무렵에 이르러 길 동편에 문을 세우고 서편에도 문을 세웠으니, 동쪽은 정문正門이고, 서쪽은 서문西門이다. 이전에는 사면에 담장이 없어 나뭇가지로 울타리처럼 에워싸고 이름을 시어소時御所라고 했다. 계림군의 집 동쪽 담이 한혜韓蕙의 집과 나란히 있어 처음에 비변사로 썼는데, 대내가 협소하여 비변사는 궐외闕外로 내보내고 한혜의 집까지 통틀어 대내로 썼다. 목책木柵이 아주 허술하였는데, 좌상 이항복이 병조 판서로 있을 때 비로소 긴 담을 쌓아 대궐의 모양이 되었다."[14]

여기에서 양천도정은 월산군의 증손자 이성李誠을 말한다. 계림군은 월산군의 손자로 성종의 둘째 아들 계성군에게 양자로 들어갔는데 이곳에 살고 있었다. 계성군은 서학 부근에 살았고 서학의 공한지空閒地를 계성군의 집으로 넣은 일도 있었으며,[15] 유생들이 계성군의 집에 돌을 던진 일도 있었다.[16] 심의겸은 명종의 비 인순왕후의 동생이었고, 한혜는 성종의 외조부 한확의 후손이며 임영대군의 외증손으로 이곳에 살고 있었다. 이곳을 처음에는 '정릉동 행궁'으로 불렀으며 광해군이 즉위한 후인 1611년 '경운궁'으로 고쳐 불렀다.[17]

인조가 등극한 후에는 경운궁慶運宮의 석어당과 즉조당만을 남기고 나머지는 주인에게 돌려주었다.[18] 그리하여 원래의 주인들이 돌아와 살았고, 이때에 이르러 명례궁이 옮겨져 있었으므로 다시 명례궁이라 불리기도 했다.

현종 때에는 인조와 귀인 조씨의 소생 숭선군이 집을 짓는데 국가에서 명례궁터를 떼어주어 동산을 넓히게 했다.[19] 이후 명례궁은 대비전大妃殿의 개인 재산으로 이어오다가 영조 때에는 세손(정조)이 왕세자에 책봉되면서 명례궁을 하사받았고, 정조 때에는 혜경궁 홍씨의 속궁이 되기도 했다.[20]

이후 명례궁과 경운궁이 혼용되어 전해지기도 하는데, 경운궁 권역 안에 명례궁이 있었기 때문인 것으로 보인다. 그러다가 1897년 고종이 아관파천 1년 만에 러시아 공사관에서 경운궁으로 옮겼으며, 궁궐을 넓히면서 다시 경운궁으로 불렸다. 순종이 즉위(1907년)하여 창덕궁으로 거처를 옮기자, 경운궁은 선왕이 거처하는 장소로 '덕과 장수를 기린다'는 의미의 '덕수궁德壽宮'으로 바뀌었다.

명례궁의 유물로는 '명례궁인印'이 있는데, 국립중앙박물관에 소장되어 있다. 철제로 만든 네모난 도장으로 보주형 끈이 달려 있다. 윗면에는 '명례궁明禮宮', '상上'이라고 음각되어 있고, 바닥의 도장 면에는 '명례궁明禮宮'이라고 양각되어 있다.[21]

시위상궁, 황귀비가 되다

엄황귀비는 엄진삼의 딸로 고종 황제의 후궁이며 영친왕의 생모다. 어린 나이에 입궐하여 명성황후를 모시는 시위상궁이 되었다.[22] 고종의 승은을 입은 사실을 명성황후가 알게 되어 궁 밖으로 내쫓겼다고 전한다. 1895년 명성황후가 시해되자 고종은 엄상궁을 다시 궁으로 불러들였고, 러시아 공사관으로 거처를 옮길 때도 함께했다.

1897년 10월 12일 고종은 황제국을 선포하고 황제의 자리에 오르고, 명성왕후를 황후로, 왕세자를 황태자로 책봉했다. 그런데 고종이 황제에 오른 지 8일 만에 궁인 엄씨가 황자를 낳았다.[23] 이날 호산청이 설치되었는데, 이때 설치한 호산청 기록이 《정유년호산청소일기》로 남아 있다. 이 일기에 따르면 호산청에서 산모의 뒤처리를 하고, 태를 창덕궁 능허정 남쪽에 안치했다고 한다.[24] 그리고 황자 탄생 이틀 후에 궁인 엄씨는 '귀인'에 봉작되었으며, 1900년

《정유년호산청소일기》
귀인 엄씨의 영친왕 출산 7일간의 과정을 호산청에서 기록했다. 후궁들이 출산할 때는 출산하기 한 달 전에 호산청을 설치하는데 궁인 엄씨는 직책을 받지 못하여 출산 당일에 호산청이 설치되었다. (한국학중앙연구원 장서각 소장)

궁중 복장을 한 엄황귀비
승은을 입은 사실이 알려져 명성황후가 궁에서
내쫓기도 했지만, 끝까지 고종 곁에 있었다.
'못생긴 엄상궁'이라고도 불렀으나 똑똑했다고
전해진다.

'순빈'으로 승격되고,[25] 1901년 '경선' 이라는 궁호를 받고 '순비'로 책봉되었다.[26] 그리고 명례궁터에 지은 경선궁慶善宮을 하사받았다고 한다.[27] 당시 비어 있던 황후의 자리에 순비 엄씨를 정식 황후로 추천하는 신하들의 상소가 올라왔으나 반대 여론도 만만치 않았다. 《매천야록》에는 엄비를 황후 책봉할 수 없는 10가지 이유를 설명하였는데,[28] 그중 두 번째 이유는 숙종 때 희빈 장씨 이후 후궁을 정식 왕비로 올리지 못하게 했기 때문이다. 따라서 순비 엄씨에게 황후가 아닌 황귀비라는 후궁 최고의 직위를 주는 것으로 일단락되었다.[29]

고종을 가까이서 모시면서 일본의 야욕을 알아챈 엄황귀비는 동생 엄준원에게 학교 설립에 관한 일을 상의하고 진명여학교 설립을 엄준원에게, 명신여학교(현재 숙명여자고등학교)를 신정왕후의 조카 조영하의 부인 이진숙에게 일임했다. 그리고 진명여학교에 창성궁을, 명신여학교에 용동궁을 학교 부지로 내렸다. 그리하여 1906년 진명·명신여학교를 개교했다.[30] 이때는 일제가 황실 소유의 재산을 국유화하기 시작하여 궁들을 빼앗기 직전이었다.

비운의 황태자, 영친왕

영친왕 이은은 1897년에 태어나 1900년 영왕,[31] 1907년 황태자에 책봉되었다.[32] 엄황귀비는 아들 이은을 황세자로 만들기 위해 노력했다.

한편 이복형 의친왕은 일본·미국을 순회하여 서양 문물을 배우고 1905년에 귀국했다. 일제는 1907년 헤이그밀사 사건을 트집 잡아 고종을 강제로 왕의 자리에서 물러나게 하고 순종을 등극시켰다. 그리고 순종에게 후사가 없자 이복동생 영친왕을 황태자로 책봉했다. 장성하고 강골인 의친왕보다는 어리고 세상 물정 모르는 11세의 영친왕이 그들에게 적합한 인물이었던 것이다. 같은 해 12월 조선통감 이토 히로부미는 어린 영친왕을 유학시킨다는 명목으로 도쿄로 데리고 간다.[33]

엄황귀비는 어린 아들을 홀로 타국에 보내고 비통 속에서 하루하루를 보냈다. 1911년 아들을 보고 싶어하는 엄황귀비에게 영친왕의 모습을 담은 활동사진을 보여주었는데, 일본 군대교육을 받는 장면 속에서 영친왕이 맨손으로 주먹밥을 먹는 모습에 충격을 받았다고 전한다. 이후 시름시름 앓다가 덕수궁 즉조당에서 눈을 감았다. 공식적인 사인은 장티푸스였다.[34]

《순헌귀비빈궁혼궁의궤》
순헌귀비 엄씨가 죽은 후부터 반우返虞까지의 행사와 절차 등을 기록한 의궤다. (한국학중앙연구원 장서각 소장)

1910년 한일병합 이후 순종이 이왕李王으로 폐위되었으므로 순헌황귀비 엄씨도 순헌귀비로, 영친왕은 황태자에서 왕세자로 강등되었

덕안궁
칠궁 내에 있으며 순헌황귀비의 신주가 모셔져 있다.

다.[35] 그리고 다음 해에 순헌귀비가 죽자 시호를 '순헌', 궁호를 '덕안', 원호를 '영휘'라 했다. 1912년 8월 1년 상을 치르고 신주를 덕안궁에 모셨다.

1920년 영친왕은 일본의 왕족 나시모토 마사코梨本方子(이방자)와 결혼하여 이듬해 장남 진晉을 얻었다. 1926년에 순종이 승하하자 왕위 계승자가 되어 이왕이라 칭했다. 1931년 둘째 아들 구玖를 낳았고, 1945년 8·15광복 후 고국으로 돌아오기를 원했으나 이승만 대통령의 방해로 귀국하지 못했다. 그러다가 1963년 11월 박정희 대통령(당시 박정희 의장)의 도움으로 56년 만에 귀국했으며 귀국 후 7년여 동안 병상 생활을 하다가 1970년에 세상을 떠났다.

영친왕과 이방자 여사는 창덕궁 낙선재에서 살면서 정신박약아를

위한 '자행회', 농아와 소아마비아를 위한 '명휘원'을 세워 소외 계
층을 돌보았다. 영친왕 사후에도 이방자 여사는 이 사업을 계속하여
'명휘원', '자혜학교'로 키웠으며 1989년에 운명하여 영친왕이 있는
홍유릉 근처 영원에 함께 묻혔다.[36]

  영친왕 사후에 전주 이씨 대동종약원에서 시호를 '의민懿愍'으로
올려 영친왕과 이방자 여사의 신주는 의민황태자와 황태자비로 종묘
영녕전 16실에 마지막으로 안치되어 조선 왕실의 마지막을 고했다.
첫째 아들 진은 1922년 고국을 방문했다가 갑자기 죽어서 할머니 엄
황귀비의 묘인 영휘원 옆 숭인원에 묻혔고, 둘째 아들 구는 2005년
영원 좌측 언덕에 묻혔다.

| 영친왕의 첫째 아들 진이 묻혀 있는 숭인원(좌)과 둘째 아들 이구묘(우)

경성부민관에서 서울시의회 건물까지

덕안궁은 1929년 육상궁으로 옮겨졌다. 그리고 이왕직은 비어 있는 덕안궁을 팔기 위해 내놓았다. 〈매일신보〉에는 '엄순비 신전神殿이던 덕안궁 철회, 희망자가 있으면 불하할 터, 경내 총 천오백 평'이라는 기사가 실렸다.[37]

그리고 경성부는 1933년 경성전기주식회사가 100만 원을 기부하여, 4,912㎡(1,486평)의 부지를 마련하고 1935년 경성부민관을 완공했다.[38] 이때 경성부에서 이왕직 소유의 덕안궁터 일부를 매입하여 부민관을 지었다.

경성부민관은 다목적 공연장으로 이용되었으며, 1945년 7월 24일에는 친일파들의 연설 도중 애국 청년들이 연단을 폭파한 사건이 발생했다. 8·15광복 이후 '시민관'으로 이름을 바꿨다가 1975년까지

'국회의사당' 건물로 사용되었다. 그 후 '세종문화회관 별관'으로 사용되다가 1991년부터 '서울시의회 청사'로 사용하고 있다. 2002년 '태평로 구 국회의사당'(등록문화재 제11호)으로 지정되었다.[39]

1929년 덕안궁의 모습
덕안궁 앞은 도로 공사 중이다.

조선일보 사옥은 서울시 중구 세종대로 135(구 태평로1가 61번지 1호)에 있다. 조선일보는 처음 중구 관철동에서 시작하여 삼각동, 수표동, 견지동, 연건동을 거쳐 1935년에 태평로 1가 61번지 일대 약 4,628㎡ (1,400평)의 대지를 사들이는데 이때 덕안궁 일부가 포함되었다. 이 터 위에 5층 건물을 준공하여 조선일보 사옥으로 사용했다. 신문사의 규모가 커지자 1969년에 구관을 철거하고, 주변의 대지까지 사들여 1972년에 22층 건물의 코리아나호텔을 세워 호텔과 조선일보 본사로 사용하고 있다.[40]

덕안궁 앞은 원래 황토현으로 막혀 있었으나 광화문통과 연결하여 도로를 내기 시작했고, 여러 차례의 도로확장 공사로 경성부민관과 조선일보사는 땅을 내주게 되었다. 따라서 덕안궁의 원래의 모습을 찾기는 어렵다. 단지 덕수궁 권역의 덕안궁 모습이 태평로 도로에서부터 서울시의회 건물과 조선일보사 별관에 이르는 언덕에 있었다고 추측할 뿐이다. 현재 코리아나호텔 주차장 자리쯤에 덕안궁이 있었던 것으로 보인다.

│ 프레스센터에서 본 덕안궁 풍경
덕안궁터에는 현재 서울시의회와 코리아나호텔이 자리하고 있다.

　서울 성공회성당 앞에 '명례궁터'라는 표지석만이 남아 있고, 덕안궁은 표시조차 없다. 1912년에 세워져 1929년에 이전한 덕안궁은 가장 최근의 왕실 사당이면서도 그 흔적조차 없어 더욱 쓸쓸함을 느끼게 한다.

제3장

왕자와 공주가
살다

자수궁

무안대군의 궁

자수궁慈壽宮은 한성부 북부 순화방에 있던 궁으로 태조와 계비 신덕
왕후 소생의 아들 무안대군 방번이 살던 곳이다. 무안군은 동생 방석
에게 세자 자리를 빼앗기고, 제1차 왕자의 난 때 죽임을 당했다. 그 후 자수궁에
세종의 후궁들이 모여 살았다. 이때부터 왕이 죽으면 후궁들을 거처하게 하고
'자수궁'이라고 했다. 이곳은 후궁들이 비구니가 되어 한때 여승방이 되기도
했으며, 명나라 여인 굴씨 부인이 살기도 했다.

장인 때문에 세자가 되지 못한 무안대군

자수궁은 조선 초기 태조의 일곱째 아들 무안군 방번芳蕃의 집이었
다.[1] 방번은 태조의 극진한 사랑을 받은 신덕왕후의 맏아들로 태조가
인왕산 아래에 살 집을 마련해준 것이다. 이성계가 태조로 즉위하기
전에 무안군은 공양왕의 동생 왕우王瑀의 딸과 혼인했다. 왕우는 이
성계의 사돈이었기에 고려 말 왕씨 일가가 몰살당할 때 살아남을 수
있었다. 그러나 이것이 무안군에게는 걸림돌이 되었다. 건국 초기 태
조는 즉위교서를 내린다.

"왕씨의 후손인 왕우王瑀에게 기내畿內의 마전군麻田郡을 주고, 귀
의군歸義君으로 봉하여 왕씨王氏의 제사를 받들게 하고, 그 나머지
자손들은 외방에서 편리한 데에 따라 거주하게 하고, 그 처자와 동복
들은 그전과 같이 한곳에 모여 살게 하고, 소재 관사에서 힘써 구휼
하여 안정된 처소를 잃지 말게 할 것이다."[2]

그리고 왕우 아들 조珇와 관琯의 성을 외가를 따라 노盧씨로 바꾸게 한다.[3]

신덕왕후는 자신의 아들을 세자로 책봉하려는 마음이 있었기에 첫째 아들 무안군을 추천했다. 그러나 배극렴, 조준, 정도전 등이 무안군의 성격이 광망하고 경솔하다며 반대했다.[4] 성격을 탓했지만, 사실 왕우를 견제한 이유도 있었을 것이다. 그리하여 1392년(태조 1) 동생 방석(의안군)이 세자가 되었다. 결국 무안군은 장인 왕우 때문에 세자가 되지 못했다.

1394년 왕우가 왕씨 모반 사건에 연루되자, 신하들은 다음 해까지 왕우 삼부자(조·관)를 귀양 보낼 것을 간언하나 태조는 허락하지 않았다.[5] 그 후 무안군이 병이 들자, 태조는 윤 9월과 12월에 무안군의 집에 거둥하여 문병했다. 1397년 왕우가 죽고,[6] 무안군은 다음 해에 일어난 '제1차 왕자의 난' 때 김포 통진으로 유배 가던 중 양화도를 건너 도승관渡丞館에 유숙해 있을 때 방간이 보낸 사람에 의해 죽임을 당했다.[7] 1399년(정종 1) 태상왕이 된 태조가 무안군의 옛집으로 거처를 옮기려 했으나 신하들의 반대가 심했다.[8]

무안군은 자손이 없어 제사를 받들 사람이 없었으나, 1437년 세종이 자신의 다섯째 아들 광평대군을 무안군의 후사後嗣로 정했다.[9] 광평대군은 전해에 신자수의 딸과 혼인했는데[10] 세종은 아들이 나가 살 집을 보제원 북쪽(현재 성북구 안암동)에 짓고,[11] 이곳에 무안군의 사당을 세워[12] 제사를 받들게 했다. 광평대군이 제사를 모시다가 20세에 죽고, 아들 영순군이 모셨다. 영순군은 남천군, 청안군, 회원군을 두었고, 광평대군파는 계속해서 무안대군의 제사를 모셨다.

무안군은 1669년(현종 10) 송시열의 상소로 신덕왕후를 종묘에 모시고 난 후, 1680년(숙종 6)에 가서야 무안대군으로 추증되었다.[13] 사후 282년 만에 대군이 된 것이다. 그리고 1695년에 신도비를 세운다. '무안대군이헌신도비'에 의하면 무안대군은 처음 통진의 능동(현재 김포시 대곶면 대능리(대파리와 능동리가 합해짐))[14]에 묻혔다고 한다.[15]

그리고 실록에 1442년 "무안군의 아내 왕씨가 호소하기를, '통진현에 있는 재암齋庵은 병진년(1436년)에 다시 지은 것인데, 지금 또 독촉하여 부수라고 합니다."[16]라고 했다. 또한 "과천에 절을 짓는 것은 태조가 무안군의 묘 옆에 재찰齋刹을 창립할 것을 명하여 명복을 빌었는데, 지금 그 묘를 옮겼으니……",[17] "이 절은 세운 지가 벌써 3년이나 되었는데……"[18]라는 기록으로 보아 광평대군 사후 묘를 학당리 언덕으로 이장하고 과천에 사찰을 지은 것으로 보인다.

무안대군묘
무안대군묘는 광평대군묘역일원에 있다. 이곳에는 무안대군 부부묘(맨 앞), 광평대군 부부묘, 아들 영순군묘를 비롯하여 700여 개의 무덤이 있다. 서울시 강남구 수서동 대모산에 있으며, 1981년 서울특별시 유형문화재 제48호로 지정되었다.

광평대군 부부묘
세종대왕의 다섯째 아들로 무안대군의 봉사손이며, 광평대군파는 지금까지 무안대군의 제사를 받들고 있다.

옹주
고려 후기에는 왕의 딸을 공주라 불렀고, 후궁이나 대군 부인을 옹주나 궁주로 불렀다. 공주라는 말의 유래는 중국에서 왕의 딸을 시집보낼 때 삼공三公이 혼례를 주관했다 하여 '공주'라고 불렀다. 조선 초기에는 고려의 제도를 따랐기에 무안대군 부인은 경녕옹주로 불렀다. 그리고 후궁은 세종 때까지 옹주나 궁주로 불렀다. 세종 때에 내명부와 외명부에 대한 칭호법이 확립된 이후 왕의 본궁은 비妃, 후궁의 가장 높은 자리는 빈嬪, 정비에게서 난 딸을 공주, 후궁에게서 난 딸을 옹주라고 했다.

무안군과 혼인한 부인 왕씨는 경녕옹주慶寧翁主*에 봉해졌는데, 이들 사이에 자식은 없었다. 1420년과 1422년(세종 4) 경녕옹주가 빈전殯殿(왕이나 왕비의 관을 모시던 전각)에 제사를 지냈다는 기록이 보인다.[19] 이 시기에 왕실에 출입할 정도가 되었고, 1437년 남편의 제사를 잇게 했으며[20] 묘를 이장해 놓고는 1449년에 죽는다.[21]

그러나 1474년(성종 5) 이곳이 성종의 능침陵寢으로 결정되면서[22] 광평대군묘와 무안대군묘는 광주의 광수산(구 강남구 수서동 산 10번지 1호)으로 옮겼고,[23] 그 산 아래 영순군의 아들 삼형

필경재
세종의 다섯째 아들 광평대군파의 종가는 고급 한정식집이 되었다.

제가 집을 지어 삼궁三宮이라 했다. 이때부터 이 마을을 '궁말' 혹은 '사당말'로 불렀다.[24] 궁말에는 700여 개의 묘소가 있었는데, 1981년 서울특별시 지방유형문화재 제48호로 지정되었다가[25] 현재 서울특별시 유형문화재 48호가 되었다.

1994년 강남구 일원동 광평로 205(구 수서동 739−1)에 남아 있는 안채와 사랑채는 광평대군의 19대손 이병무李炳武가 해체·복원하여 1999년 고급 한정식집 '필경재必敬齋'로 태어났다.

후궁들이 모여 살다

문종 때는 비어 있던 무안대군의 궁을 세종의 후궁 거처로 사용했다.[26] 세종은 후궁을 5명 두었다. 세종 승하 후 즉위한 문종은 선왕의 후궁들이 살 곳을 마련하는데, 무안군의 궁이 비어 있어 이곳을 수리하여 '자수궁'이라 했다.[27] 자수궁은 왕의 후궁들이 궁궐을 나왔을 때 거처하던 궁이었다.

세종의 후궁 중 신빈 김씨는 아들 6명을 두었고, 혜빈 양씨는 아들 3명을 두었다. 특히 내자시內資寺 여종으로 궁궐에 들어와 소헌왕후의 시녀로 있다가 승은을 입은 신빈 김씨는 소헌왕후가 늦게 낳은 어린 영응대군을 키웠다. 세종은 신빈 김씨가 영응대군과 함께 살기를 바랐으나[28] 세종 사후 자수궁에서 여생을 마쳤다.

혜빈 양씨는 따로 살 집을 마련하는데, 사헌부에서 이 일을 알고 문종에게 부당하다고 했다. 이에 문종은 선왕의 후궁을 자수궁에 같이 있게 하는 게 마땅하지만, 혜빈 양씨가 본래 병이 있고 숙부 상을 당한 뒤라 병이 더욱 중해져 아들 영풍군의 집 곁에 스스로 집을 하나 샀는데, 자신이 두어 간 집을 짓게 해서 편히 있도록 한 것이라고 말했다.[29]

성종 때에는 연산군의 어머니가 폐비가 되어 잠시 거처하기도 했으며[30] 세조와 예종의 후궁이 살기도 했다.[31] 그리고 세조의 후궁 귀인 박씨를 근빈으로 삼아[32] 자수궁에 옮기고 이름을 '창수궁昌壽宮'이라 했다.[33] 근빈 박씨의 아들 덕원군은 어머니가 늙고 지병이 있어 약 시중을 들 수 있도록 자신의 집에서 모시게 해달라고 청했으나 허락받지 못했다.[34]

연산군이 왕위에 오르고 나서는 자수궁에 거처하던 선대왕의 후궁들을 문종의 후궁들이 살던 수성궁壽成宮으로 옮긴 다음 이곳을 여인

왕의 후궁		세자의 후궁	
품계	명칭	품계	명칭
정1품	빈嬪	종2품	양제良娣
종1품	귀인貴人	종3품	양원良媛
정2품	소의昭儀	종4품	승휘承徽
종2품	숙의淑儀	종5품	소훈昭訓
정3품	소용昭容		
종3품	숙용淑容		
정4품	소원昭媛		
종4품	숙원淑媛		

부대들의 거처로 삼았으며, 이름도 '회록각會祿閣'으로 고쳤다. 연산군은 자신의 생모를 폐비시키는 데 가담한 성종의 후궁 숙의 홍씨의 직첩을 빼앗고 궁궐에서 내쫓았다가 직첩을 도로 주어 자수궁에 머물게 했다. 그리고 선왕의 후궁들이 머리를 깎고 중이 되는 것을 반대하여 모두 머리를 기르게 했고, 모두 한 궁에 머물게 했으며 고기를 먹게 했다고 한다.[35]

명종 때에는 명종의 어머니 문정왕후가 수렴청정을 하면서 불교를 크게 일으켰고, 1554년 자수궁 내에 종루와 나한전을 지어[36] 문제가 되자 종루 짓는 일을 그만둔다.[37] 그러나 1563년 또다시 자수궁을 새로 지었고 자수궁은 재齋를 올리고 부처를 모셔 복을 비는 곳이 되었다.[38]

명나라 궁녀, 굴씨가 살다

효종 때에는 자수궁에 굴씨屈氏 부인이 살았다. 병자호란 후 청나라에 끌려갔던 소현세자와 봉림대군이 돌아올 적에 청나라에서 포로로 잡은 궁녀와 환관들을 데리고 귀국했다.[39] 그 궁녀 중 굴씨라는 여인이 있었는데, 굴씨는 명나라의 마지막 황제였던 숭정제 황후의 궁녀였다. 숭정황제와 황후는 반란군이 쳐들어오자 자살했다. 황후를 모시던 굴씨도 따라 죽으려 했지만, 황후가 말려 목숨을 부지했다. 굴씨는 청나라 군사에게 포로로 잡혔고, 사령관 예친왕睿親王에게 넘겨졌다. 하지만 예친왕은 그녀의 미모에 반해 죽이지 못했다. 소현세자가 돌아올 때 함께 조선에 온 굴씨는 인조의 계비 장렬왕후의 궁녀가 되었다. 인조 사후에 효종이 왕위에 올라 북벌을 계획하자 굴씨는 명나라의 광복을 고대하며 여생을 보냈다.[40]

소현세자가 죽은 다음 해에는 세자빈마저 사사되었으며 세 아들은 제주도로 유배되었다.[41] 첫째 아들 경선군과 둘째 아들 경완군은 혼인도 못한 채 제주도에서 죽었고, 셋째 아들 경안군만이 살아남았다. 경안군은 1650년(효종 1) 강화도로 유배되었고, 곧 교동도로 옮겼다가 풀려나 1659년에 가서야 경안군에 봉해졌다.[42] 경안군은 청나라 선양에서 태어났고, 굴씨는 살아남은 경안군을 끝까지 보필했다. 그래서 경안군의 후손들이 일흔의 나이에 이국땅에서 숨을 거둔 굴씨를 유언에 따라 한양에서 만주로 가는 길목(현재 경기도 고양시 덕양구 대자동)인 경안군묘 근처에 묻어주었다. 굴씨의 유언이 "서쪽 근교의 길에 묻어 달라"는 것이었기 때문이다.[43] 그러나 죽어서라도 왕의 군

경안군묘와 임창군묘
소현세자의 자식 중 유일하게 살아남은 경안군과 그 아들 임창군의 묘로, 위에 있는 묘가 경안군과
부인 허씨의 합장묘이고, 그 아래 있는 것이 임창군과 부인 박씨의 합장묘다.

궁녀 굴씨묘
경안군을 끝까지 보필한 궁녀 굴씨묘로 비석만 세워져 있다. 조선 말기까지 궁에서 나온 궁녀들이
제사를 지내기도 했으나, 현재는 제대로 관리되고 있지 않다.

대가 청나라를 징벌하기 위해 출정하는 것을 보고 싶어 하는 그녀의 간절한 소망은 이루어지지 않았다.

조선 말기까지만 해도 궁에서 나온 궁녀들이 굴씨묘를 찾아 제사를 지내기도 했다는데 언제부터인지 돌보는 이가 없어, 그 자리가 어디인지 알 수도 없을 지경이 되어버렸다. "이승만 전 대통령이 중국 관계자에게 굴씨 이야기를 듣고, 그 묘를 찾아 단장하라고 지시하여 묘 주변을 정리하고 진입로도 만들었다."[44]고 한다. 현재에도 아는 사람만 찾아갈 수 있을 뿐 표지석도 없다. 묘는 통일로를 타고 북쪽으로 가다가 대자동 필리핀참전기념비 앞에서 대양로로 우회전하여 가다가 좌측에 정원식당(구 대자동 555번지) 뒤에 위치해 있다. 2001년 경안군 집안에서 '소현세자 청국심관시녀 굴씨지묘'라는 비석을 새로 세우고 관리하고 있을 뿐이다.

북학과 병원을 세우다

현종 때에는 선조의 은혜를 받은 상궁 박씨가 늙어 의지할 데가 없자 자수궁에 머물러 있다가 세상을 떠났다. 이후 후궁들이 살지 않았기 때문에 1661년에는 자수궁을 없앴다. 왕의 위패는 정결한 곳에 묻었으며 40세 이하의 여승은 환속시켜 시집가는 것을 허락하고, 연로하거나 의지할 곳이 없는 여승은 성 밖의 승방으로 보냈다.[45]

그리고 송준길의 주청으로 이곳에 5부 학당(동학, 서학, 남학, 북학, 중학)의 하나인 북학北學을 설립했다.[46] 그러나 북학은 근처 중학中學

비천당
자수궁 건물에서 나온 목재로 지은 건물로 성균관대학교 내에 있다. 6·25전쟁으로 소실되어 1988년
에 복원했다. 성균관의 별관 건물로 학업을 하고, 과거시험 장소로 사용했다.

으로 학생들이 몰리자 운영이 어려워져 폐지되었다.

명종 때 불교식으로 넓혀진 자수궁을 헐어내면서 자수궁의 목재와
기와를 봉은사에 주려 했으나 신하들이 반대했다. 1664년에는 자수
궁을 허물 때 나온 자재를 성균관에 내려 학사(벽입제闢入齊)를 수리
하게 하고, 영조는 비천당丕闡堂을 세우게 했다.[47]

1886년(고종 23) 계동에 있던 경우궁이 자수궁터로 옮겨왔다. 그리
고 22년 후인 1908년에 경우궁을 육상궁에 합사合祀했다.

이듬해 늦여름에 콜레라가 유행하자 비어 있는 자수궁터에 격리병
원, 즉 경성피병원을 설치했으며, 1911년에 '순화병원'으로 이름을
바꾸어 전염병 환자만 받았다. 순화병원은 6·25전쟁 때에도 전염병
환자 격리병원으로 사용되었고, 그 후 '시립중부병원'으로 이름이 바

| 군인아파트

| GS남촌리더십센터

| 옥인동파출소와 종로구보건소

꾸었다. 1977년 시립중부병원과 남부병원을 통합하여 서울시 강남구 삼성동으로 이전하여 '서울의료원'이 되었다.[48] 서울의료원은 2011년 3월 서울시 중랑구 신내동으로 옮겼다.

자수궁을 찾아서

1456년 자수궁에 화재가 났고,[49] 이후 중건했는데 원래의 자리를 피해 조금 아래로 옮겨 지었다. 옮겨 지은 자수궁의 위치는 성종 때의 기록에서 찾을 수 있는데, 자수궁 앞에는 큰 냇물이 있어 도랑이 넘치면 더러운 물이 뜰 가운데 섞인다고 했다. 또한 지형이 낮고 습기가 차서 비가 조금만 내려도 번번이 넘쳐 뒷간의 오물이 뜰 안으로 흘러 모인다고도 했다. 이 때문에 1493년 처음의 자리로 옮겼다.[50]

종로구 옥인동 19번지에는 이완용의 집이 있었다. 1913년 〈매일신보〉에 나오는 이완용 저택 사진에는 이완용의 이층집과 순화병원이 나란히 있고,[51] 현재에도 이 부근에는 이완용 집과 비슷한 형태의 모 회장의 저택이 있다. 그렇다면 자수궁은 어디에 있었을까? 자수궁을 옮겨 지은 곳은 원래의 자수궁 자리보다 아래쪽이었을 것이다. 그리고 백운동천白雲洞川이 현재의 자하문로로 복개되었으니 복개 이전에는 비가 오면 이 근처의 도랑이 넘쳤을 것이다. 그렇다면 옮겨 지은 자수궁이 이완용의 집 부근이 아니었을까 추측해본다.

자수궁터로 추정되는 종로구 필운대로 68(구 옥인동 45번지)에는 현재 군인아파트, GS남촌리더십센터, 옥인파출소, 옥인변전소, 부국상

자수궁교
지금은 사라지고 없지만 옛 자료에 그 흔적이 남아 있다. 자수궁교는 자수궁이 이곳에 있었다는 사
실을 알려준다.

사, 종로구 보건소, 청운효자동자치센터, 개인주택 들이 들어서 있
다. 구 등기부등본상 옥인정 45번지 1호는 26,185㎡(7,921평)였고,
1931년 경성부 소유가 되었다가 8·15광복 이후 국가 소유로 되었으
며, 1981년 군인아파트가 들어섰다. 현재의 옥인동 45번지 전체 면
적은 약 2만 4,661㎡(7,460평)가 나오는데, 일제강점기 옥인정 45번
지 1호와 규모가 비슷하다.

　자수궁의 흔적으로는 자교慈橋(자수궁교)가 있었다. 자교는 사직로
에서 자하문길로 가다보면 자하문로 16길과 17길 사이에 있어 이곳에
자수궁이 있었다는 사실을 말해준다. 자교는 일제강점기인 1927년
하천 복개 공사를 하면서 사라졌는데, 1939년 발행된 《경성토목건축
협회보》에 자수궁교 사진이 나온다.[52] 지금은 근처에 자교교회가 있
어 자수궁의 흔적을 말해줄 뿐이다. 또한 자수궁터에 위치한 군인아

자수궁교터
자수궁이 있었던 자수궁교는 복개되어 지금은 볼 수 없다. 지금의 종로구 옥인동 부근이다.

파트가 30년이 넘었으므로 재건축이 될 경우 이곳에서 자수궁의 흔적이 나오기를 기대해본다.

안국동별궁

영웅대군의 궁

한성부 북부 안국방에 세종의 막내아들 영웅대군이 살았는데, 이곳을 '동별궁東別宮'이라 불렀다. 세종이 이곳에서 세상을 떠나고 장례를 치렀기에 문종은 동별궁에서 즉위했다. 이후 월산대군, 혜순옹주, 정명공주, 연령군이 사는 집이 되었고, 철종 때는 전계대원군의 사당이 있었다. 고종 때 왕세자의 혼례를 위해 별궁을 새로 짓고 '안국동별궁'이라고 했다. 순종은 왕세자 시절과 왕위에 있을 때 이곳에서 두 번의 가례를 치렀다.

세종, 영응대군 집에서 숨을 거두다

영응대군(이염)은 세종과 소헌왕후 소생의 막내아들로, 세종은 늦게 낳은 영응대군을 친히 기르며 매우 사랑했다. 이염은 1441년 영흥대군永興大君으로,[1] 1447년 1월 역양대군歷陽大君으로,[2] 같은 해 3월에 영응대군永膺大君으로 고쳐 불렀다.[3]

세종은 일찍이 영응대군에게 주려고 이교(이화의 아들)의 집을 사 두었다. 그러나 김종서가 "이교의 집터는 여염 사이에 있고, 땅도 또한 기울고 좁으며, 또 저자와 가까워서 시끄럽고 고요하지 못하오니, 상림원上林園의 땅에다 목진공의 집을 아울러서 지음이 적당하옵니다."라고 했다. 그래도 세종이 이교의 집터에다 새로 짓고자 하니, 이현로가 "지리로 좋은 곳은 북부의 안국방동安國坊洞만 한 데가 없다."라고 아뢰어, 드디어 그곳에 집터를 정하고 인가 60여 구區를 헐었다. 이즈음에 창덕궁 담 밖 문소전*이 있던 서북의 빈 땅에

문소전

태조의 정비 신의왕후는 태조
가 즉위하기 전에 사망했다.
태조 즉위 후인 1396년 인소
전을 건립하고 신주를 봉안했
다가 태종 때 태조를 함께 모
시고 문소전이라 했다.

불당佛堂을 지었는데, 이때 불당을 짓고 남은
재목으로 영응대군의 집을 짓게 했다.[4]

1449년 봄부터 짓기 시작하여 그해 11월에
완성되었다.[5] 이 집은 세종 때 정분鄭苯과 민신
閔伸이 감독하여 지었다.[6] 정분은 좌참찬으로
서 숭례문 재건 공사하는 감독을 맡았고,[7] 민신
은 선공제조로서 불당 영조를 짓는 감독을 맡
았다.[8] 후일 두 사람은 충장공과 충정공으로 단종의 장릉 배식단에
배향되었다.[9]

세종은 병이 잦았고, 자녀들의 요절 등으로 경복궁 풍수설의 압박
에서 벗어나지 못했다. 그 때문에 세종은 말년에 경복궁을 기피하여
아들, 사위, 형제 등의 집으로 옮겨 다녔는데, 영응대군 집을 지을 때
집 동편에 한 궁을 세워 거처할 곳을 준비했다.[10] 그리고 영응대군의
집 동쪽 별궁에서 눈을 감았다. 영응대군의 집을 빈소로 삼았고, 왕
세자 문종은 이곳에서 즉위식을 거행했다.[11] 약 4개월 만에 장례를
치르고[12] 세종의 후궁들은 자수궁으로 옮겼다.[13]

세종은 사유 재산인 내탕고의 진귀한 보물을 영응대군에게 모두
주려고 했으나 뜻을 이루지 못했다. 아버지 세종의 마음을 알았던 문
종은 즉위하고 얼마 있다가 세종이 주려고 한 내탕고의 보물들을 동
생 영응대군에게 모두 주었다. 이로써 왕가에 대대로 전해 내려오던
보물이 영응대군에게 돌아갔다.[14]

영응대군은 부인을 셋 두었다. 송복원의 딸 여산 송씨(대방부부인)

영응대군의 재실과 묘
재실 입구의 '귀후문歸厚門'(죽은 사람을 소중히 하면 그 덕이 후덕한 곳으로 돌아간다는 뜻)을 지나 들어가
면 영응대군의 시호를 따서 지은 재실 '경효재敬孝齋'가 나온다(위). 영응대군묘는 부인 송씨·정씨와
합장묘이고, 오른쪽이 김씨묘다(아래).

와는 길안현주를 낳아 구수영에게 출가시켰고, 정충경의 딸 해주 정씨(춘성부부인)와는 소생이 없었고, 연안 김씨(연성부부인)와는 청풍군과 2녀를 두었다.

첫 번째 부인 송씨가 병이 들어 내쫓고 정씨를 맞아들였으나[15] 영응대군은 송씨를 잊지 못하고 그 집에 드나들며 길안현주를 낳았다. 그리고 세종이 죽은 뒤에 정씨를 폐하고 송씨를 다시 맞아들였다.[16]

한편 정충경은 딸을 세종의 아들 영응대군과 혼인시키고, 아들 정종鄭悰을 세종 때 동궁(문종)의 딸 평창군주(경혜공주)와 혼인시켜 왕실과 인연을 맺었다.[17] 영응대군의 처남이면서 조카사위가 된 영양위 정종은 수양대군에 의해 1455년(단종 3) 광주로 귀양 갔다가[18] 양근(양평)으로 이배되는데[19] 경혜공주의 병으로 돌아오게 된다.[20] 그러나 1456년 다시 유배되어[21] 1461년 사사되었다.[22]

1467년(세조 13) 영응대군이 죽자, 경기도 양주 군장리(현재 남양주시 금곡동 군장리)에 묘를 썼다. 그러나 433년이나 지난 1900년(고종 37) 명성황후의 홍릉(양주 천장산, 현재의 청량리) 자리가 좋지 못해 군장리로 옮기면서 새 능의 터 내에 있는 종친과 신하들의 무덤을 옮겼다.[23] 이때 영응대군묘를 경기도 시흥시 군자동으로 옮겼고 부인 송씨와 정씨도 옮겨 합장했다. 또한 68년이 지난 1968년 연성부부인과 아들, 손자들의 묘를 옮겨와 세 부인과 자손들이 함께하기에 이른다.

영응대군의 유적으로는 경기도 가평군 현등사 사리구의 사리합이

있다. 사리합 표면에는 현등사 소유임을 한눈에 알 수 있는 명문이
새겨져 있는데, 사리합 뚜껑에 접한 부분부터 아래까지 사리구를 봉
안하게 된 장소와 경위를 음각해놓았다.

성화육년경인삼월일 成化六年庚寅三月日

원당운악현등사탑개조 願堂雲岳懸燈寺塔改造

사리오매안요 捨利五枚安邀

대시주 대방부부인 송씨여자 大施主 帶方府夫人 宋氏女子

길안현주 이씨억천 吉安縣主 李氏億千

절충장군 중추부첨지사 구수영 折衝將軍 中樞府僉知事 具壽永[24]

이 명문을 통해 여산 송씨(대방부부인)와 딸 길안현주, 사위 구수영
이 시주했음을 알 수 있다. 성화 육년, 즉 1470년에 시주했으니 영응
대군이 세상을 떠난 지 3년 후다.

현등사석탑 사리구는 도굴범에게 도굴
되었는데, 삼성문화재단이 이것을 소장하
고 있었다. 조계종은 사리구가 제자리인
현등사로 반환되어야 한다는 소송을 했으
나 패소했다. 그러나 오랜 싸움 끝에 삼성
문화재단에서 조건 없이 현등사로 반환하
여 제자리를 찾았다.[25]

현등사석탑 사리구
1470년 현등사석탑 안에 지눌스님의 사
리구를 봉안할 때 영응대군의 부인, 사
위, 딸이 시주했다. 이를 사리합 표면에
각인해놓았다. (현등사 성보박물관 소장)

왕의 자손이 사는 집

1467년(세조 13) 성종은 잘산군 신분일 때 혼례를 올렸는데, 영응대군 집에서 한명회의 딸(공혜왕후)을 맞아들였다.[26] 영응대군의 부인 송씨는 영응대군 집을 성종에게 바쳤다.[27]

성종은 이곳에 아버지의 사당을 세우고 형 월산대군에게 관리하게 했다.[28] 처음에는 의경세자의 '의묘'가 세워졌다가 의경세자를 덕종으로 추존하면서 '연은전延恩殿'으로 바뀌어[29] 경복궁 내 옛 세자궁으로 옮겨지고[30] 월산대군가家만 남게 되었다.[31] 이후 성종은 월산대군가에 여러 차례 거둥하면서 형제 간의 우의를 다졌다. 1477년경에는 월산대군이 집 안에 정자를 건립했는데, 성종이 정자 이름을 '풍월정風月亭'이라고 내려주었다.[32] 이에 월산대군은 호를 '풍월정'이라 했다. 그리고 1494년 연은전은 종묘로 이안한다.[33]

월산대군이 죽은 뒤[34] 월산대군 부인 박씨는 죽을 때까지 18년간 치욕적인 삶을 살았다. 박씨는 연산군의 백모로, 어린 연산군을 보살폈다. 박씨는 생모가 폐비되어 쫓겨난 연산군을 측은히 여겼을 것이다. 연산군은 왕위에 오른 뒤에도 자신의 아들, 딸들이 아프면 다른 곳을 마다하고 월산대군 집으로 피접을 보냈다. 이러한 이유로 월산대군 부인에게 자주 재물을 내리곤 했는데 실록은 1506년 박씨가 조카인 연산군의 아이를 잉태하여 약을 먹고 죽었다고 전한다.[35] 이 기록은 연산군을 패륜아로 몰아 폐위의 명분을 만들기 위함은 아니었을까? 여하튼 박씨는 죽은 뒤 월산대군묘에 함께 묻혔다. 월산대군 부인의 묘는 마치 남편 뒤에 숨어 있는 듯하다. 또 신도비의 월산月山

월산대군과 부인 묘
성종의 형인 월산대군과 부인 박씨의 묘다. 박씨의 묘는 월산대군묘 뒤쪽에 있다. 신도비에는 월산
月山이란 글자를 달과 산, 상형문자로 새겨 넣었다.

이란 글자는 달과 산의 모양을 그려 넣었다.

　월산대군 부부가 후사 없이 죽은 이후 월산대군가家는 비어 있게
되고, 중종은 1522년에 이곳을 혜순옹주에게 하사했다.[36] 혜순옹주
는 중종의 서장녀로 경빈 박씨 소생이다. 경빈 박씨는 가장 먼저 아
들(복성군)을 낳아 중종을 기쁘게 했다.

　중종은 딸 혜순옹주가 광천위 김인경에게 출가할 때 월산대군가를
수리하여 준다. 이때 월산대군가는 영응대군, 월산대군 등 대군들에
게만 주었는데, 공주도 아닌 옹주에게 준다고 하니 신하들의 반발이
심했다.[37] 세종이 막내아들을 위해 정성을 다해 지었고 세종이 숨진,
그리고 문종이 즉위했던 거룩한 장소가 아닌가? 그리고 성종의 형
월산대군이 거처한 곳이었는데 공주도 아닌 후궁의 딸 옹주에게 내

린다 하니 신하들이 반대하고 나선 것이다. 그러나 중종은 이 일을 단행했고 이러한 편애가 이들을 처참한 운명으로 내몰게 된다.

1527년 세자(인종)가 거처하는 동궁 뜰 은행나무에 죽은 쥐를 매달아놓아 세자를 저주한 '작서灼鼠의 변'이 일어났다. 이 사건으로 경빈 박씨와 아들 복성군은 사약을 받는다.[38] 김인경은 변방으로 귀양 갔으며 혜순옹주는 폐서인이 되었다.[39]

대사헌 심언광은 이 일을 "후궁의 총애가 왕후와 대등하고 서자가 적자와 맞먹게 되는 것은 난亂의 근본이다."[40]라 하였으니 중종의 특별한 총애를 받는 경빈과 장성한 복성군(당시 18세) 그리고 어머니와 배후 세력 없이 크고 있는 세자(인종, 당시 13세)로 인해 일어난 정치적 사건이다. 1532년 이종익의 옥중 상소에 의하면 이 사건은 김안로의 아들 연선위 김희가 일으킨 일이라고 했다.[41] 그러나 이종익은 이 일로 죽임을 당한다. 1541년 혜순옹주와 김인경은 신원이 복구되었다.[42]

인조는 즉위한 후 선조와 인목대비의 딸로 21세에도 혼인하지 못한 정명공주를 홍영의 아들인 영안위 홍주원과 혼인시킨다.[43] 그리고 혜순옹주가를 내려주어 대략 집을 지었으나 이괄의 난으로 훼손되었다.[44] 그래서 광해군 때 인경궁仁慶宮을 건설하다가 남은 재목과 기와 중 2백 칸에 드는 재목과 기와를 하사하여 정명공주의 집을 지었다.[45] 반정으로 왕위에 오른 인조는 광해군에게 핍박받았던 인목왕후와 정명공주를 극진히 대접했던 것이다. 당시 대간에서는 궁을 짓고자 마련한 재목과 기와를 공주가家를 짓는 데 쓰는 것은 부당하다며 반대했다. 그러나 공사는 그대로 진행되었으며, 170칸을 지을 재목과 기와를 하사하는 것으로 일단락 지었다.[46] 그러나 계속되는 공사 금지 요청에 100여 칸으로 줄여 지었다.[47]

선조의 장녀이며 영창대군의 누이로 태어나 파란만장한 삶을 산 정명공주는 7남 1녀를 두었으며, 그 후손이 번성하여 84년 동안 이 집에 거주했다.

정명공주가에서 연령군가로

숙종의 여섯째 아들 연령군은 명빈 박씨의 소생으로 어렸을 때 생모가 세상을 떠났다. 숙종은 막내아들 연령군을 무척 사랑했는데 혼례를 올린 다음 해에 대군가를 찾던 중 구수영가家와 정명공주가家가 거론되었다. 이때 구수영가(훗날의 순화궁)는 인조의 어머니 인헌왕후의 부모 위패를 모시고 있었고 자손이 많지 않았다. 그러나 홍주원의 집안은 자손이 번창하여 복가福家라고 일컬어져 정명공주가로 결정되었다.

그러자 이곳에 살던 정명공주의 장자 홍만용이 "조정에서 사려고 한다면 우리 집을 마땅히 바치겠다."고 하여 숙종이 정명공주가를 사들였다. 이때 정명공주의 집은 한양에서도 갑제甲第(제일 좋은 저택)라 했다.[48] 숙종은 이 집의 이름을 존심헌存心軒으로 내려주었다.[49] 하지만 연령군은 복가에 산 보람도 없이 21세의 나이에 후사 없이 죽고 말았다.

숙종은 밀풍군의 둘째 아들 이상대를 연령군의 후사로 삼아 이공㓐
이라 하고[50] 1727년 상원군으로 봉했다.[51] 밀풍군은 인조의 장남인
소현세자의 증손인데, 1728년 '이인좌의 난'이 일어났을 때 왕으로
추대된 연유로 사사되었지만 상원군은 연령군의 후사를 파하지 않았
기에 연좌에서 면제되었다.

그러나 1733년 상원군이 후사 없이 죽자[52] 영조는 상원군을 연령
군의 후사에서 파하고 후사를 다시 세우게 한다.[53] 이후 선조의 9남
경창군의 후손 낙천군 이온을 양자로 들였으나, 일찍 죽어 1747년
에는 이형종의 둘째 아들 이철해를 이영으로 이름을 바꾸고, 낙천
군의 후손으로 삼았다.[54] 그러나 달선군 이영도 다음 해에 죽었다.[55]
1750년에는 달선군을 파양하여 본가로 돌려보냈는데, 그 이유는 낙
천군 부인 서씨가 투기가 심하여 달선군 부부를 괴롭히니, 달선군
이 참다못해 약을 먹고 죽었기 때문이다.[56]

정조는 즉위년에 영조의 유지에 따라 연령군의 후사를 이복동생
은신군으로 삼도록 한다.[57] 은신군과 남연군, 남연군의 네 아들이 이
집에 살다가 남연군의 이장으로 운현으로 이사하게 되었다. 그리고
철종이 즉위하면서 생부를 전계대원군으로 올리고, 작은할아버지 은
신군이 살던 집에 사당을 마련하여 이복형 영평군에게 제사를 모시
게 했다. 전계대원군의 사당을 은신군이 살던 집으로 정한 것은 수렴
청정을 하는 대왕대비(순조비 순원왕후)의 결정이었다.[58]

그러면 이때 남연군의 자녀들이 운현으로 이사를 가게 된 것일까?
남연군의 이장은 1845년이었고 전계대원군의 사당이 들어선 것은

1849년이다. 그리고 남연군가家 전계대원군의 사당 건립으로 인해 이사했다는 기록이 없으니 그 이전에 이미 이곳은 비어 있었던 듯하다. 그렇다면 흥선군은 누구에게 이 집을 팔았을까? 《매천야록》에는 재산을 모두 팔아 2만 냥을 마련했다고 했을 뿐 누구에게 팔았는지는 밝히지 않았다.[59] 순원왕후는 안동 김씨 김조순의 딸이다. 그렇다면 1845년 이전에 흥선군은 당시의 강력한 권세가인 안동 김씨에게 이 집을 팔지 않았을까? 그리고 순원왕후는 안동 김씨 소유의 이곳을 전계대원군의 사당으로 쓸 수 있었던 것은 아니었을까 추측해 본다.

순종의 가례를 위한 별궁

고종이 즉위한 후 1869년 흥선대원군이 전계대원군의 사당을 옮긴 뒤,[60] 1879년부터 이곳에 별궁을 짓기 시작해[61] 1880년에 완성된다.[62] 이때 명성황후는 3남 1녀를 낳았으나 어릴 때 모두 죽고 둘째 아들 척拓(순종)이 왕세자로 책봉된 후 9세가 되어 가례를 앞두고 있었다. 1880년 6월 23일 별궁의 상량문上樑文과 현판懸板을 만드는 데 필요한 사람들을 정하는 것을 보면 명성황후의 정성이 듬뿍 담겼음을 알 수 있다. 별궁 건물로는 현광루顯光樓, 경연당慶衍堂, 정화당正和堂, 정상루定祥樓 등이 있었다.[63]

1881년(고종 18) 세자 척의 세자빈으로 민태호의 딸이 간택되었고 삼간택을 치른 신부는 별궁에서 왕실 교육을 받는데 그 장소를 안국동별궁으로 정했다.[64] 이듬해 2월에 성대한 가례식을 거행했는데 명성황후 생전에 치른 세자의 가례식이었다.

세자빈 민씨(순명효황후)는 1897년 황제국이 되면서 황태자빈이 되었고, 1904년 11월에 세상을 떠났다.[65] 그리고 황태자빈 민씨의 삼년상을 치른 후인 1906년 2월, 다시 황태자의 가례를 행하기 위해 가을과 겨울 사이에 금혼령을 내리고[66] 안국동별궁을 별궁으로 정해 새 황태자빈을 간택한다. 이때 윤택영의 딸이 간택되어 다음 해 1월에 황태자와 윤씨의 가례식이 거행되었다. 그러나 어머니 명성황후의 빈자리 때문인지 가례는 엄격하고 철저하게 진행되지는 않았다. 하물며 삼간택의 날을 미루는데 이유가 영친왕의 강학을 시작하는 날을 받았기 때문이다.[67] 왕세자의 혼례보다 영친왕의 강학일이 더 중요했다는 얘기다.

다음 해에 순종은 황위에 오르고, 윤씨는 황후의 직책을 받았다. 순정효황후는 창덕궁에서 거처했는데, 1910년 친일파들이 순종에게 한일병합조약에 날인할 것을 강요하자 옥새를 치마 속에 감추고 내놓지 않았으나 숙부 윤덕영에게 강제로 빼앗겼다.[68] 1926년 순종이 후사 없이 죽은 후 8·15광복과 6·25전쟁 등을 겪었고, 1966년 창덕궁 낙선재에서 숨을 거두었다.

궁중 나인들의 거처에서 풍문여고로

세종 때 영응대군, 성종 때 월산대군, 중종 때 혜순옹주, 인조 때 정명공주, 숙종 때 연령군, 정조 때 남연군, 철종 때 영평군이 살던 이곳은 고종 때 별궁이 되면서 '안국동별궁(안동별궁)'으로 불리었다.

1907년 이후 안국동별궁은 폐궁되었고 경복궁, 창덕궁에 살던 나인들이 옮겨와 살게 되었다.[69] 1936년 6월 17일 안국동별궁에 관한 소식이 〈조선중앙일보〉에 실렸다. 이날 기사에 의하면 별궁 20,000㎡ (6,050평) 중 13,223㎡(4,000평)은 휘문의숙에 특별히 매매하여 초등학교를 세우기로 하고, 북쪽 약 4298㎡(1,300평)은 숙사를 지어 팔리는 곳에 살고 있던 나인들을 옮기기로 하며, 도로변에 나인들이 살고 있던 약 2,479㎡(750평)은 팔기로 한다고 했다.[70] 이후 별궁에 남아 있던 나인들은 북측에 지은 숙사로 옮겨졌고, 안국동별궁은 민대식의 휘문의숙과 최창학의 대창산업주식회사에게 팔렸다.

민대식은 조선 최고의 갑부 민영휘의 아들이다. 1936년 어머니 안유풍이 죽었는데 소학교 설립을 유언으로 남겼다고 한다. 이에 민대식은 안국동기지와 부속건물을 사들여 1937년 안국동별궁 자리에 경성휘문소학교를 세웠고,[71] 1944년에 경성휘문소학교 자리에 손자 민덕기가 풍문여학교를 설립하여 1945년 3월에 개교했다. 1939년 신사참배 거부로 폐교된 정신여학교 학생들을 인수하고 안유풍의 이름 중 '풍' 자를 따서 '풍문'이라 했다. 1950년에 풍문여자고등학교로 이름을 바꿨다.[72]

1965년까지 안국동별궁이 풍문여자고등학교 교사로 사용되고 1966년 운동장을 확장하면서 남아 있던 안국동별궁 건물과 정화당, 경연당, 현광루가 뿔뿔이 흩어졌다.[73] 경연당과 현광루는 고양시 한양골프장(현재 한양컨트리클럽) 내로 이전되었다가 다시 충남 부여의

▌풍문여학교와 안국동별궁 전경

▌안국동별궁의 흔적들
풍문여고 내에 있는 은행나무, 하마비, 한옥. 이들만이 안국동별궁의 흔적들을 말해주고 있다.

한국전통문화학교 내에 옮겨져 복원되었고, 정화당은 우이동에 위치
한 민영휘의 손자 민병도의 소유로 옮겨졌다. 이후 이곳은 금성산업
주식회사(쌍용산업주식회사의 전신)로 넘어갔다가 현재 동양화재보험
주식회사 소유로 메리츠화재해상보험 중앙연수원의 일부가 되었다.
그리고 현재 풍문여자고등학교 내 400여 년 된 은행나무와 부속건물

경연당과 현광루
안국동별궁의 경연당과 현광루는 한국전통문화학교 내에 복원되어 있다.

1동, 하마비와 주변에 남아 있는 한옥들이 안동별궁의 흔적임을 말해주고 있다.

현재 종로구 안국동 175번지와 위의 내용을 비교해 보면 북측에 나인들이 옮겨 살았던 곳은 175-21번지에서 79번지로 현재 주택과 식당 등이 되었다. 민대식에게 팔린 곳은 소유주가 창덕궁에서 재단

옛 안국동별궁 전경
옛 안국동별궁터에는 안국빌딩과 풍문여자고등학교가 자리 잡고 있다. 안국동별궁 표지석은 풍문여자고등학교 내에 있다.

법인 휘문의숙(현재 재단법인 풍문학원)으로 바뀌어 현재는 풍문여자고등학교가 자리하고 있다. 최창학에게 팔린 도로변은 소유주가 창덕궁, 대창산업주식회사, 최응호(최창학의 장남)로 바뀌었고 현재 안국빌딩이 들어서 있다.

조선의 임금 세종이 돌아가신 장소이며, 왕자와 공주들이 살았던 곳으로 왕세자의 가례를 위한 별궁으로, 또한 근대여학교로 바뀐 이 터는 지금도 서울의 한복판에서 그 역사를 증언하고 있다.

순화궁

길안현주의 궁

한성부 중부 견평방에 영웅대군의 딸 길안현주와 사위 구수영이 살았고, 인조의 생모 인헌왕후가 태어난 저택이 있었다. 이 저택은 구수영의 후손으로 이어져 내려오다가 조선 후기에는 김홍근의 소유가 되었다. 헌종 사후 후궁 경빈 김씨가 나와 살면서 '순화궁順和宮'이 되었다. 이후 이윤용, 이완용이 소유하였고, 1919년 3월 1일 독립선언서에 서명한 민족 대표 33인 중 29인이 모여 독립선언문을 낭독했던 요정 태화관이 있었다. 현재 태화빌딩과 하나로빌딩이 세워져 있다.

순 화 궁

구수영과 길안현주

길안현주는 세종의 8남인 영응대군과 여산 송씨 사이에서 태어난 적실녀로 조선 초기의 예법에 따라 현주*에 봉해졌다. 영응대군의 병이 중해지자 세조는 아직 혼인하지 않은 조카 길안현주의 혼처를 구치홍의 아들 수영으로 정했다.[1] 그리고 이틀 후 영응대군이 운명하여[2] 혼례는 2년 후인 1469년(예종 1) 11월에 치러진다. 그런데 또 예종의 상을 당하게 되었으니 상중에 혼례를 하게 된 것이다. 구수영의 묘지명에 의하면 "이 때 비록 국휼國恤 중이었으나 3일 동안 차길借吉하였는데, 임금이 대궐로 인견하고 공을 아우라고 호칭하며 농으로 말하기를

> **현주**
>
> 조선 초기 1431년(세종 13)에는 종실의 딸들을 군주, 현주로 불렀고 9년 후인 1440년(세종 22)에 이르러서는 세자 궁인의 딸과 대군 정실의 딸은 현주縣主, 여러 군의 정실의 딸과 대군의 아들의 딸은 향주鄕主, 나머지 종실의 딸은 모두 정주亭主라 칭했다. 그러다가 성종 때 완성된 《경국대전》에서는 적자와 서자를 구분하여 종실의 적실녀를 군주, 서녀를 현주 하다가 세자의 적실녀를 군주, 서녀를 현주로 부르게 되었다. 따라서 길안현주는 《경국대전》이전, 세종 때의 호칭으로 영응대군의 적실녀로서 현주라 불렀다.

'국가에서 지금 상제喪制가 아직 다 끝나지 않았는데, 자네는 어찌해서 홀로 화복華服을 입었는가?' 하고는 안구鞍具와 말을 하사하였다."[3]고 한다.

길안현주와 구수영의 집은 지금의 순화궁터에 있었는데, 이곳에서 5남(승경, 희경, 승경, 문경, 길경) 5녀를 낳았다. 장녀는 임사홍의 아들 희재에게 출가하였고, 2녀는 심빈의 아들 광문에게, 3녀는 성종의 서2남 안양군에게 출가했다.[4]

구수영은 1467년(세조 13)에 부마로 정해진 이후 부호군이 되었으며[5] 성종이 왕위에 오르자 원종공신이 되었고 연산군 때는 고명 사은사로 명나라에 다녀왔다. 중종반정 후 정국공신으로 능성부원군에 봉해졌으나 대간들에 의해 파직되었다.[6]

구수영은 세조의 사랑을 받았고, 연산군의 폭정, 인조의 반정에서도 살아남는다. 또 세종의 손녀사위라는 명목으로 권력을 행사하였으며, 왕실과의 혼인 관계로 그 맥을 이어갔다. 그러나 그러한 혼인 관계가 걸림돌이 되면 가차 없이 끊어냈다. 그 예로 연산군 때 셋째 사위 안양군의 생모인 귀인 정씨가 '폐비 윤씨 사건'에 가담하였다는 이유로 죽임을 당하자 구수영은 안양군과 딸을 이혼시키려 하지만[7] 이루어지지 않았다.[8] 또 첫째 사위 임희재가 김종직의 문하로 무오사화 때 곤장 80대를 맞고 귀양을 갔다가[9] 6년 뒤인 갑자사화 때 처형을 당하게 되자[10] 딸을 이혼시키려 하였으나[11] 이 또한 성사되지 않았다.[12]

넷째 아들 문경은 연산군의 딸 휘순공주와 혼인해 능양위가 되었다. 연산군은 1502년 휘순공주를 혼인시키면서[13] 집을 지어주었는

데[14] 1503년엔 새 집 근방에 수십 채를 더 늘리기도 했다.[15]

임희재가 처형된 후 부인(구수영의 첫째 딸)은 휘순공주의 시누이었기에 공주의 뜻을 보아 특별히 놓아주고[16] 임희재의 집을 휘순공주에게 주었다.[17] 그러나 다음 해 연산군이 폐위된 뒤 휘순공주는 공주 작위를 박탈당했고,[18] 시아버지 구수영은 중종에게 폐왕과 절혼한다며 아들 부부를 이혼시키기를 청하자, 중종이 이를 받아들였다.[19] 그러나 2년 뒤 조정에서 출가한 딸은 그 친부 쪽의 죄에 연좌시키지 않는다며 이들의 이혼을 막고 다시 재결합하게 했다.[20]

한편 1512년(중종 7) 폐비 신씨가 강화에 묻힌 연산군을 양주 해촌(현재 도봉구 방학동)으로 이장할 것을 청하자, 왕자군의 예로 개장改葬하라 하였으며[21] 다음 해에 묘를 수축하고[22] 휘순공주의 아들 엄이 연산군의 제사를 모셨다. 휘순공주 또한 사후에 남편과 함께 현재의 도봉구 방학동에 묻혔다.

이렇게 구수영은 시대에 따라, 필요에 따라 자식들을 혼인시키고 이혼시키면서 권력을 키워가며 8대 왕을 모셨으나 중종은 대신들의 끊임없는 상소에 할 수 없이 구수영을 파면시킨다. 사신史臣은 구수영에 대하여 이렇게 논했다.

"구수영은 자질구레하고 용렬한 무리인데 영웅대군의 사위이므로 현달한 벼슬에 오르고, 그 아들 문경도 공주에게 장가들어 궁중에 연줄을 달아 세력이 한때를 뒤덮었으며, 성질이 또한 약삭빠르고 영리하여 임금의 뜻을 엿보아 영합하고 아첨하기를 잘하며 남몰래 미희를 바쳐 총애를 굳힘으로써 특별히 1품으로 승진되니, 사람들이 더

욱 비루하게 여겼다."²³

구수영은 1456년에 태어나 1523년에 죽었고, 길안현주는 1457년
태어나 1519년 죽었으니 두 사람은 평생을 해로한 셈이다. 구수영은
끊임없이 권력의 줄에 서며 자신을 지키지만 폭정과 반정의 소용돌
이 속에서도 살아남을 수 있었던 것은 길안공주와 혼인한 이유가 가
장 컸을 것이다. 길안현주가 누구인가? 세종이 가장 사랑했던 아들
영응대군의 귀한 딸이 아닌가? 그 귀중한 딸의 부마였기에 그 많은
상소와 사간들의 청원에도 중종은 구수영을 버릴 수 없었다. 그러나
1519년 10월 길안현주가 죽고, 11월에 위훈삭제 때 구수영은 정국공
신에서 삭제된다.²⁴

인헌왕후 탄생지

이후 구수영의 제택은 후손에게 이어지는데 증손자 사안은 1533년
중종과 문정왕후의 딸 효순공주와 혼인하여 능원위가 되었다.²⁵ 중
종은 효순공주의 집을 지어줄 때 "새로운 저택을 짓자면 새 재목을
쓰지만 헌 집을 헐어서 고칠 때는 헌 재목을 가려 쓰는 것이 관례慣
例"²⁶라며 구태여 새 재료만을 고집하지 않음으로써 집 짓는 노고를
줄이도록 했다. 1538년 효순공주는 난산으로 아이를 낳다가 죽음으
로써 후손을 두지 못했다.²⁷

사안의 동생 사맹은 첫 번째 부인 청주 한씨가 자식 없이 죽었고,
평산 신씨에게서 4남(성成, 홍宖, 용容, 굉宏) 6녀를 두었다.²⁸ 그리고

이곳에서 태어난 5녀(인헌왕후)는 선조의 5자 정원군과 혼인하여 정원군부인이 되었다가 계운궁, 인헌왕후가 되었다.

정원군은 능양군(인조), 능원군, 능창군을 두었는데 선조에게 네 명의 왕자를 낳아 준 인빈 김씨의 아들이었다. 이즈음에는 인빈 김씨가 선조의 사랑을 독차지하고 있을 때였다. 정원군의 첫째 아들 능풍군은 일찍 죽어 능양군이 장자 노릇을 하는데 장손자 능양군을 궁에 들여 살게 하였던 듯싶다. 〈인조대왕 묘지문〉에는 인조의 어린 시절 모습을 다음과 같이 기록하고 있다.

"2, 3세 때에 궁중에 있게 되었는데, 웃음과 말이 적고 장난을 좋아하지 않으므로 선조께서 더욱 기특하게 여기시고 돌보시는 것이 더욱 융숭하셨으니 친왕자라도 여기에 미치지 못했다. 5, 6세가 되어서는 총명이 특별나 외숙인 능해군 구성의 집에 가서 배우도록 명하셨다."[29]

또한 능양군은 외가인 이곳에서 지낼 때 장난치다가 늘 못 속에 빠졌다고 한다.[30] 능양군이 반정으로 왕위에 올라 인조가 되면서 장난치다가 빠진 이 연못을 '잠룡지'라고 불렀다.[31] 그리고 인조는 생부를 '원종',[32] 생모를 '인헌왕후'[33] 외조부 구사맹은 능안부원군에 추봉했다.

정정남에 의하면 이후 구사맹의 손자 구인후가 살면서 동쪽 언덕에 '태화정太華亭'을 지었고, 영조 때에 구윤명, 구윤옥 형제가 살았는데 구윤옥은 차자로 큰집으로 입적되어 동쪽 종가에 살았고, 구윤명은 서쪽 잠룡지가에 살았다고 한다.[34]

1765년 영조가 구윤명에게 "인묘의 잠룡지가 경의 집에 있다고 하는데 그런가?"라고 묻는다. 구윤명이 "신의 종가에 있는데, 인조께서 어렸을 적에 장난치다가 늘 못 속에 빠졌다고 합니다."[35]고 대답한다.

8년 후인 1773년 영조는 효종의 어필이 보고 싶다며 이곳에 거둥했다. 영조는 잠룡지의 정자에 나아가 구윤명에게 지난날의 유적遺跡에 대해 물으니, 구윤명이 효종의 어필이 그의 집에 많이 있다고 말하자, 임금이 즉시 그의 집으로 가려 하였으나 도승지가 말렸다. 그러나 영조는 "나는 어필을 보고 싶다." 하고 태화정에 나아가 어필을 봉람奉覽한 뒤에 집에 있는 여러 구씨具氏를 불러 만나보고 상을 내리거나 혹은 조용調用(등용)하라고 명하였다."[36]는 기록으로 보아 구수영가는 영조 때까지 번성하였던 것으로 보인다.

헌종이 사랑한 여인, 순화궁

이후 철종과 헌종 때 무소불위 권력을 휘둘렀던 안동 김씨 세도 정치의 핵심 인물 김조순의 조카 김흥근이 이곳을 차지했다. 김흥근은 철종 때에 영의정이었고, 안동 김씨 60년 세도의 중심에 있었던 인물로 재산 또한 막강하여 자하문 밖 삼계동에 별서를 둘 정도였다. 훗날 이 별서는 고종이 즉위한 후 흥선대원군이 별장으로 사용했다. 정자의 앞산이 모두 바위라고 해서 또는 흥선대원군의 호를 따서 '석파정石坡亭'(서울특별시 유형문화재 제26호)이라 이름 지었다. 그동안 볼 수 없었던 이곳은 2012년 8월 29일 서울미술관으로 탈바꿈하여 일반인

창덕궁 낙선재
헌종이 후궁 경빈 김씨를 들이면서 지었다. 낙선재는 헌종이 서재 겸 개인 휴식 공간으로 사용했다.

에게 공개되고 있다.

김흥근의 집은 이후 헌종의 후궁인 경빈 김씨의 처소가 된다. 헌종은 순조의 손자이며 효명세자의 아들로 8세에 왕위에 오른다. 그리고 1837년 효현왕후 김씨를 왕비로 맞아들였다.[37] 이때의 기록이 《헌종효현왕후가례도감의궤》로 남아 있는데 2011년 프랑스에서 돌아왔다. 효현왕후가 1843년에 죽자, 다음 해에 정식으로 후궁 간택령을 내려 효정왕후 홍씨를 왕비로 책봉한다. 그러나 효정왕후가 3년이 지나도 자식을 낳지 못하자 왕실 자손을 이을 처자를 구하도록 한다.[38] 그 결과 1847년 10월 20일 김씨를 경빈으로 책봉했다.[39] 이때 '경빈慶嬪'이라는 작호爵號와 '순화順和'라는 궁호宮號를 내렸다.[40] 그 기록이 《뎡미가례시일긔》로 남아 있는데 계비가 있는 상태에서

석복헌
헌종의 애틋한 사랑을 받은 경빈 김씨의 처소였다.

후사를 보기 위해 후궁을 맞이하는 후궁 가례서이다.[41]

그리고 동궁전인 중희당 동쪽에 낙선재, 석복헌, 수강재를 지었다. 낙선재는 헌종이 편안하게 기거하며 서적을 보며 쉬는 공간이고, 석복헌은 후사를 위해 책봉된 경빈 김씨의 처소였으며, 수강재는 육순을 맞이하는 할머니 순원왕후를 모신 곳이었다.[42]

이렇듯 헌종의 지극한 사랑으로 경빈 김씨는 옷차림 등 여러 가지 예우에서 왕비와 다름없는 특별한 대접을 받았는데 이는 그녀에 대한 복식을 규정한 《순화궁첩초順和宮帖草》에서도 확인할 수 있다. 《국기복색소선 및 사절복색자장요람》(숙명여자대학교 박물관 소장)은 경빈 김씨의 거처인 순화궁에서 쓴 두 권의 책으로, 이 둘을 가리켜 《순화궁첩초》라고 한다. 책의 내용은 조선조 역대 왕과 왕비의 기일과 왕릉 및 국가 기일에 입는 의복에 대한 것을 기록했다.

헌종과 경빈 김씨는 1년 8개월이라는 짧은 시간을 함께했다. 헌종이 죽자[43] 경빈 김씨는 궁궐을 나와 김흥근의 집에 머물렀다. 이때부터 이곳은 '순화궁'이라 불리게 된다. 경빈 김씨는 1907년(고종 43) 세상을 떠났고,[44] 이곳에 사당이 설치되었다.

순종 즉위년인 1907년 이완용의 형이며 흥선대원군의 사위인 이윤용이 궁내부 대신으로 임명되었다. 1911년 실록에 의하면 "순화궁은 본래 중부에 있는 태화정太和亭이었는데 남작 이윤용이 궁내부 대신으로 재임할 때 그 집에 머물면서 반송방의 택지를 순화궁의 자리와 바꿈으로써 반송방으로 옮겨갔다."[45]고 한다. 그런데 순종은 1911년 장석주에게 서부 반송방에 있는 순화궁 토지 가옥을 하사하고 순화궁을 북부 관광방 간동에 있는 전 호위대 영사로 이전하도록 명했다. 장석주는 안중근에게 사살된 이토 히로부미를 추모하고 이토의 동상 건립을 위하여 친일 단체 '동아찬영회'의 총재가 되었으며, 이토의 송덕비를 세워주겠다는 '송덕비 건의소'에도 참여했다.[46] 장석주는 1910년 10월 7일 순종에게 남작 작위를 받았고[47] 1911년에 순화궁을 하사받았다. 이때 사당은 묘소로 옮겨졌고 순화궁은 이름 없이 사라졌다.

태화관에서 독립선언문을 낭독하다

당시 이완용의 집은 약현에 있었는데 1905년 을사늑약 직후 시위대

별유천지
태화관의 별관으로 3·1독립
선언을 한 장소다.

〈한국독립선언도〉
태화관에서 모여 민족 대표 29인이 독립선언문을 발표하고 있는
장면이다. 이 그림은 순화궁터에 들어선 태화빌딩 1층에 걸려 있다.

의 방화로 불타버렸다. 이후 이완용은 통감(이토 히로부미)의 알선으로 잠시 왜성구락부에서 살다가 고종이 남녕위궁을 내려주어 그곳에서 잠시 살았다.[48] 이리저리 떠돌이 생활을 하던 이완용은 1911년 형 이윤용이 살다가 이사 간 집(순화궁)을 매입하여 이사했고 1913년에 인왕산 아래 옥인동에 서양식 2층 저택을 지어 옮겼다.[49]

그러면서 순화궁에는 명월관이 들어온다. 원래 명월관은 궁내부에서 궁중 요리를 하던 안순환이 1909년 현 세종로 동아일보 자리에 2층 양옥으로 지은 기생관이었다.[50] 그러나 1918년경 화재로 이완용의 순화궁으로 옮기면서 분점격인 태화관을 차렸다. 이때 태화의 한자는 처음에는 太和였다가 太華로 바뀌었고, 다시 泰和로 바뀌었다.[51]

그리고 3·1운동 민족 대표들은 본래 탑골공원에서 선언식을 하기로 했으나 청년, 학생들의 폭력 시위를 우려해 거사 하루 전에 급작스럽게 장소를 태화관으로 바꿨다. 1919년 3월 1일 오후 2시 민족 대

표 33인 중 29인이 태화관 후원 깊숙한 언덕에 위치한 별유천지 6호실, 즉 태화정에 모여 독립선언문을 낭독했다.[52] 이를 알지 못했던 시민들은 탑골공원에 모여 민족 대표들을 기다렸으나 오지 않자 정재용이 따로 독립선언문을 낭독하였고, 사람들이 거리로 쏟아져 나오면서 3·1운동이 시작되었다. 즉, 태화관(순화궁)은 독립선언문을 낭독한 장소가 되었다.[53]

태화빌딩과 하나로빌딩

자신 소유의 집에서 독립선언문을 낭독하자 난감해진 이완용은 태화관을 팔려고 내놓았다. 그러나 약 9,917㎡(3,000평)에 달하는 대지에 기와집만 16채 있는 대궐 같은 저택을 사겠다는 사람이 선뜻 나오지 않았다. 이러한 상황에서 남감리회 서울지역 여성선교를 담당하고 있던 마이어즈는 집주인 이완용 측과 1년 동안 협의하여 1920년 12월 11일, '재단법인 남감리교회 대한선교부 유지재단'의 명의로 당시 20만 원으로 이 집을 매입했다.[54] 그리고 1921년 4월 4일 옛 건물을 손질하여 그대로 사용하면서 현재의 태화기독교사회복지관의 전신인 '태화여자관'이 개관되었다.[55] 그리고 잠룡지는 모기가 끓는다는 이유로 메워졌다. 1927년 3대 관장으로 부임한 와그너가 당시 태화관 모습을 다음과 같이 설명했다.

"인조대왕의 연못은 1920년 남감리교회 선교부가 재산을 소유할 때까지만 해도 그대로 남아 있었습니다. 그 연못은 담쟁이덩굴로 뒤

덮인 높은 담으로 둘러싸인 고풍스런 정원 한가운데 있어 대단한 볼거리였습니다. 그런데 실용주의자들은 아름다운 연꽃과 금붕어를 감상하기보다는 말라리아모기에 대한 혐오감이 더 커서, 우리 사역자들이 처음 했던 일들 중 하나가 연못을 메꾸는 일이었습니다. 멋이라곤 없는 서양인들!"[56]

▌1930년대의 옛 태화관과 선교사 사택

이로써 잠룡지는 1921년에서 1927년 사이에 사라진 것으로 보인다. 그러다가 1930년대 들어 인원이 늘어나자 1939년 11월 연건평 2,374㎡(718평) 규모의 3층짜리 석조 건물을 지었다.[57] 이 건물을 지으려고 사회관 토지 1,402㎡(424평)을 팔았다.[58] 그리고 일제는 태화사회관이 시국과 맞지 않

▌1979년 헐리기 전의 태화관

▌1981년 4월 철거 중인 태화관

는다는 이유로 1942년 7월 1일 사업을 중지시키고[59] 화신백화점의 박흥식에게 매수하여 종로경찰서에 헌납하도록 했다. 이 건물에는 종로경찰서가 들어왔고, 선교사 사택은 경찰관 숙소로 사용했다.[60] 미군정 시기에는 미군이 주둔하고 있었다.[61] 사업 중지로 이곳을 떠난 선교사들은 1947년 다시 돌아와 미군이 떠난 후인 1950년 소유권을 되찾을 수 있었다.[62] 1975년에는 종

▌태화사회관 관장 사택과 태화기독교사회관

로에 있던 194-4번지를 중앙교회에 매도했다.[63] 그러다가 1978년
발표된 공평지구 도시재개발계획으로 건물의 양쪽에 도로가 생기면
서 신축해야 했다.[64]

중앙교회는 1890년에 헨리 아펜젤러에 의해 종로에 감리교 출판
사를 세워 기독교서적을 출판하고 이를 판매하는 '대동서시'를 창립
했다. 그리고 이곳에 오는 사람들과 함께 예배를 드리기 시작하면서
종로교회가 되었다.[65] 1916년에는 교회 안에 중앙유치원과 이들의
교육을 위한 중앙보육학교를 세웠는데 현재의 중앙대학교로 발전했
다.[66] 3·1운동 당시 민족 대표 33인 중 김창준, 박희도가 이 교회 출
신이기도 하다.[67] 1930년에는 '중앙교회'로 바꿨고[68] 1975년 성전신
축을 위한 장소를 찾던 중 기독교태화사회관 관장사택 대지 2,874㎡
(869.4평)의 3층 양옥을 매입했다.[69] 그리고 건물을 신축하려 했으나
여러 가지 규제로 건립 허가가 불허되었는데[70] 1979년 공평동, 인사
동 일대의 '공평지구 재개발사업'의 확정고시가 났다.[71] 이후 1982년
태화빌딩(194-27)과 1983년 하나로빌딩(194-4)이 들어서게 되었다.

▌태화빌딩과 하나로빌딩(우측 흰색 건물과 뒷건물)

   현재 태화빌딩의 주인은 '사회복지법인 감리회태화복지재단'이고 하나로빌딩은 '재단법인 기독교대한감리회유지재단 및 여러 공유자'로 되어 있으며 상층은 중앙교회가 사용하고 있다. 즉, 순화궁은 이완용에게서 남감리회 태화여자관이 되었고, 태화사회관 관장 사택이던 동측을 중앙교회에서 매수하였던 것이다. 따라서 효순공주와 능원위가 살던 동측(태화정)은 태화관 선교사 사택에서 중앙교회의 하나로빌딩이 되었고, 구수영의 집으로 인조의 잠저였던 서측(부용당)은 태화사회관에서 태화복지재단의 태화빌딩이 된 것이다.[72]

   순화궁의 흔적으로는 현재 태화빌딩 앞의 표지석과 3·1운동 기념비가 유적으로 남아 있으며, 태화빌딩 로비에는 〈한국독립선언도〉 그림이 걸려 있다.

용동궁

순회세자의 궁

용동궁龍洞宮은 한성부 서부 황화방에 있던 궁으로 명종의 장남 순회
세자가 살았다. 순회세자가 죽은 뒤, 공회빈 윤씨의 소유가 되어 궁중
의 사유 재산으로 내려오다가 사도세자빈과 효명세자빈의 속궁으로 이어져 내
려왔다. 조선 후기에 한성부 중부 수진방으로 이전하고, 명성황후의 친척 민겸
호가 살면서 '박동궁'이라 불리기도 했다. 민겸호가 죽고 나서는 고종의 정치
고문 묄렌도르프가 살았고, 숙명여자고등학교가 되었다.

용 동 궁

공회빈 윤씨의 시신이 사라지다

용동궁은 명종의 장남 순회세자가 책봉식을 올린 곳이어서 '순회세자의 옛 궁'으로 불렸다고 알려져 있지만 순회세자 책봉식은 경복궁 사정전思政殿에서 거행되었다.[1] 순회세자는 태어나면서부터 병약하여 태어난 지 이틀 만에 다른 곳으로 옮겨야 한다는 이야기가 나왔지만, 너무 어리고 더운 날씨 탓에 궁에 머물렀다.[2] 자라면서도 건강하지 못하여 5세에 우환을 피해 궁궐 밖에서 거처한 적이 있는데,[3] 이때 잠시 거처한 곳이 용동궁이 아니었었을까 추측해본다. 1556년에는 재액을 피해서 상어의궁에 가 있었던 적이 있다.[4] 7세에 세자 책봉을 할 때에도 처음에는 정전인 경복궁 근정전에서 하려 했으나, 어린 원자가 큰 뜰 가운데로 나가는 것이 힘들 것을 고려해 사정전에서 책봉식을 한 것이다.[5]

순회세자는 1561년 11세에 혼인을 하는데 윤원형이 측근인 황대

임의 딸을 세자빈으로 추천했다. 황씨를 빈嬪으로 책봉했지만, 복병이 발생하는 고질병이 있어 후궁인 종2품 양제로 강등했다.[6]

그해 7월 윤옥尹玉의 딸을 세자빈으로 삼아 다시 가례를 올렸는데[7] 그녀는 덕빈 윤씨다. 그러나 순회세자는 가례를 올리고 2년 후에 후사도 없이 13세의 어린 나이로 세상을 떠났다.[8] 병약한 몸에 1년에 두 번이나 혼인을 한 게 무리였을 것이다.

순회세자의 사당(순회묘順懷廟)은 창의문 남쪽에 있었으며,[9] 순회세자의 소유였던 용동궁은 덕빈 윤씨의 사유 재산을 보관하고 궁에 딸린 토지에서 거두어들이는 조세로 경제 생활을 관리해주는 곳이 되었다. 그 후 용동궁은 여러 세자빈의 궁으로 이어졌다.

덕빈 윤씨는 10세에 궁궐에 들어와 2년 후 순회세자가 죽자 궁궐 밖으로 나가야 했다. 그러나 시어머니 인순왕후의 배려로 궁궐에서 살 수 있었는데, 선조가 세자 책봉을 미루고 있었기에 비어 있는 동궁에서 살았다. 1592년(선조 25) 봄, 창경궁 동궁에서 세상을 떠났으며, '공회빈恭懷嬪'이라는 시호가 내려졌다.

왕실에서는 순회세자 곁에 공회빈 윤씨를 묻어주기 위해 큰 공사를 벌였으나, 그해 4월 임진왜란이 발발했다. 20일 만에 왜군들이 도성까지 쳐들어왔고 이에 선조는 급히 궁궐을 떠났다. 벽제에 이르러서야 공회빈 윤씨의 시신을 그대로 놔두고 온 것이 생각나서 후원에 가매장할 것을 명했다. 이때 빈소를 모시던 관리 몇 사람이 후원에 임시로 매장하려 했으나 관이 무거워서 옮길 수 없었다. 그런데 궁궐에 불이 나는 바람에 관리들도 흩어져버리고 말았다.[10]

한양으로 돌아온 선조가 공회빈 윤씨의 시신을 찾게 하는데 여러 가지 이야기가 난무했다. 어떤 궁녀는 궁궐이 불탈 때 시신도 함께 불탔다고 했으며, 가매장을 함께한 겸사복兼司僕 현응민은 창경궁 명정전明政殿 뒤 남쪽에 구덩이를 파고 묻었다고 했다.[11] 그러나 충주 전투에서 패한 신립 장군의 군관인 이충은 한양에 들어와 창경궁을 지나다가 공회빈 윤씨의 빈궁을 보니 난민들이 난입해서 빈궁의 잡물들을 다투어 가져가고 시체는 함춘원含春園에 임시로 매장했다고 했다.[12] 선조는 함춘원을 파헤치라고 했지만, 끝내 시신을 찾지 못하고 순회세자묘 옆에 시신도 없이 허장虛葬(유의장遺衣葬)을 하고, 1603년에 순회세자와 공회빈 윤씨의 신주를 만들었다.[13]

그러나 병자호란 때 또다시 신주를 잃어버려 1637년에 순회세자의 신주를 다시 만들었다.[14] 지금도 순창원順昌園에는 공회빈 윤씨의 시신이 없는 빈 묘가 있을 뿐이다. 2006년에는 순창원 도굴 미수 사

│ 순창원
│ 서오릉 내 순창원에는 시신 없는 공회빈의 묘가 있다.

건이 있었으니 순회세자와 공회빈 윤씨는 죽어서도 세파를 피해가지
못하는 듯하다.

박동궁이 되다

용동궁은 영조 때 사도세자빈 혜경궁 홍씨의 궁이 되었고, 순조 때
효명세자빈 신정왕후의 속궁이 되었다. 이때 용동궁이 박동磚洞으로
옮겨져 '박동궁磚洞宮'으로도 불렸다. 고종 때에는 명성황후의 친정
에 양자로 들어온 민승호의 동생 민겸호의 소유가 되었다. 민겸호는
1882년 6월 임오군란 때 난군에 의해 살해되었다.[15]

　민겸호가 살해된 후 박동궁에 살려는 사람이 없었다. 그러자 고종
이 이 집을 정치 고문으로 초빙한 독일인 묄렌도르프Möllendorf(목인
덕)에게 하사했다. 묄렌도르프는 박동궁 한옥을 개조해서 살았다.[16]

　1885년 12월 묄렌도르프가 중국으로 간 뒤 독일 상인 에두아르트
마이어Eduard Meyer가 설립한 세창양행에서 이곳을 관리했다. 그
리고 1886년 11월부터 1889년까지 독일공사관이 있었고, 그 후 독일
공사관은 종로구 정동 육영공원이 있던 곳(현재 서울시립미술관)으로
이전했다.[17] 1905년 이후로 용동궁은 주인 없는 궁이었다가 고종의
후궁 귀비 엄씨의 소유가 되었다.

　용동궁은 많은 장토를 소유한 궁이었는데 영조는 수진궁, 명례궁,
용동궁, 어의궁, 창의궁 등 다섯 궁의 면세전을 1,000결結을 한정하
여 표준으로 삼되, 명례궁과 용동궁 두 궁은 대왕대비와 왕대비가 관

할하므로 특별히 500결을 더 주도록 하고, 그 밖의 궁방은 800결로 제한했다.[18]

순조 때 조선 후기의 재정과 군제를 설명한 책인 《만기요람萬機要覽》의 〈재용편〉 '면세식免稅式'의 '궁방전宮房田'에는 "대왕 사친궁 500결(당저시當宁時에는 1,000결), 세자 사친궁 300결(세자시世子時에 500결), 4궁四宮(명례궁, 어의궁, 용동궁, 수진궁) 각 1,000결……."[19]이라 기록되었다. 즉, 임금의 사친궁私親宮은 일반적으로 500결인데 그 임금이 다스리는 시기에는 1,000결이었고, 세자 사친궁은 300결인데 세자로 있을 시에는 500결이며 4궁四宮인 명례궁, 어의궁, 용동궁, 수진궁은 각 1,000결이었으니 4궁은 당시 왕의 사친궁과 더불어 최고의 면세전을 받을 수 있었던 것이다. 이렇게 왕실에서 극진히 모신 용동궁의 재산은 시간이 갈수록 불어났고 이 재산은 용동궁을 소유한 대비나 왕비의 재산이 되었다.

용동궁에 관한 기록으로는 서울대학교 규장각한국학연구원에 소장되어 있는 《용동궁등록龍洞宮謄錄》과 《용동궁공사책龍洞宮公事冊》이 있다.

교육을 통한 부국강병, 숙명여학교

을사늑약이 체결된 뒤 일본과 서양의 문물을 접한 엄황귀비는 교육을 통한 부국강병만이 살길임을 깨닫고 용동궁을 하사하여 명신여학교를 설립했다. 《숙명 70년사》에 의하면 명신여학교는 한성부 중부 수진

명신여학교 학감 주택
1906년 명신여학교 개교 당시의 학감 주택 건물로 용동궁의 일부였다.

방 박동 11통 6호(구 종로구 수송동 80번지)에 있는 용동궁의 일부인 대지 1,600㎡(484평)에 72칸의 한옥에서 양반가 딸들을 학생으로 모집해 1906년에 개교했다. 그리고 용동궁의 나머지 대지와 건물을 1909년과 1911년에 사들이거나 빌려서 학교를 확장했다.

1911년에 양도받은 용동궁의 약 3,967㎡(1,200평)는 1908년부터 부립고아원으로 사용하다가 탁지부와 한성부에 교섭하여 수리한 후 교실로 이용했다.[20]

명신여학교는 진명여학교와 달리 초창기에 '귀족 여학교'의 성격이 강했다. 개교에 앞서 신문에 광고를 내고 11세에서 25세의 선비 집안의 딸을 모집했는데, 5명의 규수가 입학했다.[21] 진명여학교가 70여 명을 모집한 것에 비해 적었던 이유는 귀족 여학교의 특성 때문이다.

학생들은 월요일에 가마를 타고 등교해 기숙사 생활을 하다가 주말에 다시 가마를 타고 귀가했다. 이듬해에는 통학이 허용되어 학생들이 '통장표'를 들고 다녔는데, 등교할 때 학부형이 집에서 딸이 출발한 시간을 적고, 귀가할 때는 선생님이 하교 시간을 기록해 안전하게 집으로 갔는지를 알 수 있도록 한 일종의 '등하교 확인표'였다.[22]

그리고 신정왕후의 조카인 조영하의 부인 이정숙이 최초로 조선인 여자 교장으로 취임했다.[23] 1909년에는 영친왕의 아호가 '명신재明新齋'인 까닭에 함부로 부를 수 없다고 하여 교명을 '숙명고등여학교'

로 바꿨다고[24] 한다.

숙명고등여학교는 1911년 숙명여자고등보통학교로 변경하고, 1946년 숙명여자중학교로 개편되었다. 1951년에는 숙명여자중학교와 숙명여자고등학교로 분리되었다.

서울 중심부 학교의 강남 이전 계획에 따라 숙명여자고등학교는 1980년 강남구 도곡동으로 이전했다. 그리고 숙명여자고등학교가 있던 터는 대한재보험공사와 한국석탄산업합리화사업단의 소유가 되었다. (현재 대한재보험공사의 코리안리재보험빌딩(종로 5길 68)과 대한석탄협회의 석탄회관빌딩(종로 5길 58)이 들어서 있다.)

최승희의 '숙명여자전문학교 설립 모금 운동'

여성에 대한 교육열이 높아지자 여학교를 졸업한 여성들에 대한 고등교육의 필요성이 생겼다. 1920년 조선여자교육회의 차미리사가 승동예배당에서 토론회를 열었는데, 그 주제가 '현대 조선 여자계의 급선무가 조선 내지의 활동함이냐 혹은 해외 유학함이냐'이었다. 이에 대해 가피편의 이은, 유옥경과 부가불피편의 장경옥, 최계희의 발언과 토론이 이루어졌다.

이은, 유옥경은 "현재의 우리 조선 여자는 외국에 유학하여 이럭저럭 시간을 허비하는 것보다 자기의 아는 대로, 힘 미치는 대로 막 시들어가려고 하는 눈앞의 여자계를 위하여 뜨겁게 활동하는 것이 무엇보다도 급선무"라 하였고, 장경옥와 최계희는 "문명적 지식이 결

숙명여학교 조감도(1963년)
숙명고등여학교가 있는 용동궁터와 아래 'ㄱ'자로
된 건물이 있는 곳이 수진궁터다.

숙명고등여학교
1920년대 벽돌로 지어진 숙명고등여학교 본관이다.
학생들이 운동장을 거닐고 있다.

핍한 우리가 조선 안에서 우물 속 개구리 모양으로 의미 없이 어물거
리고 있느니 차라리 하루빨리 외국으로 발을 내밀어 배워야 될 것은
완전히 배운 후에 다시 내지로 돌아와 일하는 것이 옳다."[25]고 하였
다. 당시 여성계의 시대적 고민을 엿볼 수 있는 대목이다.

이때 여자전문학교로는 1886년 메리 스크랜턴Mary Scranton 선교
사가 이화학당을 설립하여 1910년 대학과를 신설하고, 1925년 이화
여자전문학교로 개칭한 것이 유일했다. 이 시기에 고등여학교를 나
온 여학생들은 진로를 정하는 것이 매우 어려웠다. 여자가 무슨 공부
냐고 하는 완고한 집안의 반대와 경비 문제로 일본 등으로 유학을 가
는 것도 쉽지 않았다. 따라서 민족적인 여자전문학교의 설립은 사회
전체의 염원이었다.[26]

이러한 염원이 '숙명여자전문학교 설립 모금 운동'으로 이어졌다.

모금 운동에 제일 먼저 나선 사람은 당시 세계적으로 활동하던 무용가 최승희였다. 그녀는 숙명고등여학교의 졸업생이었다. 최승희는 1937년 3월 29일 부민관에서 '최승희 무용의 밤'을 개최하고 수익금 전액을 기부했다.[27]

또한 영친왕이 숙명여자전문학교에 기금을 하사했다는 내용의 신문 보도가 이어지면서 사회 각계각층의 인사들이 호응했다. 이왕직으로부터 경성부 종암동 산림 약 49만 5,868㎡(15만 평)와 청파동의 약 21,990㎡(6,652평)를 무상으로 대부하여[28] 시민들이 참여한 가운데 1939년 4월 20일 '숙명여자전문학교'(청파동)가 개교했다.[29] 그리고 8·15광복 후 '숙명여자대학교'로 승격했다. 2011년 개관한 숙명여자대학교기념관에는 용동궁의 모형과 숙명여학교의 옛 모습을 전시하고 있다.

묄렌도르프가 본 용동궁

묄렌도르프 부인은 1930년에 일기 형식으로 기록한 《묄렌도르프자전 외》를 출간했다. 이 책에는 용동궁의 흔적을 엿볼 수 있는 대목이 있다. 다음은 묄렌도르프가 용동궁을 하사받았을 때의 글이다.

"왕은 나에게 토지가 딸린 큰 집을 하사했는데, 그것을 수리하려고 하오." "이 집은 살해당한 한 왕족의 궁궐이었는데 조선 사람들은 피살자의 망령을 두려워하기 때문에 그 집은 비어 있었다. 왕은 그 때문에 남편에게 주기를 주저했으나 남편은 웃으며 그 점에 대해 안심시켰다."[30]

묄렌도르프가 청나라 톈진天津에 있던 아내에게 쓴 편지에는 용동궁에 대해 다음과 같이 적었다.

"완전히 조선식 건물이지만 아주 큰 집이고 매우 쾌적하다. 모든 것이 새로 단장되었는데, 바닥은 융단 대신에 녹색의 직물이 깔려 있고 기둥들은 붉은 종이에 금박으로 써넣은 금언들로 장식되었다. 벽에는 커다란 조선 그림이 걸려 있고, 종이 창문 앞에는 담자색 커튼이 쳐 있다. 실내 장식이 우리의 고정관념으로는 퍽 놀랍고 설명하기 어려우나, 유럽식 세간과 더불어 매우 안락함을 주었다. 유감스러운 것은 키가 큰 사람들은 몸을 굽히고 다녀야 할 만큼 천장이 낮고, 어디고 문턱이 높아 올라가거나 뛰어넘어야만 한다. 그러나 놀라울 만큼 빨리 이러한 모든 것에 익숙해졌다. 왜냐하면 모든 것이 말끔하고 깨끗하게 만들어졌기 때문이다."[31]

이 집이 그들의 눈에는 궁궐처럼 느껴졌던 것이다. 묄렌도르프 부인은 용동궁은 본래 2채의 집으로, 본채 앞에는 넓은 빈터가 있었다고 했다. 훗날 여기에다 테니스 코트와 넓은 정원을 만들었다. 그리고 살림집 가까이에 창고와 주방, 하인들이 거처하는 행랑채가 있었고, 본채 외에도 안채·부엌·행랑채가 들어서 있는 두 채의 집이 더 있었다. 이 건물들 중 한 곳을 사무실로 만들고 한 곳은 서재로 사용했으며 나머지 건물은 손님을 위한 방으로 꾸몄다고 했다.[32]

용동궁
《묄렌도르프자전 외》에 나오는 묄렌도르프 저택의 본채이다.

　본채 앞에는 테니스 코트와 넓은 정원까지 갖출 수 있었다고 하고, 또한 우유를 조달하기 위해 뒤뜰에는 젖소까지 길렀다고 하니 용동궁의 규모가 어떠했는지, 한양 한복판 언덕에서 젖소를 기르는 장면을 한번 상상해보라. 《묄렌도르프자전 외》에는 묄렌도르프 자택에서 찍은 사진이 나오는데, 이것이 용동궁의 일부일 것으로 추측된다.

창성궁

화유옹주의 궁

창성궁昌城宮은 한성부 북부 순화방에 있던 궁으로 영조의 딸 화유옹
주와 부마 황인점이 살았다. 이곳은 갑오개혁으로 행정 구역이 개편
되어 여러 동으로 나뉘면서 '창성동'이라 부르게 되었다. 그 후 후손이 살면서
내려오다가 고종 때 엄황귀비의 소유가 되었다. 엄황귀비는 일제가 조선 왕실
재산을 정리하려고 하자 여성 교육의 장으로 이곳에 진명여학교를 세웠다.

영조와 일곱 옹주

영조는 숙종의 서자로 왕위 계승자가 아니었으나 경종이 후사가 없어 왕세제王世弟가 되면서 왕위에 올라 51년 7개월 동안 재위했으니, 조선의 왕 중 가장 오랜 기간 집권했다. 그러나 정성왕후와 정순왕후 2명의 왕비에게서는 자식을 얻지 못하고, 후궁에게서 2남 12녀를 얻었다. 영조는 자식 복이 없었는지 아들 효장세자는 10세에, 사도세자는 28세에 세상을 떠났다. 옹주 5명은 요절하여 그들에 관한 기록은 없고 이름조차 남아 있지 않은 반면, 나머지 7명의 옹주에 대해서는 비교적 자세히 기록되어 있다. 혼인한 딸들도 대부분 자식이 없어 양자를 들여 후사를 이어갔다. 그렇기에 딸들에 대한 영조의 부정父情은 지나치리 만큼 살뜰했다.

화순옹주는 정빈 이씨의 딸이며 효장세자의 누이동생으로 1732년 월성위 김한신에게 하가下嫁(공주나 옹주가 귀족이나 신하에게 시집감)하는데, 이때 영조는 한성부 서부 적선방에 살 집을 마련해주었다. 그러나 집이 크다 하여 이 집을 뜯어 신암新岩(현재 충남 예산군 신암면 용궁리)에 옮겨 지었다.[1] 이 일대의 토지는 영조에게 사전賜田으로 하사받은 곳이다.[2]

1758년 김한신이 죽자 화순옹주는 곡기를 끊었다. 영조는 월성위궁으로 달려가 옹주를 위로하며 음식 먹을 것을 부탁하지만,[3] 화순옹주는 14일 만에 남편을 따라갔다.[4] 동갑내기인 김한신과 화순옹주는 39세 되던 해에 세상을 떠난 것이다.

사삿집에서 부인이 남편을 따라 죽으면 열녀라 하여 열녀문을 세워주는데, 영조는 아비의 명을 거역하고 죽은 딸을 열녀로 할 수 없다고 고집했다. 그러나 장사를 지낸 후 화순옹주의 신주가 집으로 돌아오는 날 영조는 월성위궁에서 신주를 맞이했다.[5] 정조는 고모 화순옹주에게 열녀 정문旌門을 내리게 하는데,[6] 화순옹주와 김한신묘 아래 묘막의 문인 '화순옹주 홍문'(충남 예산 추사 고택 부근, 충남유형문화재 제45호)으로 남아 있다. 이로써 화순옹주는 조선 왕실에서 유일하게 남편을 따라 죽은 열녀가 되었다.

화순옹주가 후사를 두지 못하고 죽자 조카 김이주를 양자로 들였다. 김이주는 아들 넷을 두었는데 장자 김노영에게 자식이 없어, 동생 김노경의 큰아들 김정희를 양자로 삼았다. 화순옹주의 증손자가 되는 추사 김정희는 8세에 백부의 양자가 되었고, 12세에 양부와 조부가 세상을 떠나면서 월성위가家의 가장이 되었다. 이때 김정희는 월성위궁에서 살았을 것이다.[7] 월성위궁은 1914년 작성된 〈경성부시

가강계도〉의 창의궁 남쪽에 '월궁동'으로 나오는데[8] 현재 자하문로 2길과 사직로 8길 사이에 위치한 것으로 보인다.

화평옹주는 영빈 이씨의 딸이며 사도세자의 친누나로 금성위 박명원과 혼인하여[9] 한성부 북부 순화방에 살았다. 영조가 이현궁을 수리해 화평옹주에게 주려 하였으나 공사가 커지는 바람에 신하들의 반발이 심했다.[10] 혼인 후 이 집을 박명원에게 주려 했지만 극구 사양하여 순화방 집에 살게 된 것이다.[11]

화평옹주는 혼인한 지 10년 만인 1748년, 22세에 아기를 낳다가 숨을 거두었다. 이날 영조는 화평옹주가 위독하다는 소식을 듣고 거둥하려고 채비하는 중에 사망 소식을 들었다. 영조는 빈소에서 떠나지 못하고 밤을 새웠고, 염습殮襲할 때도 친히 참석했다.[12] 영조가 일등一等의 장례를 치르라고 명하자 박명원은 사양했다.[13] 부마의 위치에서 몸을 낮추고, 장인이 내리는 혜택을 사양했던 것이었으나 영조는 듣지 않았다. 화평옹주가 죽자 박명원의 맏형인 박흥원의 셋째 아들 박상철로 후사를 이었다.[14]

화협옹주도 사도세자의 친누나로 1743년 영성위 신광수와 혼인했다. 1752년 11월 25일 영조는 화협옹주가 병이 깊다는 소식에 화협옹주의 집에 거둥하여 밤을 새고 동틀 무렵에야 궁궐로 돌아갔다.[15] 이틀 후 화협옹주가 22세의 나이로 죽었다는 소식을 들은 영조가 새벽같이 궁궐을 나서려고 하자 신하들이 몇 해 전 화평옹주의 상을 당했을 때도 몸이 많이 상했다며 행차를 만류했다. 그러나 영조는 "내 몸이 손상을 받은 것은 조정 신하들의 당론黨論으로 말미암은 것인데, 어찌 딸이 죽어 곡哭한 것에 연관시키는가?" 하며 신하들을 꾸짖고 행차하여 밤늦게까지 빈소를 지켰다.[16] 영조는 1754년 화협옹주의 상일祥日에도 방문했다.[17]

화완옹주는 사도세자의 친누이동생으로 10세에 천연두에 걸려 목숨을 잃을 뻔했으나 살아났다. 13세인 1749년 일성위 정치달과 혼인했다. 1756년 화완옹주가 해산하자 영조는 즉시 화완옹주의 집으로 달려가 경사를 축하해주었다. 그러나 다음 해 1월에 화완옹주가 낳은 딸이 죽고,[18] 2월에는 부마 정치달마저 죽었다.[19] 이 소식을 듣고 잠시 뒤 정비 정성왕후도 눈을 감았다. 영조가 남편의 죽음을 당한 화완옹주의 집으로 달려가려고 하자 신하들이 말렸다.[20] 부인의 상을 당한 영조가 부마의 상에 먼저 가려 했기 때문이다. 그러나 영조는 신하들을 물리치고 화완옹주의 집으로 갔다가 밤늦게 궁궐로 돌아왔다. 영조는 부인의 상보다 딸의 안위를 더 걱정한 것이다.

이후 화완옹주는 친오라비인 사도세자와 조카 정조를 위협하고, 양아들 정후겸을 보위에 올리려는 역모를 꾸몄다. 그러나 정조는 등극 후 정후겸만을 사사했다.[21] 화완옹주는 서인으로 강등당하여 '정치달의 처' 또는 '정처'로 불렸고, 봉작한 교지敎旨는 영조의 어필이므로 불태워버리지 말도록 했다.[22] 화완옹주는 처음에는 강화도 교동으로, 나중에는 파주로 유배되었다가 1799년 풀려났다. 그러나 순조 때 다시 탄핵당했고, 1808년 물고物故되었다.[23]

화령옹주는 숙의 문씨의 소생으로 1764년 청성위 심능건과 혼례를 올렸다.[24] 영조 때 심능건은 화유옹주의 남편 황인점과 함께 파직

당했는데 그 이유가 영조에게서 하사받은 궁에서 살지 않았기 때문이다.[25] 정조 즉위 후 화령옹주는 사도세자의 죽음에 연루된 생모의 죄에 연좌되었으나 정조는 어릴 때의 일이라며 화령옹주를 살려주었다.[26] 그 덕분에 화령옹주는 68세까지 살다가 후사 없이 죽었다.[27] 1781년(정조 5) 윤 5월 25일, 심능건은 삭탈관직이 되는데, 그가 집을 팔기 위해 철거한 것 때문으로 왕실에서 내려준 궁을 훼손한 것에 대해 책임을 물은 것이다.[28]

화길옹주는 숙의 문씨의 소생으로 영조가 환갑에 낳은 막내딸이다. 7세에 봉작을 받고, 13세에 능성위 구민화와 혼인했다. 영조는 막내딸이 혼사를 치르는 것을 살아서 보는 호사를 누렸다. 화길옹주의 집을 지을 때 나라에서 목재와 목수를 보내주었기 때문에 남양주시 평내동에 있는 화길옹주의 집을 '궁집'이라 불렀다고 하며, 화길옹주는 이곳에서 살다가 죽었다고 한다.[29]

영조는 딸들을 끔찍이 사랑하여 모두 가까이 두었다. 그런데 막내딸은 왜 이렇게 멀리 시집보냈을까? 조선 시대 지배계급층은 한양 내의 경저京邸와 시골집인 향제鄕第, 잠깐씩 머무는 별서別墅를 두었다.[30] 따라서 '궁집'은 살림집이 아니라 사패지로, 별서를 지을 때 영조가 목재와 목수를 보내주었던 것으로 짐작된다.

자료가 많지는 않지만 《북촌 탐닉》에서는 가회동 177, 178번지가 능성위궁이었다고 한다. 가회동 177번지는 옛 화신백화점의 주인 박흥식이 살다가 정주영이 잠깐 살았던 집이고, 178번지는 이규용, 한상룡, 산업은행 관리 가옥이었다가[31] 현재 그 명칭이 '가회동 한씨

남양주시 궁집
영조가 환갑에 얻은 화길옹주에게 내려준 궁으로, 나라에서 목재와 목수를 보내 지은 집이다.

화길옹주 부부의 합장묘
남양주시 궁집 앞산에 있던 화길옹주 부부의 합장묘로 현재는 경기도 용인시에 있다.

가옥'(서울특별시 민속문화재 제14호)이 되었다. 그렇다면 화길옹주와 구민화는 가회동에서 살았고 평내동 궁집은 사패지의 별서로 화평옹주 사후 이곳에 묻힌 것이 아닐까?

화길옹주는 혼인한 지 6년 만인 21세에 후사 없이 죽고 말았다.[32] 영조는 막내딸의 장례까지도 치러야 하는 슬픔을 겪었다. 남편 구민화는 구명희를 양자로 삼아 화길옹주의 제사를 모시게 했고 구뢰서로 이어졌다. 화길옹주 관련 유물로는 《화길옹주가례등록》(한국학중앙연구원 장서각 소장)이 남아 있고 남양주 궁집은 중요민속문화재 제130호로 지정되었다.

궁집은 1971년 서양화가 권옥연에게 팔렸다. 권옥연은 야외미술박물관을 세우고자 이 집을 샀으나, 어머니의 죽음으로 이루지 못했다. 그리고 1984년에 문화재로 지정되었다. 이후 여러 채의 한옥을 옮겨 지어 부인 이병복과 '무의자박물관'을 세웠다.[33] 권옥연은 2011년 6월 '무의자 문화재단'을 설립하고 12월 세상을 떠났다.

현재 문화재로 지정된 궁집의 크기는 약 2,774㎡(839평)이지만 주변의 임야들이 궁집의 소유였다. 궁집 앞산에는 화길옹주 부부의 합장묘가 있었는데 경기도 용인시로 이장되었다.

화유옹주와 창성위 황인점

화유옹주는 귀인 조씨의 딸로 창성위 황인점과 혼인하여 창성궁에 살며 1남(의성현령 황기옥) 1녀를 두었다. 영조가 경복궁 서쪽 한성부 북부 순화방의 궁을 하사했는데, '창성위궁昌城尉宮'이라 불렀다.

조선의 부마는 정치에 관여할 수 없었고 왕실 행사에 참여하거나 사은사나 동지사로 보내지곤 했다. 부인이 죽으면 재혼할 수도 없다. 부마 황인점은 영조 때까지 할 일 없이 지내다가 1776년 영조가 승하하자 왕의 죽음을 애도하는 〈애책문哀册文〉을 지었다. 같은 해에 정조가 황인점을 진하 겸 사은사進賀兼謝恩使로 삼았는데 병이 들어 가지 못했다.[34] 그리고 다음 해에 화유옹주가 죽는다.[35]

이후 정조는 창성위를 매년 동지 겸 사은정사冬至兼謝恩正使로 중국에 보낸다. 당시 조선은 책력을 구하기 위해 매년 말이면 선물을 듬뿍 싣고 동지사를 보내 책력을 얻어 와야 했다.

황인점은 여러 차례 중국을 드나들었는데, 그 때문에 1801년(순조 1) 신유박해 때 고초를 겪기도 했다. 1783년(정조 7) 황인점이 동지 겸 사은정사로 연경(북경의 옛 이름)에 갔을 때 함께 갔던 이승훈이 천주교 관련 서적을 가져왔는데, 이를 몰랐다 하여 정사正使로서 책임을 물은 것이다.

비변사에서 아뢰기를 "승훈이 그 아비를 따라 연경에 들어가서 사서邪書를 구입해 왔을 때에 정사와 부사가 모두 금단하지 아니하여 행낭에 넣어 가지고 올 수 있었습니다."라고 하자 대왕대비(정순왕후)가 "창성위 황인점을 삭직하도록 하라."[36]고 했다.

이승훈은 1783년 황인점이 동지 겸 사은정사로 떠날 때 아버지 이동욱이 서장관書狀官으로 황인점을 모시고 가게 되자 자제군관子弟軍官(삼사三使(정사, 부사, 서장관)가 개인 수행원으로 아들이나 형제를 데려갈 수

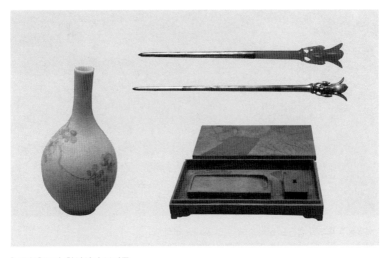

화유옹주와 창성위의 부장품
화유옹주와 창성위의 합장묘에서 발견된 비녀, 황채장미무늬병, 벼루와 연적. 18세기 조선 궁중과 양반가의 생활 모습을 살펴볼 수 있으며, 청나라에서 가져온 유물도 있다. (국립고궁박물관 소장)

있었다.)으로 따라간다. 연경에서 세례를 받고 한국 최초의 영세자가 되어 돌아오면서 천주교 교리 서적 등을 가져왔다.

1802년 황인점이 죽자 까치울(현재 경기도 부천시 오정구 작동 126번지 근처)에 장사를 지내면서 화유옹주와 합장했다.[37] 이곳은 옹주묘들이 모여 있어 '능골'이라고 불렸다. 그러나 묘들이 훼손되어 누구의 묘인지 정확히 알 수 없었는데, 1991년 도로확장공사로 인해 경기도 부천시 오정구 작동 28번지 6호(부천시장애인복지시설 부근) 산으로 이장되면서 나온 부장품으로 황인점과 화유옹주의 합장묘임이 확인되었다. 옥제玉製·금동제 비녀, 도자기류 등이 출토되었는데, 도자기 중 일부는 황인점이 청나라에 다녀오면서 가져온 것으로 추정된다.

화유옹주 부부의 합장묘 비석(좌)과 귀인 조씨묘 비석(우)
창성위 황인점과 화유옹주의 묘는 이장하여 귀인 조씨묘와 함께 있다.

황인점의 8대 종손인 황선욱이 기증해서 국립고궁박물관과 부천향
토역사관에 전시되어 있다. 이후 화유옹주와 황인점의 묘는 전주 이
씨 효령대군파 선산이 있는 부천시 오정구 여월동 산 32번지로 다시
이장되어[38] 화유옹주의 생모인 귀인 조씨와 나란히 자리하고 있다.

엄황귀비, 진명여학교를 설립하다

창성궁은 황인점의 후손이 살다가 왕실 소유가 되었다. 주인 없는 궁
은 왕비의 소유가 되었기에 고종 때 창성궁은 엄황귀비의 소유가 되
었다. 1905년 을사늑약 이후 일본인들은 황실 소유의 재산을 국유화
하려고 했다.

이때 엄황귀비의 부친 엄진삼이 입양하여 엄황귀비와 남매 간이

된 엄준원이 한성부 서부 황화방 정동 11통 1호에 있는 달성위궁(선조와 인빈 김씨의 소생 정신옹주의 남편 서경주의 집)에서 사숙私塾을 설치하고 있었다.[39] 명성황후의 통역관을 지낸 바 있는 신여성 여메례余袂禮[40]를 초빙하여 신지식을 전수하는 일을 했던 것이다.

엄황귀비는 엄준원에게 진명여학교를 설립하게 하고 자신의 소유인 창성궁 4,300㎡(1,300평)를 하사했다. 그러나 창성궁만으로는 규모가 작아 주변의 주택(창성동 54통의 4호·5호·7호·8호의 길씨吉氏 소유 민가)을 구입·수리하여 교사로 사용하기로 하고, 1906년 4월 21일 여메례를 학감으로 하여 '진명여학교'를 개교했다.[41] 또한 모든 비용을 경선궁慶善宮 소속 재산인 강화군의 토지·전답·임야 등을 제공하게 했다. 1907년 일제는 황실 재산을 국유화했으니 이때 엄황귀비의 이러한 조치가 없었다면 창성궁은 다른 곳과 마찬가지로 일제의 소유가 되었을 것이다.

개교 당시 진명여학교의 주소는 '한성부 북부 순화방 제54통 4호'였고, 1914년 4월 1일부로 '경성부 동명 및 구역 번지의 변경' 시책으로 '경기도 경성부 창성동 67번지'로, 8·15광복 후인 1946년 10월 1일부터는 '서울특별시 종로구 창성동 67번지'로,[42] 2011년부터는 '종로구 창성동 효자로 57'로 바뀌었다.

진명여학교가 창립되기 전 여학교로는 이화학당, 정신여학교, 배화학당, 루씨여학교, 호수돈여학교, 진성여학교 등이 있었다. 이들은 모두 외국 선교사들이 세운 학교였으나, 진명여학교는 우리나라 사람이 민간 자본으로 세운 첫 번째 사립여학교였다.[43] 그 때문에 사람

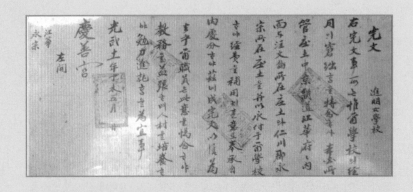

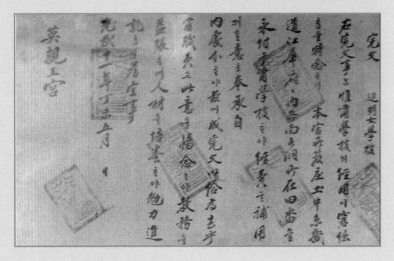

경선궁 하사문과 영친왕궁 하사문
엄황귀비는 일제가 황실 재산을 국유화하려는 것을 눈치채고 창성궁, 경선궁과 영친왕궁 소속 재산을 엄준원에게 하사하여 진명여학교를 설립하게 했다.

들의 반응이 좋은 편이어서 70여 명의 여아들을 모집하여 학교를 열 수 있었다.[44]

진명여학교는 1989년 8월 양천구 목동으로 이전했다. 옛 진명여학

진명여학교 구 교사
1908년 진명여학교 건물인 삼일당과 경복궁 담장이 보인다.

교터는 현재 청와대 경호실 부속 건물로 사용하고 있으며, '창성궁의 옛터' 또는 '옛 진명여고터'라는 표지석조차 없어 찾기 어렵다. 오직 '창성동'이라는 동명과 '진명길'이라는 길 이름만이 그 흔적으로 남아 있었는데, 그마저도 도로명 변경으로 진명길은 '자하문로 16길'이 되었다. 진명여고가 이전하면서 회나무 아래 표지석을 만들어 놓았다고 하는데 그마저도 없어졌다.

영조가 사랑하는 딸 화유옹주에게 내려준 궁으로 진명여학교가 되었던 이 터에 지금은 청와대를 경호하는 경호대의 군화 소리만 들려올 뿐이다.

죽동궁

명온공주의 궁

죽동궁竹洞宮은 한성부 중부 관인방에 있던 궁으로 세조의 부마 정현
조가 살다가 순조의 장녀 명온공주가 부마 김현근에게 출가하면서
살았다. 김현근이 정신질환이 있어 병을 치료하느라 집에서 매일 죽도竹刀를 들
고 춤을 추어 칼 부딪히는 소리가 난다 하여 명온공주의 집을 '죽도궁'이라 했
는데, 나중에 '죽동궁'이라고 불렀다. 고종 때 명성황후의 친정 오빠인 민승호
가 살다가 이곳에서 폭발물 사고로 일가족이 몰살당했다.

궁궐에서 쫓겨난 단경왕후

죽동궁은 중종 때에 단경왕후가 잠시 거처했다고 한다. 단경왕후는 신수근의 딸로 1499년(연산 5) 진성대군과 혼인하여 부부인俯夫人에 봉해졌다. 1506년 9월 2일 왕위에 오른 진성대군(중종)은 다음 날 왕비 책봉을 서두르라 한다.[1]

연산군의 정비인 폐비 신씨와 남매 간인 신씨(단경왕후)의 아버지 신수근은 중종의 장인이면서 연산군의 매부이다. 연산군 측근이었던 신수근은 중종반정 때 살해되었다. 반정 공신들은 신수근의 딸을 폐위해야 한다고 했지만, 중종은 조강지처를 버릴 수 없다 하여 허락하지 않았다. 그러나 계속되는 상소에 중종도 하는 수 없이 따랐다.[2] 중종이 왕위에 오른 지 1주일 만이었다.[3] 이날 밤 폐비 신씨(단경왕후)는 궁궐에서 쫓겨나 경복궁 동문인 건춘문을 나와 정현조의 집에 머물렀다.[4]

정현조의 부친 정인지는 태종 때 급제하여 다섯 조정에서 벼슬을 지냈고, 성종 때는 만석꾼에 이르렀다.[5] 이세광은 정인지에 대해 "정인지는 어제도 저자 사람을 그 집에 맞아들여 면포를 샀습니다. 그 봉록俸祿이 지극히 두터우므로 비록 재산을 불리지 않아도 족히 생활해 나갈 것이니, 저자 사람과 서로 이익을 취하여서는 안 될 것입니다."라고 했다. 임금이 말하기를 "어떻게 해서 저자 사람과 매매한 것을 아는가?"라고 하니, 이세광이 대답하기를 "정인지의 집이 큰길 곁에 있어서 신의 동료가 본부本府에 출사出仕할 때에 눈으로 본 바입니다."[6] 하며 정인지의 재산 증식 과정을 문제 삼기도 했다.

이세광의 말을 정리해보면 정인지의 집은 큰길 곁에 있었던 것 같다. 죽동궁은 종로의 뒷길로, 조선 시대 대로인 종로는 시전市廛이 즐비했던 곳이다.

아들 정현조는 세조의 딸 의숙공주에게 장가들었다. 그리고 장자로 아버지의 재산을 이어받았으며, 부마로 세조의 잠저(영희전)를 물려받아 여러 곳에 집이 있었을 것이다. 따라서 정인지의 집도 장자 정현조가 물려받지 않았을까 유추해본다. 왜냐하면 죽동궁이 동녕위 궁이 되기 이전의 기록이 전혀 없기 때문이다. 《연려실기술》 '중종조 고사본말', '왕비 신씨의 폐위와 복위의 본말'에는 "하성위 정현조의 집에서 거처를 죽동궁(지금의 영희전)으로 옮겼다."[7]라고 하였는데 죽동궁과 영희전은 별개이므로 처음에 영희전에 그리고 죽동궁에 거처했던 것으로 보인다.

폐비 신씨(단경왕후)가 정현조의 집에 거처하게 된 데는 그럴 만한 이유가 있었다. 중종이 진성대군 시절 의숙공주가 후손 없이 죽자 의숙공주의 제사를 모셨기 때문이다.[8] 따라서 의숙공주와 정현조는 단경왕후에게는 시부모였던 것이다. 이러한 인연으로 단경왕후는 정현조의 집에 거처하게 되었다. 즉, 폐비 신씨는 정현조의 집인 영희전과 죽동궁, 잠저였던 어의동궁, 친정 등을 전전했던 것이다.

중종이 죽기 얼마 전쯤에는 폐비 신씨를 궁에 들였다는 소문이 돌았다. 하지만 실록에서는 이는 헛소문이오, 병을 앓고 있는 중종을 위해 여승을 불러 기도를 드리려고 한 것뿐이었다[9]고 적고 있다. 소문이 사실이라면 중종은 마지막 가는 길에 버려두었던 조강지처에게 뭐라고 했을까? 폐비 신씨는 38년 만에 저승길을 앞둔 지아비를 만나 평생의 한을 풀었을까?

인종 때에는 폐비 신씨가 사는 곳을 폐비궁이라 부르고 모든 일을 자수궁의 예와 같이 하라고 했다. 폐비 신씨는 명종 때 죽었는데 친정 가문이 멸족당하여 친정 조카 신사원이 제사를 모셨다. 신사원이 아들 없이 죽었으므로 그 딸에게 제사를 지내게 했는데, 그 딸의 아들에게 또 아들이 없자 그의 딸이 제사를 모셨다. 그 딸은 아들을 두었으니 이진황이다. 1672년(현종 13) 이조참의 이단하는 이진황이 가난하고 궁색하여 폐비 신씨의 제사가 끊기게 되었으니 신주를 묻든지 나라에서 해결해달라고 상소를 올렸다. 이에 현종은 신주는 본가에서 모시며 제수는 관에서 지급하여 제사가 끊이지 않도록 했다.[10]

중종은 단경왕후가 폐비된 후 왕비 2명과 후궁 9명을 들여 9남 11녀를 낳았다. 폐비 신씨는 7년간 부부인으로 행복한 시절을 보내고, 1주

일 동안 불안한 궁궐 생활을 하였으며, 50년을 폐비로 지냈고, 71세로
파란만장한 일생을 마쳤다.

폐비 신씨의 졸기에 중종이 즉위하자 비妃도 정위正位에서 하례를
받았다 하고, 영조 때까지 신씨, 신비, 폐비 신씨 등으로 나오는 것으
로 보아 정식으로 책봉받지는 못했지만 폐비로 인정하고 있었던 듯
하다. 폐비 신씨의 복위운동은 몇 차례 있었으나, 1739년(영조 15)에
가서야 유생들의 상소로 복위되어 단경왕후에 봉해졌다. 이때 친정
선산인 양주 장흥에 모셔진 묘소도 온릉으로 승격했으며, 신위도 종
묘 정전에 봉안했다.

죽도를 들고 춤을 추다

순조 때에는 죽동궁에 명온공주와 동녕위 김현근이 살았다. 순조는
순원왕후와의 사이에서 효명세자와 명온, 복온, 덕온공주를 두었다.
순조 말년에 대리청정하던 효명세자는 22세의 나이로 갑자기 사망
했고, 세 딸들은 혼인은 했으나 후사 없이 20세 전후에 모두 죽었다.

순원왕후는 안동 김씨 김조순의 딸로 남편과 아들딸을 모두 앞세
우고 69세까지 살면서 헌종과 철종 때 8년간 수렴청정을 하여 안동
김씨의 세력을 확고히 했다. 순원왕후는 손자 헌종이 즉위하자 왕대
비가 되었고, 철종이 즉위하자 대왕대비가 되었다. 헌종이 후사 없이
죽자 철종을 양자로 삼았고, 고종이 황제국을 이루자 순원숙황후로
추존되었다.

1823년 명온공주는 김현근과 혼인한 후 1824년 죽동궁으로 거처를 옮겼다. 순조와 효명세자는 명온공주의 집을 방문하기도 했다.[11] 그러나 부마 김현근이 심한 정신질환이 있어 발작을 일으키면 온 동네가 소란스러웠다. 김현근의 정신질환을 치료하기 위해 경악법을 사용하였는데 이는 환자를 놀라게 하여 환자의 몸속에 있는 악귀를 쫓아내는 방법이었다. 이후 밤마다 죽도竹刀 부딪치는 소리가 들려 이 집을 '죽도궁'이라 했다가 '죽동궁'이라고 불렀다.[12]

이렇게 명온공주의 혼인 생활은 순탄하지 못했고, 결혼한 지 9년 만인 1832년 6월 13일, 23세의 나이에 병으로 죽고 말았다. 명온공주가 죽기 전 5월 12일에는 혼인한 지 2년 된 동생 복온공주가 먼저 죽자, 한 달 사이에 두 딸을 잃은 순조와 순원왕후의 슬픔은 이루 헤아릴 수 없었다. 순조는 "병이 비록 짙고 오래 끌기는 하였으나 그래도 만에 하나 다행하기를 바랐는데, 지금 길이 갔다는 기별을 듣게 되니, 서럽고 서럽도다. 상위喪威가 이토록 겹쳐 참으로 인정으로는 감내하지 못하겠으니, 서럽고 서럽도다."[13] 하며 애통해했다.

명온공주가 죽자 동부 숭신방 종암리에 묻었다. 김현근은 36년여를 더 살다가 1868년에 죽었다.[14] 자식이 없어 양자 김병삼이 제사를 모셨고, 그에게 후사가 없어 김덕균이 대를 이었다. 김덕균은 고종 때 과거에 합격하고, 아들 김형진과 김웅진을 두었다. 순종은 김병삼의 부인 조씨의 초상과 제사에 돈을 하사하고, 김웅진의 딸 혼사에도 돈을 하사했다.[15]

죽어서도 함께였던 네 남매

명온공주묘는 종암의 유좌酉坐 언덕(현재 고려대학교 뒷산)에 있었다. 그리고 오빠 효명세자의 묘인 연경묘(수릉)와 동생 복온옹주의 묘가 근처에 있었다.[16] 연경묘는 성북구 석관동 경종의 의릉(구 성북구 석관동 산 1-5) 왼쪽 언덕에 위치해 있었다. 복온공주와 남편 창녕위 묘는 옛 드림랜드(현재 북서울 꿈의 숲, 구 번동 산 28번지) 내에 있었으며 이 묘를 지키던 재실인 '창녕위궁 재사'가 지금도 남아 '등록문화재 제40호'로 지정되어 있다. 창녕위의 손자 김석진은 1910년 8월 29일 을사늑약이 강행되고 일제가 작위를 수여하려 하였으나 거절하고 9월 8일 이곳에서 자결했다.

덕온공주의 묘도 장위동에 있었는데 현재의 '장위동 김진흥가'(구 성북구 장위동 76-59, 시도민속문화재 제25호) 부근이었을 것이나 확인할 수 없었다. 이곳은 부마 남녕위 윤의선과 양자 윤용구가 살던 저택으로, '궁안길'이라는 길 이름이 남아 있었다. 윤용구는 1895년 을미사변 이후 관직을 거부하고 이곳에서 살았는데 박안수, 김진흥의 소유가 되었다가 1998년 '재단법인 선학원'에 기부하여 현재 '진흥선원'이 되었다.

이렇게 네 남매는 죽은 후에도 현재의 성북구 종암동과 석관동, 장위동, 강북구 번동에 모여 있었지만 지금은 모두 뿔뿔이 흩어졌다. 효경세자묘는 〈문조익황제 수릉 천릉지〉에 의하면 양주 천장산의 유좌 언덕, 즉 의릉(경종의 릉)의 왼쪽 기슭에 모시었고 헌종이 즉위하자 효명세자 묘호를 '익종'으로 올리고 연경묘를 '수릉綏陵'으로 바꿨

창녕위궁 재사
순조의 딸 복온공주와 부마 창녕위 김병주를 위한 재사이다. 현재 안채, 사랑채, 대문채로 구성되어 있는데, 제청이 사랑채가 아닌 안채에 위치한 것이 특이하다.

다. 그러다가 풍수지리가들이 천장산 아래의 수릉이 미협未愜하다고 하여 1846년 양주 용마봉 아래 계좌언덕으로 천장한다.[17] 그리고 1855년 다시 동구릉으로 두 번째 천장을 하게 된다.[18]

명온공주묘는 일제강점기에 망우리 공동묘지 영역으로 이장하면서 재실 등이 연수각이라는 요릿집이 되었다.[19] 복온공주묘는 이곳에 1987년 드림랜드가 들어온 이후 1993년 이장되었고 현재 쉼터로 이용하고 있다. 덕온공주묘도 이장되어 그 흔적을 찾을 수 없다.

현재 망우리 공동묘지 내에 있는 김현근과 명온공주의 합장묘는 위치를 알려주는 안내도조차 없다. 소파 방정환의 묘 뒤에 단아한 묘비와 화려한 장명등長明燈이 보이는데, 그곳이 김현근과 명온공주의 합장묘다. 그러나 묘소는 풀이 우거지고 묘비와 장명등은 깨졌으며,

묘소 앞은 내리막이라 간신히 묘가 땅을 붙잡고 있는 듯하다.

　명온공주의 유물로는 《명온공주방가례등록》과 《명온공주방상장례등록》(서울대학교 규장각한국학연구원 소장)이 남아 있는데, 명온공주의 가례와 상장례에 관련된 기록을 모아 편찬한 책이다.

매란여사 명온공주

효명세자는 많은 글을 남겼는데 규장각에 소장된 《익종간첩翼宗簡帖》은 익종, 즉 효명세자가 누이인 명온공주 등에게 보낸 시문詩文을 한글로 번역해 엮은 책이다. 매씨妹氏에게 준 시는 대부분 누이들을 그리워하는 심정을 표현했다. 〈증매란여사贈梅蘭女史〉와 〈화사기花史記〉는 명온공주에게 부친 시문으로, 누이의 품성과 매란여사로 호를 짓게 된 연유 등을 적었다. 〈삼매연체三妹連体〉는 누이인 명온공주, 복온공주, 덕온공주의 성품을 비교하여 쓴 글[20]이라고 한다. 《효명세자의 저술과 문학》에 의하면 "명온공주는 성품이 명민하고 기골이 청수淸秀하며 시사에도 섭렵하여 소식蘇軾(서동파)의 소매小妹에 비유하였고 매란여사梅蘭女史라는 호를 붙여 주었다."라고 하며, "누이동생과 친하여 사흘만 보지 않으면 그리워 시를 보냈을 정도"라고 했다. 또한 복온공주는 수중의 연꽃 같다고 하였으며, 덕온공주는 조용한 성격이었다고 한다.[21]

다음은 명온공주가 효명세자에게 보낸 시이다. 한자음과 한글로 된 번역문이 함께 쓰여 있다.

구츄샹야댱 구츄 서리 밤이 기러시니
독디등화경 홀노 등잔꽃 가배야음을 대ㅎ엿도다
져두요샹향 져두ㅎ야 먼 니행을 싱각ㅎ고
격챵쳥안셩 챵을 격ㅎ야 기러기 우는 소래를 드럿더라

이에 효명세자가 두어 곳 고쳐 보낸다며 답장한다.

산챵낙목향 뫼챵의 나모 써러지는 쇼래에
긔쳡신인슈 몃쳡이나 시ㅎ는 사름의 근심인고
슈월몽변고 파려ㅎ 달이 꿈가의 외로와시니
잔등위수유 쇠잔ㅎ 등잔은 눌을 위ㅎ여 머므럿는고[22]

이렇게 명온공주와 효명세자는 따뜻한 정이 오가는 편지로 서로의 안부를 묻고 있다. 명온공주의 글에는 오빠 효명세자가 있는 창덕궁에서 얼마 안 되는 곳에 있지만, 마음은 수만 리 떨어진 것처럼 외로움을 느끼며 남편의 병으로 힘든 시간을 보내는 마음이 담겨 있다. 이에 효명세자가 애틋한 마음으로 동생을 달랜다. 유난히 동생들을 아끼던 효명세자는 남편이 병중에 있어 명온공주에게 더욱 마음이 쓰였을 것이다.

죽동궁 폭탄 테러 사건

고종 때 죽동궁은 명성황후의 소유가 되었는데, 오빠 민승호가 이 집에 살았다. 민승호는 민치구의 아들로 인현왕후의 동생 민진영의 후손이다. 민치구는 흥선대원군 부인 민씨와 민태호, 민승호, 민겸호를 두었다. 그런데 인현왕후의 아버지 민유증의 종손인 민치록이 아들이 없어 민승호를 양자로 보냈다. 그리하여 민승호는 명성황후의 친정 오빠가 되었다. 민승호는 이후 이조참의, 형조판서, 병조판서 등을 역임했다.

민승호는 처음에 한산 이씨와 함께 감고당에 살았고, 동생 민자영(명성황후)이 왕비가 되고 나서 죽동궁으로 옮겼다. 이때부터 이 궁은 사람들에게 죽동궁이 아닌 '민대감댁'이라고 불렸다. 민승호는 1873년(고종 10) 대원군이 실각하면서 국정 전반에 참여했으나, 다음 해에 폭탄이 터져 명성황후의 생모 한산 이씨와 민승호와 그의 아들까지 죽동궁에서 죽었다. 이때의 상황을 《고종실록》은 이렇게 전한다.

"민승호가 어린 아들과 함께 한산 이씨를 모시고 식사하는데, 어떤 사람이 지방 고을에서 바치는 물건 비슷한 자그마한 함 하나를 가지고 와서 바치면서 즉시 안방으로 들이도록 하고서 돌아가 버렸다. 민승호가 그 함을 보니 매우 기묘하게 생겨서 직접 자물쇠를 여니 갑자기 굉음이 나면서 크게 폭발하여 어머니, 아들, 손자 세 사람이 모두 해를 당했다. 그런데 그 함이 어디에서 왔는지 조사해내지 못했다고 한다."[23]

그 후 대를 잇기 위해 순명효황후의 오빠 민영익을 양자로 들여 이 집은 민영익의 소유가 되었다. 민영익은 일본과 미국을 다니면서 개화된 문물을 보았고 우정국을 설치했다. 갑신정변(1884년) 때 큰 부상을 입었는데, 알렌의 치료로 살아났다. 1905년 을사늑약 이후 중국 상하이로 망명하여 1914년에 죽었다.

아들 민정식은 상하이에 있는 동안 죽동궁을 팔게 되는데, 친척인 민병길이 거대한 재산이 있으면서도 쓸 줄 모르는 민정식을 달래어 재산을 정리하게 한 것이다. 민정식은 일본인 변호사를 통해 죽동궁을 팔아달라고 한다. 민정식은 상하이로 가기 전 재산 관리를 리희천에게 맡겼는데 변호사는 이 사실을 리희천에게 알린다. 리희천은 당시 3만 원 상당의 죽동궁을 8,000원에 사고, 돈을 변호사에게 주어 상하이로 보냈다. 나중에 돌아와 이 사실을 알게 된 민정식이 리희천을 상대로 토지 반환 소송을 했다.[24]

〈한양오백년가〉에 "죽동궁은 장원長遠(길고 멀며)하며 유벽幽僻(어둡고 외지다)하다."[25]고 했으니 죽동궁은 그 사이 한적하고 외진 곳이 되어버린 듯하다. 또한 1932년 〈중앙일보〉의 '인사동 민대식가의 유래'라는 기사에 죽동궁 사진이 나오는데, 이 사진이 죽동궁의 유일한 흔적이다. 이때 죽동궁은 일본 사람을 거쳐 민대식으로 넘어갔다고 한다.[26] 지금은 도로가 넓혀지면서 옛 정취는 간데없고, 뻥 뚫린 도로에 죽동궁터와 순화궁터에 들어선 건물만이 마주하고 있다.

죽동궁은 분활되어 매매되었고 그 터에는 홍익빌딩·남도빌딩·오원빌딩·관훈빌딩 등이 들어섰다. 관훈빌딩은 관훈동 198-38, 42, 견지동 88-7로 이루어졌는데, 1974년 종로예식장이었다가, 1984년 신영흥산주식회사의 소유가 되어 1985년에 지어진 건물이다. 신영흥산주식회사는 영화배우 신영균이 설립하여 아들 신언식이 운영하였으며 2008년 신영자산개발주식회사로 바뀌었다. 그리고 이곳은 하나투어와 신영자산개발이 합작하여 호텔로 리모델링하여 현재 센터마크호텔이 되었다.

흔적 없이 사라진 죽동궁은 청춘남녀들이 끊임없이 들락거리는 패스트푸드점으로, 외국인들이 드나드는 호텔로 변하였으며 수많은 차의 경적 소리로 부산스럽기만 하다. 센터마크호텔 앞 표지석만이 죽동궁의 옛 흔적을 이야기하고 있을 뿐이다. 가을밤 깊어 가는 죽동궁에서 질

〈중앙일보〉 1932년 12월 25일자에 실린 죽동궁. 죽동궁의 유일한 사진이다.

옛 죽동궁터

옛 죽동궁터에는 센터마크호텔(좌)이 들어서 있다. 도로를 사이에 두고 마주보고 있는 태화빌딩(우)
은 옛 순화궁터에 자리 잡은 것이다.

병으로 고생하는 남편을 돌보며 기러기 우는 소리를 들었을 명온공
주가 지금의 풍경을 본다면 어떤 시를 짓게 될까 문득 궁금해진다.

계동궁

남연군의 종가

계동궁桂洞宮은 한성부 북부 광화방에 있던 남연군의 종가宗家로 홍선대원군의 장조카이자 고종의 종형인 완림군 이재원이 살았다. 조선 초기 이곳에 서민 의료기관인 제생원과 외교 문서를 관장하던 승문원이 있었다. 계동이라는 지명은 제생원에서 유래하는데, 제생동이 계생동으로 다시 계동으로 바뀌었다. 고종이 갑신정변 때 잠시 피신한 적이 있어 '계동궁'이 되었다.

명당 중의 명당

계동궁이 있던 한성부 북부에는 광화방廣化坊, 양덕방陽德坊 등이 있었는데 경우궁은 양덕방, 계동궁은 광화방에 위치해 있었다. 양덕방陽德坊에는 승문원承文院과 제생원濟生院이 있었다.

승문원은 조선 시대에 외교 문서를 관장하던 관청으로 처음에 문서응봉사文書應奉司로 설치되었다가 1411년(태종 11)에 승문원으로 개편되었다.[1] 초기 승문원은 한성부 북부 양덕방(계동桂洞)에 있었으나, 세종 때 사대事大와 교린交隣에 관한 문서를 처리하는 중요한 관청이므로 궁궐 내로 이전했다.[2] 그리고 을미개혁(1895년) 이후 폐지되었다.

제생원은 1397년(태조 6) 지방의 약재를 수납하여 혜민국과 동서활인서와 같이 서민들의 질병을 치료하기 위해 설치되었다.[3] 그리고 1460년(세조 6)에 의약 개발과 일반 사람의 치료를 맡아 보던 혜민국과 합해졌고 관사를 폐지했다.[4] 이 터는 세종 때의 서운관書雲觀 관리 최양선이 창덕궁 서쪽에 천하의 명당이 있다면서 창덕궁을 이곳으로 옮겨야 나라가 만대萬代로 이어진다고 주장한 곳이다.[5] 풍수지리에 밝은 그는 이곳이 명당이라고 자신했다. 이에 이진李蓁은 이렇게 설명했다.

"최양선이 살펴본 제생원 자리의 판국은 주맥主脈이 씩씩하고 벌의 허리와 학의 무릎으로 그 기운이 잡됨이 없이 의젓하게 들어오다가 우뚝하게 둥근 언덕으로 솟아 여러 가닥을 뻗쳐 사방을 둘러 모아 놓고 중앙에 높이 자리 잡고 있으니, 이것은 지리학에서 산이 크면 터가 작은 곳이 좋은 곳이고 산이 작으면 터가 큰 곳이 좋은 곳이라고 한 말이 증거 될 수 있는 것입니다. 그것은 화악華嶽(삼각산)의 형세가 하늘을 치받아 우람하게 뭉치고, 그 기운이 맹렬하게 남쪽으로 달려 자리를 잡았으니, 이러한 자리의 중앙에서는 특히 작은 산이 아니고서는 주맥이 될 수가 없는 것이며, 주작朱雀으로 말하면 목멱산이 바로 비치고 왼편과 오른편을 돌아보면 여러 겹으로 둘러 에웠사오니, 그 국세의 중심을 말씀하면 중정中正하여 치우치지 않고, 3면의 양기가 고루 갖추어졌으니, 이것은 그 기운 모인 중에도 또 취할 것이 있는 땅입니다."[6]

즉, 창덕궁의 주맥인 응봉鷹峯의 지기地氣가 창덕궁을 비껴나 승문원과 제생원에 모였다는 주장이다. 세종은 최양선의 주장을 받아들여 이곳에 별궁을 지으려 했지만,[7] 반대 여론으로 이루어지지 않았다. 그랬던 이 터에 경우궁과 계동궁이 들어선 것이다. 또한 현재 제생원터 표지석 옆에는 커다란 보건복지부 표지석이 있어 터의 대물

림을 알리는 듯하다.

｜ 계동궁터 표지석

남연군의 종가를 이어가다

정조는 은신군(사도세자의 서자)을 숙종의
아들 연령군의 양자로 삼도록 했다. 따라
서 은신군의 양자로 들어간 남연군은 연령
군의 궁인 안국동별궁에 살았다. 남연군은
네 아들을 두었는데, 그중 막내 이하응(흥선군)은 남연군으로 봉작된
후에 안국동별궁에서 태어났다. 장자 이창응(흥녕군)에게 후사가 없
어 이정응(흥완군)의 큰아들 이재원을 양자로 삼았다.

이하응은 아버지 남연군묘를 이장하기 위해 재산을 정리했다고 하
는데[8] 이때 안국동별궁을 정리했던 듯싶다. 이하응은 일가를 이끌고
계동으로 이사하여 운현雲峴의 위쪽에는 장손인 이재원이, 아래쪽에
는 이하응이 살았다. 종가인 이재원의 집에는 은신군과 남연군의 사
당을 모셨다.

이재원은 1853년(철종 4) 문과에 급제하여[9] 홍문관 응교, 성균관 대
사성을 지냈으며, 1863년에는 이조참의가 되었다.[10] 고종이 등극한
후 중용되어 1868년 경복궁 중건 때에는 영건도감 제조를 겸임했다.
이후 이조판서, 병조판서, 한성부판윤, 평안도관찰사, 경기도관찰사,
광주부유수, 강화부유수 등을 지냈다. 갑신정변(1884년) 때에는 개화
파가 좌의정에 추대했고, 정변이 실패한 후에는 수구파 정부가 이조

판서에 임용했다. 1887년(고종 24) 예조판서에 임명되었으나 응하지 않아 한때 평택현에 유배되었다가 풀려나 판돈녕부사에 제수除授되었다.

갑신정변의 신정부 요인들은 개화파와 왕실 종친으로 구성되었는데, 개화파들은 역적으로 몰려 집안이 풍비박산나고, 해외로 도망했다. 김옥균은 상하이에서 자객에게 암살되었고, 조선으로 옮겨진 시신은 양화진에서 효수될 정도였다. 반면에 왕실 종친들은 고종의 배려로 살아남아 관직을 유지했다. 물론 역모에 가담한 이들은 고종이 내려주는 관직에 나가지 않아 귀향을 가기도 했다. 이재원이 갑신정변 후 7년 만에 세상을 떠난 것을 보면, 그의 마음이 편한 것만은 아니었던 듯싶다. 고종은 친히 제문을 지어주고 '효정공'이라는 시호를 내렸으며, 황제국이 되고 나서 '완림군'에 추증했다.[11]

이재원의 아들 이기용李埼鎔은 16세에 이미 9품이 되었고,[12] 22세에 정3품에 오르고[13] 자작이 된다.[14] 8·15광복 후에는 반민특위에 검거되어 재판을 받기도 했다. 후사가 없어 의친왕의 아들 이광李鑛(형길)을 양자로 들여 남연군가를 이어갔다.[15]

3일 천하로 끝난 갑신정변

갑신정변은 김옥균 등 개화파들이 서구의 문물을 경험하면서 조선의 정치를 개혁하고자 일으킨 운동이다. 1884년 10월 17일 김옥균, 박영효, 서광범 등 급진개화파가 우정국 낙성식 축하연을 계기로 시작했다. 안국동별궁에 불을 지르는 것으로 정변을 도모했으나 여의치 않아 별궁 옆 초가에 불을 질렀다.[16] 이때 민영익은 우영사右營使로 연회에 참가했다가 칼을 맞고 쓰러졌다. 김옥균·홍영식·박영효· 서광범·서재필 등이 궐내로 들어가 변고를 아뢰고 고종과 명성황후 의 거처를 경우궁으로 옮겼다. 또한 일본 공사에게 지원을 요구하여 일본 공사 다케조에 신이치로가 와서 호위했다.[17]

10월 18일에 김옥균 등이 좌영사 이조연, 후영사 윤태준, 전영사 한규직, 좌찬성 민태호, 지중추부사 조영하, 해방 총관 민영목, 내시 유재현을 경우궁 앞 대청에서 죽였다.[18] 군영의 좌·전·후 영사가 모 두 죽었고 우영사 민병익은 묄렌도르프 집에서 치료받고 있었다.[19] 따라서 서광범을 협판교섭사무로 김옥균을 혜상 공국 당상으로, 서 재필을 전영 정령관으로, 사관생도 부장 12인을 모두 별군관別軍官 으로 차하하였으며 홍영식을 좌우영사로, 박영효를 전후영사로 삼 고, 김옥균을 호조 참판으로 이재원을 의정부 좌의정으로 홍영식을 우의정으로, 이재완을 병조 판서로, 윤웅렬을 형조 판서로, 김홍집을 한성부 판윤으로, 김윤식을 예조 판서로 삼았다. 그리고 이날 오전, 고종은 이재원의 집으로 거처를 옮겼다. 이곳에서 잠시 머문 후에 창 덕궁으로 들어가 관물헌에 머물렀다.[20]

10월 19일 이들은 정령을 발표한다. 그중 김옥균이 일본에 망명 중인 1885년경에 갑신정변을 회고하면서 쓴 일기라는 《갑신일록甲申 日錄》에 14개 조항이 남아 있다. 이 일기가 일본인에 의해 작성되었 다는 설도 있지만, 정변이 목적하는 바를 알아보기 위해 그대로 적어

보았다.

1. 대원군을 불일내不日內로 모셔올 것.
1. 문벌을 폐지하여 인민人民이 평등한 권리를 갖는 제도를 마련하고, 사람으로서 벼슬을 택하되 벼슬로서 사람을 택하지 말 것.
1. 온 나라의 지조법地租法을 개혁하여 관리의 부정을 막고 백성의 어려움을 펴게 하는 동시에 국용國用을 유족하게 할 것.
1. 내시부內侍府를 혁파하되, 그 가운데 우수한 인재가 있으면 모두 등용할 것.
1. 전후前後 간에 간악하고 탐욕하여 나라를 병들게 하기로 가장 드러난 자는 정죄定罪할 것.
1. 각 도의 환상還上 제도는 영구히 와환臥還할 것.
1. 규장각을 폐지할 것.
1. 급히 순사巡査를 두어 절도를 방비할 것.
1. 혜상공국惠商公局을 혁파할 것.
1. 전후前後 간에 유배되었거나 금고禁錮된 사람을 작량酌量 방면放免할 것.
1. 4영四營을 1영一營으로 통합하고, 1영에서 장정을 뽑아 급히 근위대近衛隊를 설치할 것.
1. 무릇 국내 재정에 관한 것은 모두 호조戶曹가 관리하고, 그 밖의 재무財務를 맡은 관서官署는 일체 혁파할 것.
1. 대신大臣과 참찬參贊은 합문閤門 안의 의정소議政所에서 회의하

여 완전히 결정한 다음에 정령政令을 반포 시행할 것.

1. 정부육조政府六朝 이외의 용관宂官은 다 혁파하되, 대신大臣 참판參判으로 하여금 작량酌量 의정議政하여 품계稟啓하게 할 것.[21]

10월 19일 정변을 진압하기 위해 청나라 병사들이 창덕궁으로 들어오자 고종은 옥류천 뒤쪽 문으로 나가 북묘로 향했다. 놀란 일본 공사도 병사를 거느리고 궁을 떠났는데, 김옥균·박영효·서광범·서재필 등은 일본 병사를 따라 나갔고, 홍영식·박영교 및 생도 7명 만이 고종을 뒤따라 북묘로 갔다. 청나라 통령 오조유가 고종을 모시고 가려 하자 홍영식 등이 말리다가 모두 죽었다. 자시에 선인문 밖에 이르러 오조유의 영방에서 머물렀다.[22]

20일에는 일본 공사가 도성 밖으로 나갔고, 김옥균·박영효·서광범·서재필 등은 일본 공사관에 숨어 있다가 일본으로 도망쳤다.[23] 이렇게 갑신정변은 3일 천하로 끝나고 말았다.

《갑신정변 연구》에 의하면 갑신정변의 실패 원인은 왕을 위협한 것, 외세에 의존한 것, 인심이 불복한 것, 청군의 개입 가능성을 차단하지 못하고 약소한 일본군을 끌어들여 청군에 대적한 것 등이다. 갑신정변의 결과로 청나라의 내정 간섭이 심해졌고, 일본과 '한성조약'을 맺었으며 일본과 청나라의 '톈진조약'이 체결되었다. 또한 그동안 긍정적으로 바라보던 국민의 개화에 대한 인식이 부정적으로 되었고, 청나라를 구원의 나라로 일본을 원수의 나라로 인식하게 되었다.[24]

계동궁 연못, 번댕이

이 시기에 계동궁은 경우궁과 함께 갑신정변의 주요 장소였다. 1884년 갑신정변이 일어나자 고종은 '경우궁'과 '이재원의 집'에 있다가 창덕궁 관물헌으로 환궁했다고 하니 이때까지는 이재원의 집이었던 듯싶다. 그러나 고종이 삼군부三軍俯로 나가 친국을 행할 때 죄인 신기선이 "무감武監이 계동궁에서 나오더니 상께서 들어오라시는 명을 전달했습니다."[25]라고 했던 말을 볼 때 갑신정변 이후 왕이 머물렀던 이재원의 집을 공식적으로 '계동궁'이라 불렀던 듯하다.

당시 이재원이 관직을 두루 거치면서 승승장구하고 있었으나 '군'의 직위도 아니었다. 이재원이 완림군으로 추증된 것은 1899년이고 계동궁이 그 이전부터 실록에 나오는 것을 보면, 단지 왕의 사촌형이 사는 곳으로서 '궁'을 붙인 것이 아니라 왕과 왕비가 지냈던 곳이었기에 '궁'이라 부른 것으로 보인다.

서울 동작구 신대방동에는 연령군의 신도비가 있었다. 이곳은 연령군묘와 낙천군묘를 모신 곳으로 당시 금천현 번당리, 지금의 서울시 영등포구 대방초등학교(여의대방로 35길 14, 구 신길7동 1444번지) 교정이었다.[26] 그리고 그 아래 큰 연못이 있었는데 사람들이 '계동궁 연못'이라고 불렀다. 이곳을 번댕이樊塘里(번당리의 속칭)라고도 불렀는데,[27] 1936년 4월 1일 경성부로 편입되었다.[28] 이 학교가 있는 언덕에 연령군과 낙천군의 묘가 있었고, 입구에 연령군 신도비가 있었다.

1940년 경성지구 구역 정리로 연령군묘는 충남 예산군 덕산면 옥계리에 있는 생모 명빈 박씨묘 옆으로 옮겨지고, 신도비만 남아 있

서울대방초등학교
연령군과 낙천군의 묘가 있던 언덕에는 현재 초등학교가 들어서 있고, 담벼락에는 '숙종왕자 연령군 원묘비지'가 표시되어 있다.

었다. 그러다 1967년 8월 3일 육군사관학교(구 서울시 노원구 공릉2동 230번지 1호) 내로 옮겨지고[29] 이곳에는 왕자의 비碑가 있던 길이라 '왕자비길'이라는 길 이름이 붙여졌으나, 현재는 '가마산로 88길'로 바뀌었다.

그리고 대방초등학교 담장에는 '숙종왕자 연령군원묘비지'라고 적어 놓은 흔적만 남아 있다. 당시 이곳은 경기도 지역으로 한양 밖이어서 묘소로 이용되었던 땅이었는데 세월이 지나 서울의 영역이 되면서 또다시 옮겨지게 되었다.

낙천군묘는 은신군, 흥친왕 등과 함께 경기도 남양주시 화도읍 창현리의 흥선대원군묘 근처에 있었는데, 2006년에 화장하여 새로 모셨다.

계동궁 주인들의 신도비
연령군 신도비는 육군사관학교 내에, 은신군의 신도비는 서울역사박물관 마당에, 남연군 신도비는
충남 예산군 덕산면 상가리에 있다.

　계동궁가의 신도비를 보면 연령군 신도비는 육군사관학교 내에 있고, 은신군 신도비는 서울역사박물관 마당에 있다. 남연군 신도비는 충남 예산군 덕산면 상가리에 있다. 연령군가는 낙천군, 은신군, 남연군, 흥녕군, 완림군, 이기용, 이광으로 내려오다가 이광(형길)이 죽는 바람에 대가 끊겼다. 현재 계동궁에는 현대빌딩과 율곡로가 들어서 있다.

사동궁

의친왕의 궁

사동궁寺洞宮은 한성부 중부 관인방에 있던 궁으로 고종의 아들 의친왕 이강이 살았다. 김수덕과 혼인한 후 살림을 차렸는데, 미국 유학 후 고국에 돌아오자 일제는 양관을 지어 주었다. 이때 사동궁은 '이강 공저' 혹은 '이건 공저'로 불렸다. 그 후 의친왕의 자녀들이 그 주변에서 살았는데, 지금은 사동궁터에 회화나무만 남아 있다.

완화군 사망과 독살설

고종은 왕위에 오른 후 3년이 지난 1866년에 명성황후와 가례를 올렸다. 하지만 2년 후인 1868년 귀인 이씨에게서 선(완친왕)이 먼저 태어났다. 명성황후는 4남 1녀를 낳았지만 둘째 아들 척(순종)을 빼고는 모두 요절했다. 그리고 1877년 귀인 장씨가 강(의친왕)을 낳았다. 일반적으로 조선 왕조의 왕비들은 후궁이 왕자를 낳으면 '군'으로 대접하고 후궁의 품계를 올려주었다. 그러나 명성황후는 왕자를 낳은 귀인 이씨와 귀인 장씨를 궁 밖으로 내쫓았다. 이전의 왕비들이었다면 왕자를 소중히 여겼겠지만 명성황후는 예외였다.

　1895년 명성황후는 일본인에게 살해당했고, 1897년 10월 12일 고종이 대한제국을 선포하면서 황후의 시호를 받았다. 황제국 선포 8일 후인 10월 20일 명성황후의 시위 상궁이었던 엄씨에게서 황자가 탄생했는데, 그는 은(영친왕)이다.[1] 고종의 자손으로 장성한 자녀는 완친왕, 순종, 의친왕, 영친왕과 덕혜옹주뿐이었다.

선은 1876년 9세가 되어서 완화군으로 봉해지고, 저택 구입비로 은 1,530냥을 받아 살 집을 마련했다.[2] 다음 해에는 궁중 잔치에 완화군도 초대되어 네 번째 잔을 올렸다.[3] 그만큼 종친宗親의 반수班首(윗사람)로 인정받았다는 의미일 것이다.

흥선대원군은 완화군을 세자로 봉하려 했다. 왕실의 총애를 받는 완화군의 존재는 어리고 병약한 순종 때문에 불안한 명성황후의 마음을 자극했을 것이다. 1880년 1월 완화군이 13세의 나이로 갑자기 죽자, 명성황후가 죽였다는 소문이 돌기도 했다.[4]

고종은 연령군의 전례에 따라 완화군의 장례를 치렀다. 완화군이 살았던 완화군궁은 한성부 북부 가회방 재동 백송집(현재 헌법재판소) 건너편에 있었다. 혹자는 이 집이 단종이 의지했던 유일한 혈육인 누이 경혜공주와 매부 정종이 살았던 집이라고도 한다. 완화군 사후 완화군궁은 완화군의 제사를 받드는 곳이 되어 한성부 중부 수진방 박동으로 옮겨졌다고 한다.[5] 1907년 완화군은 '완왕'에 추봉되었다.[6]

귀인 이씨(영보당)는 궁녀로 1868년 완화군을 낳았고[7] 1880년에 완화군이 죽고 나서 '숙원'에 올랐으며,[8] 1906년 '귀인'에 봉해졌다.[9]

완왕은 경기도 양주군 인창면 월곡리에 안장했는데 《매천야록》에 의하면 완왕묘는 김좌근의 첩 나합이 죽기 전에 미리 만들어 놓은 묏자리였다고 한다.[10] '장자묘' 또는 '애기능'으로 불리다가, 지금은 서삼릉 후궁 묘역 한편으로 옮겨져 안장되었다. 현재 월곡동 오동근린공원(옛 애기능터공원) 월곡정月谷亭 앞에는 '애기능터' 표지석이 있

다. 이 표지석 아래에 완화군이 묻힌 것으로 보인다. 한편《성북구
지》에는 동덕여대 자리에 완왕묘가 있었다고 하고,[11]《서울육백년
사》에는 양주 남쪽 월곡 임자언덕에 묻었다고 적고 있다.[12]

　어머니 영보당 귀인 이씨는 1928년 사망하여 완왕묘 우측 언덕 남
쪽에 안장했다. 귀인묘 동쪽에는 내안당 귀인 이씨, 서쪽에는 복녕당
귀인 양씨가 묻혀 있었다. 후에 서삼릉 내 후궁 묘역으로 옮겨졌다.[13]
지금은 동덕여대와 아파트로 변해버린 이곳에서 갑작스레 어린 아들
을 잃은 영보당 귀인 이씨의 애달픔과 고종 후궁들의 쓸쓸한 말년을
생각해본다.

범숙의궁에서 태어난 의친왕

의친왕은 철종의 후궁인 숙의 범씨의 궁에서 태어났다. 고종은 철종

이 죽자 철종의 유일한 혈육을 낳은 숙의 범씨와 영혜옹주에게 집을 구입하라고 은자 1,500냥을 보내주었다.[14] 이때 한성부 북부 순화방 자하동(현재 종로구 창성동)에 집을 마련하였고 이후 '범숙의궁范淑儀宮'으로 불렀다. 그런데 범숙의궁의 궁녀였던 장씨가 명성황후의 궁녀로 있으면서 고종의 눈에 들었다.

장씨는 명성황후의 눈을 피해 범숙의궁에서 의친왕을 해산했다. 이 사실을 알게 된 명성황후는 궁녀 장씨를 궁궐 밖으로 내쫓았다.[15] 궁녀 장씨는 출생과 사망 연도가 불분명한데, 1900년 '숙원', 1906년 '귀인'에 봉해졌다. 묘는 1911년 한성부 남부 두모포 화양정 근처(서울시 성동구 화양동 부근)로 이장했다는 기록만 남아 있는 것으로 보아 이때 이미 사망한 것으로 보인다.[16] 1923년 순종은 의친왕에게 이곳 고양군 화양 모진2리의 임야 46,350㎡(14,021평)를 하사하여 묘지를 확장하게 한다.[17] 이후 서삼릉권역으로 옮겨졌으며[18] 다시 서삼릉 후궁 묘역에 이장했다.

1891년에 고종은 강을 의화군으로 봉하고,[19] 다음 해에 저택과 면세전免稅田을 내렸다.[20] 그리고 1892년 고종이 41세가 되어 오순을 바라보며 통치한 지 30년이 되는 것을 기념하는 잔치가 열렸다. 첫째 날은 신하들과 함께 축하하는 외진찬이 근정전에서 열렸다. 의화군은 왕세자, 영의정 심순택 다음으로 잔을 올렸고,[21] 둘째 날의 왕실 친척들과 함께하는 강녕전의 내진찬에서는 왕세자, 왕세자빈, 좌명부의 반수班首 정경부인 이씨, 우명부의 반수 정경부인 김씨 다음으로 잔을 올렸다.[22] 이는 의화군의 위상이 그만큼 높아졌다는 증거였다. 당시 세자 순종은 18세였지만, 명성황후는 순종의 몸이 허약해 후사後嗣를 걱정하고 있었다.

1892년 의화군은 궁궐로 들어와 관례를 치르고 다음 해에 김사준의 딸과 가례를 올렸다. 고종에게는 자식이 세자로 책봉된 순종과 의화군만 남아 있었기에 의화군의 가례를 연령군 길례 때의 예대로 성대히 치르게 했다.

1894년 의화군은 내의원과 사옹원司饔院(궁중 음식에 관한 일을 맡아보던 관아) 제조提調로 임명되었고, 그해 9월에는 청일전쟁의 승리를 축하하는 보빙대사로 일본에 다녀왔다. 1895년 8월 20일 명성황후가 시해되고 난 후인 25일에는 영국·독일·러시아·이탈리아·프랑스·오스트리아 등을 답례로 방문했다. 1900년 미국 유학 도중 '의왕(의친왕)'으로 봉해졌고,[23] 유학을 마친 뒤 귀국하여 1906년 적십자사 총재가 되었다.[24]

1910년 나라를 빼앗긴 뒤 1919년 독립대동단獨立大同團의 전협은 의친왕 이강을 상하이로 탈출시켜 옹립하려는 계획을 세웠다. 의친왕은 상하이로 가던 중 11월 만주 안동(현재 단둥丹東) 신의주역에서 일본 경찰에게 발각되어 강제로 본국에 송환되었다.[25] 일제는 '대동단 사건'으로 의친왕의 '공'의 작위를 빼앗고 장자 이건에게 모든 권한을 넘겨주었다.

6·25전쟁 때 의친왕은 부산까지 내려가 온갖 고초를 겪었고,[26] 다시 서울로 올라와 안국동별궁에 거처하다가 1955년 8월 16일 79세로 세상을 떠났다. 아이러니하게도 천주교를 탄압한 흥선대원군의

손자인 의친왕은 천주교 신자가 되어 세상을 떠났다.[27] 묘소는 경기도 고양시 덕양구 원당동 서삼릉 내 어머니 귀인 장씨묘 옆에 가매장 형태로 모셔졌고, 1964년 죽은 의친왕비 김수덕은 경기도 남양주시 금곡동(현재 경기도 남양주시 홍유릉로 352번지 1호) 홍유릉洪裕陵 부속림에 묻혔다. 1973년 영친왕비가 의친왕의 묘를 옮기려고 정부에 요청하여 허가를 받았으나 여건이 여의치 않아 옮기지 못하고, 1996년 11월 29일 미국에서 온 의친왕의 5녀 이공(이해경)이 형제들과 전주이씨 대동종약원의 협조로 의친왕비와 합장했다.[28]

근현대사를 온몸으로 겪은 의친왕가

의친왕비 김수덕은 1893년 16세 때 의화군과 혼인한 후 갑오개혁, 한일병탄, 6·25전쟁 등 숱한 근현대 역사를 온몸으로 겪었다. 더욱이 남편의 죽음까지 보았으니 그녀의 마음속은 까맣게 타들어갔을 것이다. 그리고 1964년 1월 14일 칠궁에서 세상을 떠났다. 이후 칠궁에는 의친왕의 아들 택(수길) 등이 살다가 1968년 1·21사태 이후 내쫓긴다.

의친왕은 의친왕비 김수덕과의 사이에는 자식이 없었고, 다른 부인들에게서 12남 9녀를 얻었다. 의친왕 자녀들의 이름은 여러 가지로 불리는데, 의친왕은 자신의 아명兒名 '평길平吉'에서 '길吉' 자를 따서 이름을 지어 주었다고 한다. 아들은 길吉 자를 둘째 자에 썼고 딸은 길吉 자를 첫째 자에 썼다.[29] 아들은 건(용길)·우(성길)·방(홍

대한 황실 승광재
의친왕의 10남 이석은 전주 한옥마을 승광재에서 황실을 알리는 일에 힘쓰고 있다. 처마 밑에 있는
사진들은 조선황실 관련 사진들이다.

길) · 창(창길) · 택(수길) · 곤(명길) · 광(형길) · 현(경길) · 갑(충길) · 석(영
길) · 환(문길) · 정(정길), 딸은 영(길순) · 진(길운) · 찬(길연) · 숙(길영) · 공
(길상, [해경]) · 장(희자) · 용(숙기) · 현(숙향) · 민(창희)이다.[30] 특히 이석
은 '비둘기집'으로 유명한 가수였고, 전북 전주한옥마을 내에 있는
승광재에 거처하면서 조선의 마지막 황실을 알리는 일을 하고 있다.

1930년대에 의친왕의 자녀들은 호적이 없었다. 일제가 장자 이건
만을 호적에 올리고 나머지 자녀는 호적에 올리기를 거부했기 때문
이다. 소학교에 입학하려는데 호적이 없어 문제가 되자, 계동궁의 봉
사손 이기용이 딸 5명을 양녀로 입적하여 입학할 수 있게 했다. 이때

이광李鑛은 계동궁의 양자로 들어가 있었다.[31]

1970년 영친왕이 세상을 떠나자 영친왕과 이방자 여사의 둘째 아들 이구가 대를 이었고, 2005년 7월 이구가 후사 없이 죽자 의친왕의 아들인 9남 이갑의 아들 이원이 양자로 입적하여 대를 이었다. 2009년 2월에는 3녀 이찬이 90세로, 그해 11월에는 4녀 이숙의 남편 이학진이 99세로 세상을 떠났다.

사동궁 회화나무

의친왕은 김수덕과 혼인한 후 한성부 중부 관인방寬仁坊 사동寺洞에 저택을 마련하여 살림을 차렸다. 그리고 미국 유학을 마친 후 대한제국 육군부장에 임명되었다. 이때 일제는 황족들을 일본의 귀족으로 편입시켜 공작 작위를 주었다. 운현궁과 사동궁의 양관은 비슷한 시기에 건축되었는데, 이때 의친왕궁을 '이강 공저', 운현궁을 '이준 공저'라 했다. 그러나 의친왕이 대동단 사건으로 공작 작위를 박탈당하자, 장자 이건의 이름을 따서 '이건 공저'로 불렸다.

| 이준 공저

사동궁은 의친왕의 아들 이석과 딸 이공(이해경)의 기록에 의해 재조명되었다. 이공은 미국 유학 중 컬럼비아 대학교 동양학도서관에서 한국학과 사서로 근무했는데, 이때 모아두었던 아버지에 대한 자료들과 옛 기억들을 담아 집필한《나의 아버지 의친

| 이강 공저

왕)을 1997년에 출간했다. 이로써 의친왕이 재조명되기 시작했고, 사동궁의 위치는 후손의 이야기를 듣고 옛 지도들을 자료로 추측할 수 있게 되었다. 아래의 몇 가지의 기록으로 사동궁의 흔적을 만나 보자.

1946년에 사동궁에는 조남철趙南哲이 설립한 한성기원이 있었는데, 한성기원의 후원자인 이학진은 의친왕의 사위다. 이학진은 한성기원이 거처를 전전하자 사동궁의 열다섯 칸짜리 사랑채를 빌려주어 간판을 달아주었다. 의친왕도 가끔 사랑채로 나와 사람들이 바둑 두는 것을 신기한 듯 구경했다고 한다. 그러나 이름을 조선기원으로 바꾸어 성황을 이룰 때는 사동궁이 팔려버렸다. 조선기원은 사동궁에서 나올 때 받은 이사 비용으로 명동성당 건너편 저동의 2층짜리 적산가옥敵産家屋으로 이사했다. 아래층은 조남철의 살림집이었고, 2층은 기원으로 사용했다. 이후 1949년 대한기원, 1954년 한국기원으로 이름을 바꿨다.[32]

8·15광복 후 박응래가 의친왕에게 접근해 사동궁을 팔라고 강요해 1946년 의친왕은 박응래에게 불과 200만 원에 팔게 된다. 그러자 미군정이 사동궁은 국가 재산인 바 대법원장에게 통고하여 이왕직에서 관리하도록 하였으나 대법원에서는 이를 묵살했다. 그리고 1948년 박응래는 사동궁을 다른 사람에게 팔아버렸다. 이에 1948년 9월 14일까지도 의친왕궁의 소유가 사유인지 국유인지에 관해 논쟁이 벌어졌다.[33]

대한의사협회는 1955년 11월 12일 종로구 관훈동(1914년 4월 행정 구역 통폐합에 따라 한성부 중부 관인방과 훈동이 합쳐져 '관훈동'이 되었다.) 옛 의친왕궁을 매입하여 대한의사협회 회관을 마련했다. 이 건물은 1960년 11월 화재로 소실되기까지 5년 동안 서울시의사회와 함께 사용했다고 한다.[34] 이것으로 대한의사협회 회관이 사동궁의 일부였음을 알 수 있다.

종로구 인사동 11길 19(종로구 견지동 85-18호)는 1946년 박응래에게 팔렸다가 다음 해에 최시화의 소유가 되었다. 《대한민국 사용후기》에서는 1955년경에 사동궁의 일부였던 이 한옥에 요정 '도원'이 들어섰다고 전한다. 저자 J. 스콧 버거슨은 2005년 이 한옥이 허물리는 과정을 보고 사라져가는 문화에 무심한 한국 사람들에게 안타까움을 느낀다.[35] 서울시는 2004년에 이 집을 사들여 2005년에 허물고 현재 '인사동 홍보관'과 '서인사 마당 공영 주차장'으로 사용하고 있다. 이 집이 남아 있었다면 사동궁의 일부 흔적이라도 보존되었을 텐데 하는 아쉬움이 크다.

1965년 종로구 인사동 192번지 82호의 사동궁 양관 자리 일부와 종로구 견지동 87번지 1호 등에 종로예식장이 들어섰다. 1986년에는 종로예식장 자리와 그 주변을 선경이 사들여 SK건설빌딩(인사동 192번지 18호)이 들어섰다. SK건설 빌딩 동쪽에는 오래된 회화나무 한 그루가 있는데, 이 나무는 사동궁의 영욕을 직접 보았을 것이다.

종로구 견지동 87번지 1호(가야빌딩) 구 등기부등본을 보면 1930년 의친왕의 장자 이건의 소유였으며, 8·15광복 후 소유자가 다시 이강(의친왕)으로 바뀌었다가 1946년에 박응래에게 넘어간 것으로 나타난

사동궁 회화나무
사동궁터는 표지석조차 없어 이 회화나무만 조선 황실의 마지막 자손들이 살던 사동궁의 역사를 보여준다.

▌2006년 의친왕 51주기 추모제에 참석한 의친왕의 후손들과 참배객

다. 즉, 사동궁의 범위는 종로구 관훈동 192번지와 198번지 일부, 견지동 일부까지가 되는 것이다. 그러나 현재 사동궁터에는 표지석조차 없다.

2006년 8월 15일 의친왕 51주기 추모 제향祭享이 있었다. 하지만 후손의 모습은 쓸쓸하고 제사상은 초라했다. 2008년 의친왕 기신제忌晨祭는 의친왕의 아들 이갑(9남)을 초헌관初獻官•으로 모시고 거행되었다. 2010년에도 많은 종친이 참석해 4년 전보다 제사상은 푸짐했으며, 제관祭官들이 제향을 지냈다. 대한궁술원에서 참석해 호위까지 해주어 제향의 모습이 틀을 잡아가는 것 같았다. 그러나 후손들은 한 명씩 세상을 떠나기도 하고, 몸이 불편하여 함께 제사를 모시지 못하고 손자들만 참석하여 못내 쓸쓸함을 감출 수 없었다.

수진궁

왕자와 공주를 모신 사당

수진궁壽進宮은 한성부 중부 수진방에 있던 궁이다. 세종의 아들 평원 대군이 살던 곳이자 예종의 아들 제안대군이 평원대군의 제사를 봉향하던 곳이다. 그 후 인성대군, 용성대군, 영창대군, 숙신공주, 명혜공주 등 어린 나이에 죽은 대군이나 공주, 자식 없는 후궁 등의 제사를 봉향하는 사당이 되었다. 그래서 한양에서 가장 무서운 귀신은 바로 '수진궁 귀신'이라고 여길 정도였다.

수진궁

평원대군, 제안대군, 영창대군으로 이어지다

평원군은 세종과 소헌왕후의 소생으로 8세에 평원대군에 봉해졌고, 1438년(세종 20) 12세에 홍이용의 딸, 남양 홍씨와 혼인했다. 이때 한성부를 치워버리고 의금부 부근에 평원대군의 집을 건축하는데 화려함이 극에 달했다고 한다.[1] 기록으로 미루어보아 수진궁은 처음에는 한성부 건물이었다가 평원대군가가된 것으로 보인다.[2]

평원대군은 1445년 홍역을 앓다가 19세에 죽었다. 20세 이전에 죽는 것을 '상사殤死'라 하는데, 세종과 소헌왕후는 몹시 슬퍼하여 밥을 굶고, 3일 동안 조회朝와 저자市를 정지했다.[3] 소헌왕후는 평원대군이 죽은 다음 해에 죽게 된다. 평원대군은 경기도 성남시 영장산靈長山 남쪽에 묻혔고, 그 아래에 묘를 관리하는 재실을 두었다.

이후 수진궁을 혼궁魂宮(왕과 왕비, 후궁, 세자와 세자빈의 장례 후 3년 동안 신위를 모시는 곳)으로 사용하려 했으나 의금부가 너무 가까워 죄

수들을 심문하는 소리가 들린다고 하여[4] 창덕궁 보평청을 휘덕전이라 새로 이름 짓고 사용했다.[5]

성종 때에는 《대전大典》의 입후立後 조항에 "동종同宗의 지자支子로서 후사를 삼는다."라고 전해진다고 하여 성종이 왕위에 올라 제안대군은 지자가 되었으니 법도에 해로울 것이 없다 하며 제안대군을 평원대군의 후사後嗣로 삼았다.[6] 《대전》은 1485년(성종 16)에 《경국대전》으로 완성된다.

예종의 아들 제안대군은 차남으로 태어났으나 형 인성대군이 요절했기 때문에 왕권 계승 1순위였다. 1469년 예종이 20세에 갑작스럽게 죽었다. 즉위 1년 2개월 만이었다. 당시 계비 안순왕후 한씨 소생인 원자元子 제안대군은 겨우 4세였다. 이같은 상황에서 한명회와 신숙주 등이 세조비인 대비 정희왕후에게 후계 왕을 정할 것을 요청했다. 이때 제안대군(4세), 의경세자의 아들인 월산군(16세), 잘산군(13세)이 있었다. 정희왕후는 잘산군을 후계 왕으로 지명하면서 다음과 같이 말했다.

"원자는 바야흐로 포대기 속에 있고, 월산군은 본래 질병이 있다. 잘산군은 비록 나이는 어리지만 세조께서 매양 그의 기상과 도량을 일컬으면서 태조太祖에게 견주기까지 했으니, 그로 하여금 주상主喪하게 하는 것이 어떻겠는가?"[7]

당시 한명회가 잘산군의 장인이었던 까닭에 정희왕후는 잘산군을 선택하였던 듯하다. 원자는 1470년(성종 1) 5세에 제안대군에 봉해지고, 세종의 아들 평원대군의 봉사손이 되어 후사를 잇게 된다. 그리고 12세에 김수말의 딸 상주 김씨와 혼인했으나 자식이 없고, 풍병이 있다 하여 어머니 안순왕후가 김씨를 내쫓아 14세에 다시 박중선의 딸 순천 박씨와 혼인했다. 하지만 제안대군은 내쫓긴 김씨를 끝내 잊지 못해 1485년에 성종에게 복혼할 것을 청해 다시 김씨를 맞아들였다.

성종, 연산군, 중종은 왕위 계승권자였던 제안대군에게 많은 재물을 내리고 종종 그의 집을 찾기도 했다. 제안대군은 1525년(중종 20)에 세상을 떠났고 부인이 둘이었으나 자식은 없었다. 제안대군 이현의 졸기에 사신은 다음과 같이 적었다.

"이현은 예종의 아들로 성격이 어리석어서 남녀 관계의 일을 몰랐고, 날마다 풍류를 잡히며 음식 대접하는 것을 일과로 삼았다. 그러나 더러는 행사가 예에 맞는 것이 있으므로 사람들이 거짓 어리석은 체하는 것이라고 하였다."[8]

제안대군가는 함춘원과 가깝고 주변 낙산이 바라보이는 곳에 있었다. 연산군 때 이곳에 자수궁을 옮기려 하다가 가흥청假興淸(임시 흥청)을 두고 뇌영원蕾英院이라 하여 기생들의 거처로 사용했다.[9] 중종 때는 어머니 정현왕후와 세자(인종)가 피우기도 했다.[10] 성종 때 종조부(작은 할아버지) 평원대군의 후사가 되었으므로 평원대군의 신주가 있는 수진궁에 함께 모셨다.

영창대군은 선조가 1602년 계비 인목왕후를 맞이하여 1606년에 태어난 적자다. 이때는 광해군이 세자로 책봉된 이후이므로 영창대군을 지지하는 소북파와 광해군을 지지하는 대북파로 나누어졌다.

망경암 칠성대 중수비(대비)와 소비
평안대군과 제안대군의 명복을 빌기 위해 만들어진 비이다. 망경암 마애여래좌상 아래에 세워져 있다. 위쪽이 대비이고 아래쪽이 소비이다.

1608년 선조가 죽자 광해군이 왕위에 오르고 1613년 영창대군은 종고조부 제안대군의 후사를 잇게 되었다.[11]

1613년 박응서가 행상을 죽이고 은자銀子 수백 냥을 탈취한 사건의 우두머리로 체포되었는데, 옥중에서 영창대군을 옹립하려 반역을 꾀했노라고 말한다.[12] 영창대군은 이 사건으로 강화도로 위리안치되었다가 다음 해에 죽임을 당하고, 인조반정 이후 관작을 회복했다. 영창대군묘는 광주 남한산성 아래에 있다가 성남시 개발계획에 의해 1971년 안성시 일죽면 고은리로 이장했다.

이렇게 평원대군, 제안대군, 영창대군으로 후사가 이어졌으며, 세 대군의 묘는 광주에 있었다.[13] 성남시 수정구 복정동 망경암에는 평원, 제안 두 대군의 명복을 빌기 위해 칠성단을 만들어 칠성제를 지냈다는 기록의 망경암 대비大碑와 소비小碑가 전해온다. 이 지역은 평원대군묘를 관리하는 수진궁이 있었으므로 '궁말, 궁촌, 수진궁, 수진동, 수진리' 등으로 불렀다.[14] 그 위치는 수진초등학교 서편으로 평원대군과 제안대군 묘는 묘소공원지로 책정하려 했으나 주택지 중심에 있어서 1976년에 천묘했다고 한다.[15] 1983년 이 부근에 태평초등학교가 들어섰다. 묘는 포천으로 옮겼다고 하는데 찾을 수 없었으며 평원대군가(수진궁)에서 세 대군의 제사를 모셨다.

3세에 죽은 원손 인성대군

예종의 장남 이분李糞은 1461년(세조 7) 예종이 왕위에 오르기 전인 해양대군 시절에 태어났다. 해양대군의 부인 장순빈(한명회의 딸)은 다음 해에 산후병으로 죽었다. 이분도 1463년 풍질風疾로 3세의 어린 나이로 죽었다. 세조는 이분을 인성군으로 추봉하여[16] 세조의 장자 의경세자묘(경릉敬陵, 경기도 고양시 서오릉) 동쪽에 묻었다. 이후 잊혀 지내다가 숙종이 의경세자묘를 참배할 때 언덕에 있는 인성대군의 황폐한 묘를 보고, 예관禮官을 보내어 제사하고 사초莎草를 고치라고 했다.[17]

또한 1798년 정조는 지방관이 아뢰어 인성대군묘가 순회묘 구역 안에 있다는 것을 알게 되었고, 한식 때에 지내는 제사는 수진궁에서 관장하는 다른 묘의 예에 의거하여 내시를 보내 제사를 올리도록 하고, 묘로 가는 길은 지방관이 매년 한 번씩 소제토록 하라고[18] 하여 또다시 황폐해져서 찾지 못하는 일이 없도록 했다. 그리고 일제강점기에 서삼릉의 왕자·공주 묘역으로 옮겼다.

한편 1465년 인성군의 사당을 세우는 것에 대하여 신하들이 "《예기禮記》의 〈증자문曾子問〉편을 들어 '모든 상殤과 무후자無後者는 종자宗子의 집에서 제사지낸다.'고 하며, 주註에 말하기를, '무복無服의 상殤은 제사지내지 않는다.' 하였습니다. 인성군은 본시 복服이 없는 상殤이니, 청컨대 고제古制를 따라 입묘立廟·입후立後하지 말게 하소서."[19]라고 했다. 즉, 인성군은 8세 이전에 죽어 복服이 없는 상殤*이니, 옛 제도를 따라 사당을 세우거나 후사를 세우지 말자고 했으나 세조는 인성군의 제사를 평원대군의 사당에서 지내게 했다.

1469년 예종이 후사를 세워 제사를 지내게 하려 했으나, 종실 중에 인성군의 후사로 삼을 만한 사람이 없어 인성군의 신주를 장순빈의 혼궁魂宮으로 옮겼다.[20] 그러나 성종이 왕위에 오른 후 장순빈이 장순왕후로 추숭되니 왕후와 왕자의 신주를 한곳에 모실 수 없으므로 별실에 옮겨졌다.[21] 1472년 인성군은 인성대군으로 추증되었고,[22] 1473년 신숙주가 이제 인성대군의 신주를 묘소에 묻자고 하자 성종이 그대로 따른다.[23]

이러한 논의는 계속되어 1474년 성종은 후사를 세우지 말고, 신주神主를 묘 곁에 사르고 제사는 묘에서 지내도록 했다.[24] 그러나 1488년 또다시 인성대군의 제사가 논의되자 성종은 선왕(세조)이 정하신 바에 의해 평원대군의 가묘家廟에 제사하라고 한다.[25] 이렇게 여러 번 인성대군의 제사가 문제 되는 것은 신하들은 너무 어려서 죽은 왕자이므로 신주를 묻자는 것이고, 성종은 할아버지 세조가 신하들의 반대에도 일찍 죽은 원손의 제사를 모시게 했던 마음을 헤아렸기 때문이다. 그러나 정조 때 수진궁에 인성대군의 사판(신주)이 없는 것으로 보아 그 이전에 신주를 묻은 것으로 보인다.

세월이 지나 고종은 1872년 대군과 왕자로서 후손이 없는 사람들에 대해 사손祀孫을 세우게 하는데[26] 광평대군의 14대손 이백연李白淵을 인성대군의 사손祀孫으로 세워[27] 제사를 지내게 했다.

용성대군, 의창군과 낙선군의 신위를 모시다

용성대군은 인조의 넷째 아들이지만, 태어난 해와 사망한 해조차 기록되어 있지 않다. 인조의 묘 지문誌文에는 왕자가 3명인 것으로 기록되어 있다. 그러나 인조의 생모 인헌왕후의 묘 지문에는 인조가 4남 1녀를 두었다고 되어 있다. 첫째 아들은 이왕(소현세자), 둘째 아들은 이호(봉림대군), 셋째 아들은 이요(인평대군), 넷째 아들은 이곤(용성대군)이고, 딸은 맨 끝이라고 기록되어 있다.[28]

용성대군은 4세에서 7세 사이에 죽은 것으로 보인다. 계운궁(인헌왕후)의 묘 지문은 1626년 3월 21일에 기록되었고, 형 인평대군이 1622년에 태어났으니 용성대군은 1623년에서 1626년 사이에 태어났으며 1629년쯤 사망한 것으로 보인다.

1692년 숙종이 광릉에 나아갔다가 인빈 김씨와 용성대군의 묘에 치제致祭(제사를 지냄)하도록 했는데, 두 묘가 광릉과 가까운 곳에 있기 때문이라고 했다.[29] 인빈 김씨의 묘인 순강원은 현재 경기도 남양주시 진접읍 내각리 150번지, 광릉은 남양주시 진접읍 부평리 247에 있다. 또한 1798년 정조가 대군·왕자·공주·옹주에 대한 시향과 묘향 때의 의절儀節 규정을 정할 때 수진궁에 모신 분들의 묘를 설명하던 중 용성대군의 묘는 풍양豐壤에 있다고 했다. 그렇다면 용성대군묘는 광릉과 인빈 김씨묘 근처의 풍양(현재 남양주시 진전면·진건면 일대)에 있다는 것이다.

반면 영조 때인 1745년 이기진이 "신이 기보畿輔(경기)에 부임하여 각 릉을 봉심할 때에 보니 익릉과 순회묘 사이에 고총古塚의 표석表石이 하나 있는데 '용성대군지묘'라고 쓰여 있었으니, 이는 곧 예종조의 친왕자로서 조요夭夭한 분입니다. 묘가 솔숲이 우거진 속에 있는데 사초沙草가 모두 벗어지고 총토塚土만 남아서 보기에 매우 참연慘然하였습니다. 해조로 하여금 수축하게 하는 것이 마땅하겠습니다." 하니, 영조가 그대로 따랐다."[30]고 했으니 돌보는 이 없어 무너진 용성대군묘를 이때 새로 수축한 것으로 보인다. 다음 달에 영조는 파주의 장릉長陵, 공릉恭陵, 순릉順陵, 소령묘昭寧墓를 다녀오고 나서 용성대군묘에 치제하도록 한다. 이 행차 때에 용성대군묘를 보았기 때문에 추모하는 느낌이 일어나서 명을 내린 것이라 했다.[31]

이기진에 의하면 용성대군묘는 현재 익릉과 순창원(순회묘)이 위치한 고양시 덕양구 현재의 서오릉 내가 된다. 풍양은 고려 시대에 진건, 진접 지역을 말하며 세종 때 풍양현을 포주에서 양주로 이관하였고, 1980년 남양주로 바뀐다.[32] 즉, 고양과 남양주는 위치적으로 완전히 다르므로 두 임금이 말하는 용성대군묘는 각각 다른 곳을 말하는 듯하다. 따라서 어느 시기에 이장했는지는 알 수 없다.

용성대군의 신위는 수진궁에 모셔졌고, 고종 때 가서 인평대군의 넷째 아들인 복평군福平君을 후사로 삼았다.[33] 복평군은 '삼복의 변'(1680년)으로 유배 후 사사되었으나 영조 때 복관되었기에[34] 가능했다.

의창군은 선조와 인빈 김씨의 소생으로 부인은 양천 허씨다. 선조는 의창군의 혼례를 호화롭게 하였으니 중흥동의 소나무를 베어 의창군가를 수리할 정도였다. 광해군 때 허균의 역모 사건에 연루되어 유배되었다가[35] 인조반정 후 풀려났다. 글씨를 잘 써 어머니 인빈 김씨의 신도비를 썼다. 의창군은 1645년 57세로 사망하여 경기도 양주 풍양리에 장사지냈는데, 바로 순강원 내에 있다. 후사 없이 죽어 낙선군(귀인 조씨의 소생)의 계자 임양군이 봉사奉祀했다.[36] 영조 때에는 의창군의 신주를 수진궁에 모시고 모든 전답과 노비는 수진궁으로 보내 제수에 보태게 했다.[37]

낙선군은 인조와 귀인 조씨의 소생으로 형은 숭선군이고 누이동생은 효명옹주다. 효종은 즉위 후 숭선군, 낙선군, 효명옹주의 집에 각각 노비 150명을 내려줄 정도로 이들을 아꼈다. 특히 효명옹주의 시댁은 인조반정에 가담하여 정사공신이 된 김자점 집안이었다. 그러나 김자점은 송시열이 장릉長陵의 지문에 청의 연호를 쓰지 않았다는 사실을 청에 누설한 죄로 쫓겨났다. 청은 사신을 보내 청의 연호를 쓰지 않은 이유를 물었으나 효종은 사신에게 뇌물을 주어 이를 무마했다.[38] 이후 김자점은 숭선군을 추대하였다는 역모와 관련되어 사형되었다. 그리고 이 일로 연관된 귀인 조씨는 자살하게 하고, 숭선군, 낙선군, 효명옹주는 유배되었다. 낙선군은 1657년(효종 8)에 석방되었고, 관작이 회복되고 혼인했다.[39] 숙종 때에 후사 없이 죽었으며,[40] 양주楊州 청송면靑松面(현재 연천군 청산면 궁평리 623번지, 연천군 향토유적 제1호)에 묻혔다.[41]

의창군은 선조의 아들이며 낙선군은 인조의 아들인데, 숙종이 낙선군으로 의창군의 뒤를 잇게 하였고 1755년 이후로 두 왕자의 봉사를 안흥군이 대신 행했다. 안흥군은 인평대군의 봉사손으로 이미 능창, 인평 두 대군의 제사를 지내고 있어 앞으로 그 후손에게도 제사를 지내게 했다.[42] 그리고 1772년 영조 때 낙선군 부부의 사당을 수진궁으로 들이게 된다.[43]

숙신공주와 명선공주, 명혜공주

봉림대군은 혼인하여 1남 7녀를 두었는데, 숙신공주가 장녀였다. 봉림대군이 심양에 인질로 잡혀갈 때 세 살짜리 숙신공주도 함께 갔는데 가던 길에 숙신공주가 병을 앓아 죽고 말았다. 《정조실록》에 숙신공주의 묘가 서산西山에 있다고 했는데, 이곳이 경기도 고양군 하도면 유현(현재 경기도 고양시 신도동)이다.[44] 당시 중국 심양으로 가려면 고양, 벽제, 신의주를 지나야 했는데, 숙신공주가 고양에서 죽어 이곳에 묻힌 것으로 추측된다. 1675년 숙종은 숙신공주에게 숙신공주의 명자名字를 내려주었다. 이 증직교지贈職敎旨가 한국학중앙연구원 장서각에 남아 있다. 그 후에 신주를 수진궁에 모셨고, 묘는 경기도 고양시 서삼릉 내 왕자·공주 묘역으로 옮겼다.

현종은 왕세자일 때 김우명의 딸과 하어의궁에서 혼인했다. 1659년 현종이 즉위하자 세자빈은 명성왕후가 되었고, 숙종, 명선공주, 명혜공주, 명안공주를 낳았다. 1673년 궁궐에 마마(천연두)가 돌아 명혜공주가 9세에 죽었고, 명선공주가 14세로 연달아 죽었다. 이때 명혜공주는 동안위 신요경, 명선공주는 신안위 맹만택과 혼인하기로 되어 있었다. 3개월여 사이에 두 딸을 잃은 현종과 명성왕후는 식음을 전폐하고, 현종은 조정朝廷을 폐했다.

1681년 신하들이 두 공주 소유의 논밭을 혁파하라고 건의할 때 숙종은 안타까워하며 말했다.

"두 공주가 불행하게도 일찍 죽었으므로, 선왕께서 언제나 가련하게 여겨 슬퍼하시면서 별도로 사우祠宇를 지어 전장田庄을 그대로 보존하게 한 것은 한때의 제사를 위하려는 것일 뿐만이 아니라, 대체로 뒷날 대군으로 하여금 각각 제사를 받들도록 하여 영구토록 유전流傳하게 하려는 뜻이라고 하신 또렷한 옥음玉音이 지금까지 귀에 남아

서삼릉 내에 있는 숙신공주묘(좌)와 명선공주(중앙), 명혜공주묘(우)

있는데, 어떻게 차마 선왕께서 남기신 뜻을 저버리고 마침내 혁파하라는 영令을 내릴 수 있겠는가?"[45]

그리고 3년 후에 두 공주의 사당을 세웠고, 1684년 위패를 수진궁에 옮겨 제사를 받들게 했다.[46] 같은 해에 숙종이 헌릉에 제사를 지내고는 친히 제문을 지어 명선, 명혜 공주에게 제사지냈다.

유물로는 《명혜공주신생공주안태등록》이 남아 있었는데, 명혜공주와 이제 낳은 지 얼마 안 되는 신생공주, 즉 명안공주의 태를 보관할 장소를 선정하고 태실을 만들어 안장하는 것을 기록한 것이다. 그러나 강화도 외규장각에 소장되어 있다가 1866년 병인양요 때 없어졌다. 두 공주는 광주 영장산 아래 묻혔으며 명복을 빌기 위해 근처에 있던 사찰을 재건하여 봉국사(성남시 수정구 태평동)라 했다.[47] 그리고 해마다 봄, 가을에 궁인宮人이 나가서 제사를 지냈다고 한다.[48] 묘는 일제강점기에 서삼릉 내 왕자·공주 묘역으로 이장했다.

수진궁은 처음에 왕의 아들을 모시는 사당이었는데, 조선 후기로 가면서 일찍 죽은 왕자와 공주, 자식 없는 후궁의 제사를 봉향하는 곳이 되었다. 숙종의 후궁으로 자식 없이 죽은 귀인 김씨와 소의 유씨의 위패도 수진궁에 모셨다. 그리고 봄과 가을의 가운데 달 가운데 정일丁日에 제사를 지냈다.[49] 그러다가 1907년 고종이 궁내부령 제1호에 의해 1사 7궁에 소속된 토지의 도장導掌(궁방을 대신해 논밭을 관리하고 소작료를 거두는 일을 맡아보는 관리인)을 폐지하고, 순종 때 제실재산 정리국에서 재산을 정리하면서 국유화되었다.[50]

정조 때에는 수진궁에 5묘廟에서 15위位의 신주를 받들었다. 1묘에는 세종의 일곱째 아들 평원대군과 강녕부부인(남양 홍씨), 예종의 둘째 아들 제안대군과 상산부부인(상주 김씨), 선조의 적장자 영창대군, 인조의 넷째 아들 용성대군을 모셨다. 2묘에는 선조의 아들 의창군과 양천군부인(양천 허씨), 인조의 아들 낙선군과 동원군부인(강릉 김씨)을 모셨다. 3묘에는 효종의 딸 숙신공주, 4묘에는 현종의 첫째 딸 명선공주와 둘째 딸 명혜공주, 5묘에는 숙종의 후궁 귀인 김씨와 소의 유씨를 모셨다.[51]

| 서삼릉 내에 있는 소의 유씨묘

귀인 김씨묘와 청화백자 묘지
귀인 김씨 묘지문은 백토로 만든 형태 위에 무색 투명의 유약을 입혀 구워낸 자기 묘지墓地다. 귀인 김씨묘도 서삼릉 내에 있다. (경희대학교 중앙박물관 소장)

외로운 혼백의 안식처였던 수진궁

수진궁은 평원대군의 집으로, 처음에 평원대군가의 사당으로 사용되었다. 이후 자식 없이 죽은 왕자들의 사당으로 내려오다가 미혼으로 일찍 죽은 효종·현종의 딸들을 모셨고, 숙종 후궁들의 신주를 모시게 되었다.

1907년 제궁에 속한 토지를 제실재산정리국에서 관리하게 하고, 제사는 장례원掌禮院에서 지내게 하면서 수진궁도 폐쇄된다.[52]

1907년 11월 29일 유길준은 흥사단을 세워 국민교육회 건물에서 활동했으나, 고종이 비어 있는 수진궁을 내려주자 이곳으로 이사했다. 1908년에 유길준이 이곳에 측량전문교육기관인 '수진측량학교'를 개설했다.[53] 또한 종로교회(현재 중앙교회)에서는 소녀매일학교와 소년매일학교를 세웠는데 두 학교가 합쳐져서 종로소학교가 되었다.[54] 종로소학교는 공립학교가 되면서 비어 있는 수진궁터에 자리하게 된 듯싶다. 이 학교는 일본인 자녀와 사동궁의 황실 자녀들이 주로 다녔고 1941년에 종로국민학교로 바뀌었다.

1972년에 종로국민학교가 폐교되자, 삼양식품공업주식회사에서 인수했다. 이후 이 자리에 거양빌딩과 삼양식품이 들어섰다(거양빌딩은 G타워(율곡로 4길 63)로, 삼양식품은 두산위브파빌리온(상봉로 81)으로 바뀌었다). 현재 하늘을 찌르는 건물의 1층에는 처녀귀신과 총각귀신들이 모여 있던 수진궁의 암울함을 떨쳐버리듯 젊은 남녀들이 드나드는 커피점이 자리하고 있다.

수진궁과 관련된 유물로는 《수진궁도서책壽進宮圖署冊》, 《수진궁등

록壽進宮膳錄》(서울대학교 한국학연구원규장
각 소장)이 남아 있다. 《수진궁도서책》은 수
진궁이 도장導掌·감관監官·마름舍音 등에
게나 지방 관청에 대해 발한 명령서命令書
인 도서圖署를 모은 책이다. 《수진궁등록》
은 수진궁 내의 제반 행사에 관련된 비용
과 궁에의 진상 물품 그리고 궁에 속한 장
토의 관리와 관련된 공문 등이 기록되어
있다.[55]

수진궁터 壽進宮址

수진궁은 조선 중기 이후에 어려서 죽은 대군이나
왕자, 출가하기 전에 사망한 공주나 옹주들의
혼을 모아 제사를 지내던 사당이다.
그전에는 예종의 둘째 아들인 제안대군의
저택으로 사용되었었다.

Site of Sujingung Shrine

Sujingung was a shrine where ancestral
rites were held for princes or princesses
who died young and for royal concubines
who bore no children.

| 수진궁터 표지석

🏛 궁 주소

궁가	조선 시대 위치	지번 주소	도로명 주소	건물명
영 희 전	남부 훈도방	중구 저동2가 61, 62번지 등	중구 수표로 27	중부경찰서, 영락교회
이 현 궁	동부 연화방	종로구 인의동 28번지, 48번지	종로구 창경궁로와 김상욱로, 종로 31길 사이	종로플레이스, 인의빌딩 등
상어의궁	중부 경행방	종로구 돈의동	종로구 수표로 22길 일부	피카디리극장 북쪽 부근
하어의궁	동부 숭교방	종로구 효제동 22번지 등	종로구 대학로 39 등	한빛프라자 부근
어 의 궁	서부 인달방	종로구 내자동 201번지	종로구 사직로 8길 31	서울지방경찰청
창 의 궁	북부 순화방	종로구 통의동 35번지	종로구 자하문로와 효자로 일부	금융감독연수원, 주택가 등
운 현 궁	중부 정선방	종로구 운니동 114번지	종로구 삼일대로 461 등	운현궁
도 정 궁	서부 인달방	종로구 사직동 262번지, 1번지 57, 58호	종로구 사직로 7길 등	운경기념관, 주택가 등
누 동 궁	중부 경행방	종로구 익선동 166번지	종로구 수표로 28길	한옥주택가
경 모 궁	동부 숭교방	종로구 연건동 28번지	종로구 대학로 95, 103	서울대학교 의과대학 본관 뒤
칠 궁	북부 순화방	종로구 궁정동 1번지	종로구 창의문로 12	칠궁
저 경 궁	남부 호현방	중구 남대문로3가 110번지	중구 남대문로 39	한국은행
대 빈 궁	중부 경행방	종로구 낙원동 58번지	종로구 삼일대로 30길 26	종로세무서, 한옥
선 희 궁	북부 순화방	종로구 신교동 산 1번지	종로구 신교동 필운대로 97, 103	국립서울농학교, 국립서울맹학교
경 우 궁	북부 양덕방	종로구 계동 140번지 2호	종로구 율곡로 75	현대건설 빌딩, 주차장
덕 안 궁	남부 명례방	중구 태평로 1가 60, 61번지	종로구 세종대로 125, 135	서울시의회, 코리아나호텔
자 수 궁	북부 순화방	종로구 옥인동 45번지	종로구 자하문로 19길 36	군인아파트 등
안동동별궁	북부 안국방	종로구 안국동 175번지	종로구 율곡로 3길 4	풍문여자고등학교
순 화 궁	중부 견평방	종로구 인사동 194번지	종로구 인사동 25길, 29길	태화빌딩, 하나로빌딩
용 동 궁	중부 수진방	종로구 수송동 80번지	종로구 종로 5길 58, 68	석탄회관빌딩, 코리안리재보험빌딩
창 성 궁	북부 순화방	종로구 창성동 67번지	종로구 효자로 57	청와대 부속 청사
죽 동 궁	중부 관인방	종로구 관훈동 198번지	종로구 인사동 5길, 9길	센터마크호텔 등
계 동 궁	북부 광화방	종로구 원서동 206번지	종로구 율곡로 75	현대빌딩 서측 일부
사 동 궁	중부 관인방	종로구 관훈동 192번지 등	종로구 인사동 9길	SK빌딩 등
수 진 궁	중부 수진방	종로구 수송동 51번지	종로구 율곡로 4길 63 종로구 삼봉로 81	G타워, 두산위브파빌리온

주註

책머리에

1 주남철, 《궁집》, 일지사, 2003, 8·9쪽.

2 류시원, 《풍운의 한말 역사산책》, 한국문원, 1992, 21쪽.

3 이순자, 《조선 왕실 궁터의 입지분석》, 주택도시연구 제92호, 2007, 21쪽.

4 주남철, 《궁집》, 일지사, 2003, 10~14쪽.

5 신성수, 《주역통해》, 도서출판 대학서림, 2005, 114쪽.

6 이순자, 〈조선 왕실 궁터의 입지분석〉, 주택도시연구 제92호, 2007, 22쪽.

7 서영보 외, 고려대학교 민족문화추진회 역, 《만기요람》〈재용편〉, 민중문화추진위회, 1991, 167쪽.

8 이호열, 〈조선 전기 주택사 연구〉, 영남대학교 대학원 건축공학 박사논문, 1992, 28쪽.

9 국사편찬위원회, 《태조실록》, 태조 4년 1395년 1월 14일.

10 국사편찬위원회, 《성종실록》, 성종 9년 1478년 1월 16일; 윤국일, 《역주 경국대전》, 여강출판사, 1991, 102쪽.

11 윤국일, 《역주 경국대전》, 여강출판사, 1991, 91쪽.

12 이호철, 〈조선 전기 농업사연구〉, 서울대학교 대학원 농화학 박사논문, 1985, 242쪽; 이호열, 〈조선 전기 주택사 연구〉, 영남대학교 대학원 건축공학 박사논문, 1992, 44쪽.

13 국사편찬위원회, 《세종실록》, 세종 13년 1431년 1월 12일.

14 위의 책, 세종 22년 1440년 7월 27일.

15 위의 책, 세종 13년 1431년 1월 12일.

16 위의 책, 세종 23년 1441년 12월 2일.

17 국사편찬위원회, 《성종실록》, 성종 2년 1471년 5월 25일.

18 국사편찬위원회, 《연산군일기》, 연산 4년 1498년 6월 15일.

19 윤국일, 《역주 경국대전》, 여강출판사, 1991, 263·264쪽.

20 국사편찬위원회, 《고종실록》, 고종 29년 1892년 7월 18일.

21 위의 책, 고종 41년 1904년 10월 5일.

22 위의 책, 고종 44년 1907년 6월 5일.

23 위의 책, 고종 44년 1907년 7월 4일.

24 국사편찬위원회, 《순종실록》, 순종 즉위년 1907년 7월 24일.

25 위의 책, 순종 즉위년 1907년 11월 27일.

26 위의 책, 순종 1년 1908년 6월 20일.

27 위의 책, 순종 1년 1908년 6월 25일.

28 위의 책, 순종 1년 1908년 7월 23일.

제1장

영희전

1   국사편찬위원회, 《세조실록》, 세조 3년 1457년 7월 28일.

2   위의 책, 세조 3년 1457년 8월 16일.

3   위의 책, 세조 3년 1457년 10월 21일.

4   안산문화원 http://www.ansanculture.or.kr

5   국사편찬위원회, 《예종실록》, 예종 1년 1469년 1월 6일.

6   오대산월정사 http://www.woljeongsa.org

7   월정사성보박물관 http://www.woljeongsamuseum.or.kr

8   백련사 www.paengryontemple.or.kr

9   국사편찬위원회, 《숙종실록》, 숙종 13년 1687년 6월 19일.

10 고규홍, 《절집나무》, 들녘, 2004, 84쪽.

11 _____ , 《서울육백년사 문화사적편》, 서울특별시, 1995, 1432쪽.

12 의왕시사편찬위원회, 《의왕시사 2》, 의왕시 의왕문화원, 2007, 23쪽.

13 국사편찬위원회, 《중종실록》, 중종 1년 1506년 9월 9일.

14 국사편찬위원회, 《광해군일기》, 중초본, 광해 10년 1618년 7월 18일.

15 국사편찬위원회, 《인조실록》, 인조 10년 1632년 3월 9일.

16 국사편찬위원회, 《숙종실록》, 숙종 16년 1690년 10월 27일.

17 _____ , 《서울육백년사 문화사적편》, 서울특별시, 1995, 279쪽.

18 위의 책, 278 · 279쪽.

19 명동성당 http://www.mdsd.or.kr

20 국사편찬위원회, 《고종실록》, 고종 7년 1870년 12월 10일.

21 위의 책, 고종 37년 1900년 5월 30일.

22 국사편찬위원회, 《순종실록》 순종 1년 1908년 7월 23일.

23 _____ , 《중구지 下》, 1994. 1078 · 1079쪽.

24 국사편찬위원회, 《세종실록》, 세종 28년 1446년 3월 24일.

25 국사편찬위원회, 《단종실록》, 단종 1년 1453년 10월 10일.

26 국사편찬위원회, 《숙종실록》, 숙종 31년 1705년 4월 3일.

27 국사편찬위원회, 《영조실록》, 영조 41년 1765년 6월 11일.

이현궁

1 국사편찬위원회, 《선조수정실록》, 선조 2년 1569년 11월 1일.

2 국사편찬위원회, 《선조실록》, 선조 10년 1577년 5월 27일.

3 위의 책, 선조 25년 1592년 4월 14일.

4 위의 책, 선조 25년 1592년 4월 29일.

5 위의 책, 선조 25년 1592년 11월 5일.

6 위의 책, 선조 33년 1600년 6월 27일.

7 위의 책, 선조 41년 1608년 1월 1일.

8 국사편찬위원회, 《광해군일기》 중초본, 광해 즉위년 1608년 5월 7일.

9 위의 책, 광해 즉위년 1608년 5월 7일.

10 홍순민, 《우리 궁궐 이야기》, 청년사, 1999, 35쪽.

11 국사편찬위원회, 《광해군일기》 중초본, 광해 2년 1610년 3월 29일.

12 위의 책, 광해 2년 1610년 12월 28일.

13 위의 책, 광해 즉위년 1608년 5월 7일.

14 국사편찬위원회, 《인조실록》, 인조 1년 1623년 3월 13일.

15 위의 책, 인조 19년 1641년 7월 10일.

16 문화재청 http://www.cha.go.kr

17 국사편찬위원회, 《광해군일기》 중초본, 광해 3년 1611년 5월 11일.

18 국사편찬위원회, 《인조실록》, 인조 8년 1630년 5월 21일.

19 위의 책, 인조 1년 1623년 6월 25일.

20 위의 책, 인조 21년 1643년 4월 18일.

21 남양주시지출판위원회, 《남양주시지 2》, 남양주시지편찬위원회, 2000, 266쪽.

22 국사편찬위원회, 《인조실록》, 인조 1년 1623년 3월 23일.

23 위의 책, 인조 2년 1624년 1월 24일.

24 위의 책, 인조 5년 1627년 4월 12일.

25 위의 책, 인조 4년 1626년 3월 21일.

26 위의 책, 부록 〈인조대왕 묘지문〉.

27 국사편찬위원회, 《숙종실록》, 숙종 20년 1694년 10월 7일.

28 위의 책, 숙종 37년 1711년 6월 22일.

29 위의 책, 숙종 44년 1718년 4월 14일.

30 국사편찬위원회, 《영조실록》, 영조 11년 1735년 5월 25일.

31 이왕무, 〈'본영도형'을 통한 조선후기 장용영의 모습〉, 장서각 21집, 한국학중앙연구원, 2009, 8쪽; 정정남, 〈장용영의 한성부내 입지와 영사의 건축적 특성〉, 장서각 21집, 한국학중앙연구원, 2009, 42쪽.

32 정정남, 〈장용영의 한성부내 입지와 영사의 건축적 특성〉, 장서각 21집, 한국학중앙연구원, 2009, 53쪽.

33 국사편찬위원회, 《정조실록》, 정조 9년 1785년 7월 2일.

34 정정남, 〈장용영의 한성부내 입지와 영사의 건축적 특성〉, 장서각 21집, 한국학중앙연구원, 2009, 57쪽.

35 국사편찬위원회, 《순조실록》, 순조 2년 1802년 1월 20일.

36 위의 책, 순조 24년(1824년) 4월 15일; 정정남, 〈장용영의 한성부내 입지와 영사의 건축적 특성〉, 장서각 21집, 한국학중앙연구원, 2009, 61쪽.

37 이규철, 《대한제국기 한성부 군사관련 시설의 입지와 그 변화》, 서울학연구, 2008, 130·131쪽; 이왕무, 〈'본영도형'을 통한 조선후기 장용영의 모습〉, 장서각 21집, 한국학중앙연구원, 2009, 14쪽; 정정남, 〈장용영의 한성부내 입지와 영사의 건축적 특성〉, 장서각 21집, 한국학중앙연구원, 2009, 61쪽.

38 정정남, 〈장용영의 한성부내 입지와 영사의 건축적 특성〉, 장서각 21집, 한국학중앙연구원, 2009, 56쪽.

39 국사편찬위원회, 《숙종실록》, 숙종 37년 1711년 6월 22년.

40 국사편찬위원회, 《영조실록》, 영조 11년 1735년 4월 4일.

41 이왕무, 〈'본영도형'을 통한 조선후기 장용영의 모습〉, 장서각 21집, 한국학중앙연구원, 2009, 21쪽; 정정남, 〈장용영의 한성부내 입지와 영사의 건축적 특성〉, 장서각 21집, 한국학중앙연구원, 2009, 56쪽.

42 고건, 《서울의 하천》, 서울특별시시사편찬위원회, 2000, 219쪽.
장서각본 '본영도형' 맨 아래 부분에 이현교거梨峴橋渠, 즉 이현교 도랑으로 표시되어 있는 것으로 보아 《서울의 하천》 219쪽에 나오는 이름이 알려지지 않은 다리(15,16)로 보여진다.

어의궁

1 국사편찬위원회, 《광해군일기》 중초본, 광해 9년 1617년 6월 11일.

2 국사편찬위원회, 《인조실록》, 인조 1년 1623년 3월 13일.

3 _____ , 《서울육백년사 문화사적편》, 서울특별시, 1995, 169쪽.

4 서울특별시편찬위원회, 《서울지명사전》, 서울특별시, 2009, 206쪽.

5   국사편찬위원회, 《영조실록》, 영조 27년 1751년 10월 8일.

6   위의 책, 영조 32년 1756년 4월 10일.

7   국사편찬위원회, 《중종실록》, 중종 17년 1522년 12월 16일.

8   위의 책, 중종 23년 1528년 1월 29일.

9   위의 책, 중종 23년 1528년 9월 23일.

10 위의 책, 중종 23년 1528년 9월 23일.

11 위의 책, 중종 26년 1531년 4월 20일.

12 위의 책, 중종 37년 1542년 11월 19일.

13 국사편찬위원회, 《명종실록》, 명종 11년 1556년 10월 22일; 《인종실록》, 인종 1년 1545년 6월 29일.

14 국사편찬위원회, 《인종실록》, 인종 1년 1545년 6월 9일.

15 국사편찬위원회, 《명종실록》, 명종 11년 1556년 10월 22일.

16 국사편찬위원회, 《효종실록》 부록 〈효종대왕 행장〉.

17 국사편찬위원회, 《인조실록》, 인조 23년 1645년 윤6월 3일.

18 국사편찬위원회, 《영조실록》, 영조 38년 1762년 10월 14일.

19 국사편찬위원회, 《영조실록》, 영조 35년 1759년 윤 6월 28일.

20 _____ , 《서울육백년사 문화사적편》, 서울특별시, 1995, 170쪽.

21 강진철, 〈안동별궁고〉, 아세아여성연구 2권, 숙명여자대학교아세아여성연구소, 1963, 5 · 6쪽; 《서울육백년사 문화유적편》, 169 · 170쪽.

22 한국고전종합데이터베이스 http://db.itkc.or.kr, 《국역승정원일기》, 고종 5년 1868년 7월 12일.

23 일그러진 근대역사의 흔적 http://cafe.daum.net/distorted

24 국사편찬위원회, 《정조실록》, 정조 6년 1782년 1월 21일.

25 서울특별시편찬위원회, 《서울지명사전》, 서울특별시, 2009, 272쪽.

26 _____ , 《서울육백년사 문화사적편》, 서울특별시, 1995, 170쪽 .

27 한국고전종합데이터베이스 http://db.itkc.or.kr, 《계곡선생집 3》, 〈잡저〉, '봉림대군의 새 저택에 대한 상량문'.

28 한국고전종합데이터베이스 http://db.itkc.or.kr, 《계곡선생집 3》, 〈잡저〉, '인평대군의 새 저택에 대한 상량문'.

29 문화재청 http://cha.go.kr

30 서울특별시사편찬위원회, 《서울지명사전》, 서울특별시, 2009, 1501쪽.

31 한국고전종합데이터베이스 http://db.itkc.or.kr, 《계곡선생집 3》, 〈잡저〉, '봉림대군의 새 저택에 대한 상량문'.

32 국사편찬위원회, 《광해군일기》 중초본, 광해 2년 1610년 7월 1일.

33 위의 책, 광해 4년 1612년 6월 22일.

34 국사편찬위원회, 《선조실록》, 선조 21년 1588년 2월 24일.

35 위의 책, 선조 25년 1592년 11월 5일.

36 국사편찬위원회, 《광해군일기》 중초본, 광해 7년 1615년 11월 17일.

37 위의 책, 광해 11년 1619년 12월 29일.

38 위의 책, 광해 10년 1618년 9월 24일.

39 위의 책, 광해 7년 1615년 윤 8월 14일.

40 위의 책, 광해 7년 1615년 11월 10일.

41 위의 책, 광해 7년 1645년 11월 17일.

42 위의 책, 광해 11년 1619년 12월 29일.

43 서울역사박물관, 《서울지도》 '경성정밀지도', 서울역사박물관유물관리과, 2006, 54쪽.

44 '경전분교 12일 낙성', 〈경향신문〉, 1959년 2월 10일.

45 국사편찬위원회, 《정조실록》, 정조 13년 1789년 2월 13일.

46 정정남, 〈효종대 인경궁내 궁가의 건립과 그 이후 궁역의 변화〉, 서울학연구 제39호, 서울시립대학교 부설서울학연구소, 2010, 177쪽; 주남철, 〈조선 시대 청평위궁의 기초적 연구〉, 대한건축학회지 제27권 제7호 통권 제273호, 대한건축학회, 2011, 126쪽.

창의궁

1 국사편찬위원회, 《인조실록》, 인조 15년 1637년 2월 8일.

2 국사편찬위원회, 《현종실록》, 현종 15년 1674년 6월 4일.

3 국사편찬위원회, 《인조실록》, 인조 23년 1645년 4월 26일.

4 국사편찬위원회, 《현종실록》, 현종 11년 1670년 8월 21일.

5 위의 책.

6 위의 책, 현종 1년 1660년 3월 17일.

7 위의 책, 현종 3년 1662년 1월 9일.

8 위의 책, 현종 5년 1664년 11월 19일.

9 국사편찬위원회, 《숙종실록》, 숙종 46년 1720년 6월 8일.

10 위의 책, 숙종 22년 1696년 10월 27일.

11 위의 책, 숙종 30년 1704년 2월 21일.

12 위의 책, 숙종 30년 1704년 4월 17일.

13 위의 책, 숙종 34년 1708년 10월 30일.

14 위의 책, 숙종 38년 1712년 2월 12일.

15 국사편찬위원회, 《영조실록》, 영조 34년 1758년 11월 7일.

16 국사편찬위원회, 《경종실록》, 경종 1년 1721년 8월 21일.

17 위의 책, 경종 2년 1722년 3월 26일.

18 대통령경호실, 《청와대와 주변 역사·문화유산》, 대통령경호실, 2007, 281·282쪽; 국립고궁박물관 http://www.gogung.go.kr

19 문화재청 http://www.cha.go.kr

20 국사편찬위원회, 《영조실록》, 영조 1년 1725년 2월 25일.

21 위의 책, 영조 1년 1725년 2월 2일.

22 위의 책, 영조 4년 1728년 11월 16일.

23 위의 책, 영조 5년 1729년 1월 26일.

24 위의 책, 영조 5년 1729년 11월 5일.

25 위의 책, 영조 11년 1735년 1월 21일.

26 위의 책, 영조 12년 1736년 1월 1일.

27 위의 책, 영조 28년 1752년 3월 4일.

28 위의 책, 영조 28년 1752년 3월 10일.

29 위의 책, 영조 28년 1752년 5월 12일.

30 이희철, 《중앙 30년》, 중앙여자중고등학교, 1970, 319쪽.

31 국사편찬위원회, 《영조실록》, 영조 28년 1752년 5월 16일.

32 서울대학교 규장각한국학연구원 http://kyujanggak.snu.ac.kr

33 국립중앙박물관, 《145년만의 귀환, 외규장각의궤》, 국립중앙박물관, 2011, 295쪽.

34 국사편찬위원회, 《정조실록》, 정조 즉위년 1776년 8월 12일.

35 국사편찬위원회, 《고종실록》, 고종 7년 1870년 12월 10일.

36 국사편찬위원회, 《영조실록》, 정조 10년 1786년 6월 20일.

37 위의 책, 정조 10년 1786년 5월 26일.

38 위의 책, 정조 10년 1786년 11월 20일.

39 국사편찬위원회, 《고종실록》, 고종 7년 1870년 12월 10일.

40 _____ , 《서울육백년사 문화사적편》, 서울특별시, 1995, 873·874쪽.

41 창학100주년사 편찬위원회, 《숙명 100년》 1906~2006 Ⅰ, 창학100주년사편찬위원회, 255쪽.

42 위의 책, 679~681쪽.

43 국사편찬위원회, 《정조실록》, 정조 11년 1787년 1월 10일.

44 서울대학교 규장각한국학연구원 http://kyujanggak.snu.ac.kr

45 국립중앙박물관, 《145년만의 귀환, 외규장각의궤》, 국립중앙박물관, 2011, 178쪽.

46 국사편찬위원회, 《고종실록》, 고종 7년 1870년 1월 2일.

47 국사편찬위원회, 《순조실록》, 순조 30년 1830년 5월 6일.

48 위의 책, 순조 30년 1830년 5월 12일.

49 위의 책, 순조 30년 1830 7월 15일.

50 위의 책, 순조 31년 1831년 5월 24일.

51 위의 책, 순조 32년 1832년 7월 7일.

52 국사편찬위원회, 《헌종실록》, 헌종 즉위년 1834년 11월 19일.

53 위의 책, 헌종 12년 1846년 3월 2일.

54 위의 책, 헌종 3년 1837년 1월 7일.

55 국사편찬위원회, 《고종실록》, 고종 37년 1900년 5월 30일.

56 국사편찬위원회, 《철종실록》, 철종 6년 1855년 8월 19일.

57 안수정, 〈인왕산 동쪽기슭의 권력과 경관〉, 한국교원대학교 지리교육학 석사논문, 2006, 56쪽.

58 서울역사박물관유물관리과, 《서울지도》, 서울역사박물관유물관리과, 2006, 42쪽.

59 국사편찬위원회 한국사데이터베이스 http://db.history.go.kr, '내동리 명물', 〈동아일보〉, 1924년 8월 4일.

60 강태영, 〈동양척식주식회사의 농지수탈 정책〉, 경영경제 27권 2호, 계명대학교산업경영연구소, 1994, 2쪽.

61 강태경, 〈일본의 동양척식주식회사 설립과 조선경제 장악전략〉, 경영경제 26권 1호, 계명대학교산업경영연구소, 1993, 15쪽.

62 강태영, 〈동양척식주식회사의 농지수탈 정책〉, 경영경제 27권 2호, 계명대학교산업경영연구소, 1994, 16쪽.

63 한국민족문화대백과사전 http://encykorea.aks.ac.kr

64 안수정, 〈인왕산 동쪽기슭의 권력과 경관〉, 한국교원대학교 지리교육 석사논문, 2006, 60쪽.

65 김은식, 〈'천연기념물 제4호 통의동 백송'의 나이와 직경생장 유형〉, 한국생태학회지 제26권 제1호 통권111호, 2003, 34쪽.

66 '천연기념 백송 헌납', 〈경향신문〉, 1975년 8월 6일.

67 김은식, 〈'천연기념물 제4호 통의동 백송'의 나이와 직경생장 유형〉, 한국생태학회지 제26권 제1호 통권111호, 2003, 35쪽.

68 서울대학교 규장각한국학연구원 http://kyujanggak.snu.ac.kr, 〈일성록〉, 1791년 3월 21일, '戶曹以於義宮奉安閣彰義宮養性軒咸一齋永慕堂日閑齋三吾軒六德齋七相樓八祥檻玖惠齋破傷分付各該司修改啓敎'.

69 서울역사박물관 유물관리과, 《서울지도》, 서울역사박물관 유물관리과, 2006, 42쪽.

운현궁

1 국사편찬위원회, 《순조실록》, 순조 15년 1815년 12월 19일.

2 _____ , 《운현궁: 실측조사보고서》, 서울특별시, 1993, 17쪽; _____ , 《서울육백년사 문화사적편》, 서울특별시, 1995, 171쪽.

3 황현, 김준 역, 《매천야록》, 교문사, 1994, 20·21쪽.

4   보덕사 http://www.boduksa.com

5   정경연, 《정통풍수지리》, 평단문화사, 2003, 23 · 26쪽.

6   국사편찬위원회, 《순조실록》, 순조 30년 1830년 5월 6일.

7   위의 책, 순조 34년 1834년 11월 13일.

8   《헌종실록》 헌종 12년 1846년 윤5월 24일.

9   이규태, 《이규태의 600년 서울》, 조선일보사, 1992, 43~45쪽.

10 국사편찬위원회, 《고종실록》, 고종 즉위년 1863년 12월 30일.

11 위의 책, 고종 즉위년 1863년 12월 15일.

12 위의 책, 고종 1년 1864년 1월 7일.

13 _____ , 《매천야록》, 교문사, 1994, 12쪽.

14 황진하, 〈운현궁 영역의 변천과정에 관한 건축사적 연구〉, 서울시립대학교 건축공학 석
    사논문, 2001, 80 · 81쪽.

15 국사편찬위원회, 《고종실록》, 고종 1년 1864년 9월 24일.

16 위의 책, 고종 6년 1869년 1월 14일.

17 _____ , 《운현궁: 실측조사보고서》, 서울특별시, 1993, 22쪽.

18 위의 책, 20쪽.

19 명성황후생가 http://www.empressmyeongseong.kr

20 국사편찬위원회, 《영조실록》, 영조 37년 1761년 6월 13일.

21 국사편찬위원회, 《고종실록》, 고종 34년 1897년 11월 22일.

22 류시원, 《풍운의 한말 역사 산책》, 한국문원, 1996, 114쪽.

23 위의 책, 148 · 150쪽.

24 문화재청, 〈운현궁양관실측보고서〉, 문화재청, 2002, 98쪽.

25 류시원, 《풍운의 한말 역사 산책》, 한국문원, 1996, 33, 34쪽; 황진하, 〈운현궁 영역의 변
    천과정에 관한 건축사적 연구〉, 서울시립대학교 건축공학 석사논문, 2001, 82쪽.

26 황진하, 〈운현궁 영역의 변천과정에 관한 건축사적 연구〉, 서울시립대학교 건축공학 석
    사논문, 2001, 82~84쪽.

27 류시원, 《풍운의 한말 역사 산책》, 한국문원, 1996, 19쪽; 황진하, 〈운현궁 영역의 변천
    과정에 관한 건축사적 연구〉, 서울시립대학교 건축공학 석사논문, 2001, 54 · 56쪽.

제2장

도정궁

1   대통령경호실, 《청와대와 주변 역사 · 문화유산》, 대통령경호실, 2007, 303쪽.

2 국사편찬위원회, 《중종실록》, 중종 36년 1541년 3월 25일.

3 위의 책, 중종 39년 1544년 4월 3일.

4 국사편찬위원회, 《선조실록》 부록 〈선조대왕 묘지문〉.

5 _____ , 《서울육백년사 문화사적편》, 서울특별시, 1995, 302쪽.

6 위의 책, 1166쪽.

7 동작문화원 http://www.dongjaktv.net

8 지창룡, 《한국지리총람》, 명문당, 1977, 268쪽.

9 국사편찬위원회, 《명종실록》, 명종 21년 1566년 윤10월 15일; 명종 22년 1567년 6월 28일.

10 국사편찬위원회, 《선조실록》, 선조 1년 1568년 2월 24일.

11 국사편찬위원회, 《철종실록》, 철종 13년 1862년 8월 11일.

12 국사편찬위원회, 《고종실록》, 고종 1년 1864년 7월 11일.

13 위의 책, 고종 9년 1872년 7월 30일.

14 위의 책, 순종 1년 1908년 5월 30일.

15 위의 책, 고종 41년 1904 11월 5일.

16 국사편찬위원회, 《선조실록》, 선조 21년 1588년 6월 13일.

17 국사편찬위원회, 《광해군일기》 중초본, 광해 4년 1612년 2월 5일.

18 국사편찬위원회, 《순종실록》 부록, 순종 6년 1913년 12월 4일; 순종 7년 1914년 5월 1일.

19 안수정, 〈인왕산 동쪽 기슭의 권력과 경관〉, 한국교원대학교 지리교육학 석사논문, 2006, 83쪽.

20 전주이씨 덕흥대원군파 http://cafe.daum.net/deokheungsa; 〈동아일보〉 1939년 9월 23일.

21 국사편찬위원회, 《인조실록》, 인조 6년 1628년 5월 28일.

22 위의 책, 인조 15년 1637년 3월 23일.

23 운경기념관 http://www.woonkyung.or.kr; 이재형, 《정치 이전의 것을 하러 왔소》, 삼신각, 2002, 23쪽.

24 정재문이야기 http://www.jmchung.or.kr

25 국사편찬위원회, 《순조실록》, 순조 7년 1807년 10월 22일.

26 박지원 저, 신호열 · 김명호 역, 《연암집》 상, 돌베개, 2007, 50쪽.

누동궁

1 국사편찬위원회, 《영조실록》, 영조 47년 1771년 7월 12일.

2 위의 책, 영조 47년 1771년 1월 29일; 4월 19일.

3 위의 책, 영조 47년 1771년 2월 6일.

4 위의 책, 영조 47년 1771년 4월 12일.

5 위의 책, 영조 47년 1771년 5월 29일.

6 국사편찬위원회, 《정조실록》, 정조 즉위년 1776년 5월 8일.

7 위의 책, 정조 즉위년 1776년 8월 3일.

8 국사편찬위원회, 《고종실록》, 고종 36년 1899년 9월 12일.

9 국사편찬위원회, 《영조실록》, 영조 47년 1771년 7월 12일.

10 국사편찬위원회, 《정조실록》, 정조 1년 1777년 8월 11일.

11 위의 책, 정조 10년 1786년 11월 20일.

12 위의 책, 정조 22년 1798년 9월 8일.

13 국사편찬위원회, 《순조실록》, 순조 1년 1801년 3월 16일.

14 위의 책, 순조 1년 1801년 5월 29일.

15 김길수, '신유박해 순교자들(27: 송마리아와 신마리아)', 〈가톨릭신문〉, 2001년 9월 16일; 강
  진철, 〈안동별궁고〉, 아시아여성연구2, 숙명여자대학교 아시아여성연구소, 1963, 13쪽.

16 절두산순교성지 〈은언군, 송마리아비 안내문〉.

17 국사편찬위원회, 《순조실록》, 순조 22년 1822년 2월 28일.

18 강화군청 http://www.ganghwa.incheon.kr

19 국사편찬위원회, 《철종실록》 부록 〈철종대왕 행장〉.

20 국사편찬위원회, 《철종실록》, 철종 즉위년 1849년 6월 23일.

21 위의 책, 철종 2년 1851년 12월 28일.

22 국사편찬위원회, 《고종실록》, 고종 9년 1872년 2월 22일.

23 위의 책, 고종 1년 1864년 9월 21일.

24 고양시청 http://www.goyang.go.kr; 은평구청 http://www.ep.go.kr

25 국사편찬위원회, 《철종실록》 철종 즉위년 1849년 6월 17일; 6월 23일.

26 정원여자중학교 http://www.jungwon.ms.kr

27 박미숙, '철종 생가 5대손 그랜드힐튼서울 이우영 회장', 〈이코노미스트〉 805호, 2005,
  25~27쪽.

28 종로구청 http://tour.jongno.go.kr

29 박미숙, '철종 생가 5대손 그랜드힐튼서울 이우영 회장', 〈이코노미스트〉 805호, 2005,
  25~27쪽.

30 최효찬·유상오, '사라지는 마지막 한옥촌', 〈경향신문〉, 2004월 5월 14일.

경모궁

1 국사편찬위원회, 《성종실록》, 성종 15년 1484년 9월 27일.

2 _____ , 《서울육백년사 문화사적편》, 서울특별시, 1995, 297~299쪽.

3 국사편찬위원회, 《선조실록》, 선조 26년 1593년 4월 18일.

4 국사편찬위원회, 《영조실록》, 영조 38년 1762년 2월 2일.

5 위의 책, 영조 38년 1762년 5월 22일.

6 위의 책, 영조 38년 1762년 5월 22일.

7 위의 책, 영조 38년 1762년 윤 5월 13일.

8 국사편찬위원회, 《영조실록》, 영조 38년 1762년 윤 5월 21일.

9 위의 책, 영조 38년 1762년 7월 23일.

10 국사편찬위원회, 《정조실록》, 정조 즉위년 1776년 9월 30일.

11 국사편찬위원회, 《영조실록》, 영조 40년 1764년 5월 19일.

12 국사편찬위원회, 《정조실록》, 정조 즉위년 1776년 3월 10일.

13 위의 책, 정조 즉위년 1776년 3월 20일.

14 국사편찬위원회, 《정조실록》, 정조 즉위년 1776년 9월 30일.

15 _____ , 《서울육백년사 문화사적편》, 서울특별시, 1995, 299 · 300쪽.

16 국사편찬위원회, 《고종실록》, 정조 15년 1791년 10월 7일.

17 국사편찬위원회, 《정조실록》, 고종 36년 1899년 11월 24일.

18 국사편찬위원회, 《고종실록》, 고종 36년 1899년 9월 1일.

19 위의 책, 고종 36년 1899년 10월 31일.

20 위의 책, 고종 36년 1899년 11월 25일.

21 위의 책, 고종 36년 1899년 12월 7일.

22 위의 책, 고종 37년 1900년 5월 19일.

23 국사편찬위원회, 《광해군일기》 중초본, 광해 즉위년 1608년 4월 22일.

24 국사편찬위원회, 《현종실록》, 현종 즉위년 1659년 6월 19일.

25 위의 책, 현종 즉위년 1659년 7월 11일.

26 국사편찬위원회, 《현종개수실록》, 현종 즉위년 1659년 7월 11일.

27 국사편찬위원회, 《현종실록》, 현종 14년 1673년 6월 12일.

28 국사편찬위원회, 《정조실록》, 정조 13년 1789년 7월 11일.

29 위의 책, 정조 13년 1789년 7월 15일.

30 _____ , 《수원 화성행궁》, 수원시, 2003, 142쪽.

31 서울대학교의과대학 http://medicine.snu.ac.kr

32 영건의궤연구회, 《영건의궤》, 동녘, 2010, 495 · 498 · 499쪽.

칠궁

1 국사편찬위원회, 《숙종실록》 숙종 44년 1718년 3월 9일.

2 국사편찬위원회, 《영조실록》, 영조 즉위년 1724년 8월 30일.

3 _____ , 《서울육백년사 문화사적편》, 서울특별시, 1995, 282쪽.

4 국사편찬위원회, 《고종실록》, 고종 7년 1870년 1월 2일.

5 위의 책, 고종 7년 1870년 1월 3일; 1월 22일; 대통령경호실, 《청와대와 주변의 역사·문화유산》, 대통령경호실, 2007, 159쪽.

6 국사편찬위원회, 《고종실록》, 고종 15년 1878년 9월 27일.

7 위의 책, 고종 19년 1882년 8월 1일; 고종 20년 1883년 6월 24일.

8 위의 책, 고종 24년 1887년 4월 30일.

9 위의 책, 고종 34년 1897년 4월 24일.

10 _____ , 《서울육백년사 문화사적편》, 서울특별시, 1995, 282·283쪽; 국사편찬위원회, 《순종실록》, 순종 1년 1908년 7월 23일.

11 일그러진 근대역사의 흔적 http://cafe.daum.net/distorted, '엄순비 신전이던 덕안궁 철회'; 〈매일신보〉, 1930년 6월 13일.

12 국사편찬위원회, 《숙종실록》, 숙종 19년 1693년 4월 26일.

13 위의 책, 숙종 20년 1694년 6월 2일.

14 위의 책, 숙종 21년 1695년 6월 8일.

15 위의 책, 숙종 25년 1699년 10월 23일.

16 국립문화재연구소, 《국역 호산청일기》, 민속원, 2007, 26쪽.

17 국사편찬위원회, 《영조실록》, 영조 즉위년 1724년 11월 20일.

18 위의 책, 영조 1년 1725년 12월 23일.

19 위의 책, 영조 1년 1725년 12월 23일.

20 위의 책, 영조 20년 1744년 3월 7일.

21 위의 책, 영조 29년 1753년 6월 25일.

22 소현수, 최기수, 홍대형, 〈조선 시대 사묘 칠궁의 구성 공간 고찰〉, 한국전통조경학회 제23권 제4호 통권 제54호, 2005, 18쪽.

23 국사편찬위원회, 《고종실록》, 고종 15년 1878년 9월 27일; 고종 19년 1882년 8월 1일.

24 국사편찬위원회, 《숙종실록》 숙종 44년 1718년 4월 20일.

25 위의 책, 《숙종실록》, 숙종 44년 1718년 2월 7일.

26 위의 책, 숙종 44년 1718년 4월 8일.

27 파주문화원 http://www.pajucc.or.kr

28 위의 홈페이지.

29 국사편찬위원회, 《영조실록》, 영조 1년 1725년 2월 27일.

30 대통령경호실, 《청와대와 주변의 역사·문화유산》, 대통령경호실, 2007, 187쪽; _____ , 《서울육백년사 문화사적편》, 서울특별시, 1995, 291쪽.

31 김원·임응식, 《한국의 고건축 4: 칠궁》, 광장, 1977, 4~11쪽.

32 위의 책.

33 문화재청, 〈칠궁의 연혁 및 수리공사보고서〉, 문화재청, 2000, 18·33·34쪽.

34 소현수·최기수·홍대형, 《조선 시대 사묘 칠궁의 구성 공간 고찰》, 한국전통조경학회지, 제23권 제4호 통권 제54호, 2005, 20쪽.

35 일그러진 근대 역사의 흔적 http://cafe.daum.net/distorted, '1.21사태의 여파로 끝내 철거가 확정된 칠궁의 운명'; '칠궁이 헐린다', 〈한국일보〉, 1968년 2월 16일; 이해경, 《나의 아버지 의친왕》, 진, 1997, 337쪽.

36 프레시안 http://www.pressian.com, '박인규의 집중인터뷰: 중요무형문화재 56호 종묘제례 기능보유자 이기전 선생', 2008년 10월 30일.

저경궁

1   국사편찬위원회, 《선조실록》, 선조 28년 1595년 2월 11일.

2   국사편찬위원회, 《광해군일기》 중초본, 광해 5년 1613년 10월 29일.

3   국사편찬위원회, 《선조실록》, 선조 40년 1607년 6월 10일.

4   국사편찬위원회, 《숙종실록》, 숙종 20년 1694년 3월 26일.

5   위의 책, 숙종 6년 1680년 4월 26일.

6   위의 책, 숙종 6년 1680년 4월 5일.

7   위의 책, 숙종 6년 1680년 4월 28일.

8   위의 책, 숙종 9년 1683년 6월 20일.

9   위의 책, 숙종 14년 1688년 12월 24일.

10 위의 책, 숙종 15년 1689년 10월 5일.

11 위의 책, 숙종 27년 1701년 11월 8일.

12 국사편찬위원회, 《영조실록》, 영조 19년 1743년 6월 13일.

13 위의 책, 영조 24년 1748년 5월 23일.

14 위의 책, 영조 31년 1755년 6월 2일.

15 위의 책, 영조 31년 1755년 6월 5일.

16 국사편찬위원회, 《선조실록》, 선조 36년 1603년 4월 17일.

17 위의 책, 선조 36년 1603년 6월 1일.

18 국사편찬위원회, 《광해군일기》 중초본, 광해 10년 1618년 9월 24일.

19 남양주시지편찬위원회, 《남양주시지 자료집》, 경기출판사, 2000, 750쪽.

20 국사편찬위원회, 《영조실록》, 영조 31년 1755년 6월 2일.

21 국사편찬위원회, 《광해군일기》 중초본, 광해 10년 1618년 4월 8일.

22 국사편찬위원회, 《인조실록》, 인조 2년 1624년 6월 1일.

23 이동학, 《상동교회백십일년사》, 기독교대한감리회상동교회, 49쪽.

24 김정동, 《고종 황제가 사랑한 정동과 덕수궁》, 발언, 2004, 150쪽.

25 이동학, 《상동교회백십일년사》, 기독교대한감리회상동교회, 1999, 14 · 41 · 42 · 47 · 49 · 50 · 58 · 59 · 70 · 164 · 224 · 285쪽.

26 대통령경호실, 《청와대와 주변 역사 · 문화유산》, 대통령경호실, 2007, 161쪽.

27 서울치의학대학원 치의학박물관 http://www.dentmuseum.or.kr

28 _____ , 《서울육백년사 문화사적편》, 서울특별시, 1995, 617쪽.

29 화폐금융박물관 http://museum.bok.or.kr

30 이규철, 〈대한제국기 한성부 제실유 가사에 관한 연구〉, 서울대학교 건축학 석사논문, 2005, 96쪽.

31 장필구, 〈복원연구를 통한 영희전의 고찰〉, 서울대학교 건축학 석사논문, 2004, 18쪽.

대빈궁

1 국사편찬위원회, 《영조실록》, 영조 37년 1761년 8월 4일.

2 국사편찬위원회, 《효종실록》, 효종 4년 1653년 7월 27일.

3 위의 책, 효종 4년 1653년 윤7월 5일.

4 국사편찬위원회, 《현종개수실록》, 현종 13년 1672년 11월 1일.

5 국사편찬위원회, 《숙종실록》, 숙종 6년 1680년 5월 7일.

6 위의 책, 숙종 12년 1686년 12월 10일.

7 위의 책, 숙종 6년 1680년 11월 1일.

8 위의 책, 숙종 12년 1686년 12월 10일.

9 위의 책, 숙종 15년 1689년 1월 10일.

10 위의 책, 숙종 15년 1689년 1월 15일.

11 위의 책, 숙종 15년 1689년 2월 1일.

12 위의 책, 숙종 15년 1689년 2월 4일.

13 위의 책, 숙종 15년 1689년 4월 25일.

14 위의 책, 숙종 15년 1689년 5월 2일.

15 위의 책, 숙종 15년 1689년 5월 13일.

16 위의 책, 숙종 15년 1689년 5월 30일.

17 위의 책, 숙종 15년 1689년 6월 3일.

18 위의 책, 숙종 16년 1690년 10월 22일.

19 위의 책, 숙종 20년 1694년 4월 12일.

20 위의 책, 숙종 20년 1694년 4월 6일.

21 위의 책, 숙종 20년 1694년 윤5월 22일; 숙종 20년 1694년 5월 20일.

22 위의 책, 숙종 27년 1701년 9월 23일.

23 위의 책, 숙종 27년 1701년 10월 8일.

24 위의 책, 숙종 27년 1701년 10월 3일.

25 위의 책, 숙종 27년 1701년 10월 7일.

26 위의 책, 숙종 44년 1718년 12월 23일.

27 위의 책, 숙종 45년 1719년 4월 7일.

28 국사편찬위원회, 《경종실록》, 경종 즉위년 1720년 7월 21일.

29 위의 책, 경종 2년 1722년 1월 15일.

30 위의 책, 경종 2년 1722년 10월 5일.

31 위의 책, 경종 2년 1722년 10월 10일.

32 위의 책, 경종 2년 1722년 10월 15일.

33 위의 책, 경종 3년 1723년 5월 16일.

34 위의 책, 경종 3년 1723년 6월 9일.

35 위의 책, 경종 2년 1722년 10월 10일.

36 국사편찬위원회, 《숙종실록》, 숙종 25년 1699년 5월 28일.

37 국사편찬위원회, 《영조실록》, 영조 15년 1739년 3월 28일.

38 일그러진 근대역사의 흔적 http://cafe.daum.net/distorted, '장희빈의 사당 대빈궁 자리에 들어선 경성측후소'.

선희궁

1 국사편찬위원회, 《영조실록》, 영조 6년 1730년 11월 27일.

2 위의 책, 영조 38년 1762년 윤 5월 13일.

3 혜경궁 홍씨, 정병설 역, 《한중록》, 문학동네, 2010, 125·126쪽.

4 국사편찬위원회, 《영조실록》, 영조 41년 1765년 7월 11일.

5 위의 책, 영조 40년 1764년 7월 26일.

6 위의 책, 영조 40년 1764년 9월 3일.

7 위의 책, 영조 40년 1764년 9월 27일.

8 위의 책, 영조 40년 1764년 11월 5일.

9 위의 책, 영조 42년 1766년 7월 26일.

10 국사편찬위원회, 《정조실록》, 정조 12년 1788년 12월 26일.

11 국사편찬위원회, 《고종실록》, 고종 36년 1899년 9월 14일.

12 연세대학교백주년기념사업회, 《연세대학교백년사》, 연세대학교백년사편찬위원회, 1985, 60·158·563쪽.

13 문화재청 http://www.cha.go.kr

14 국사편찬위원회, 《영조실록》, 영조 42년 1766년 7월 26일.

15 국사편찬위원회, 《고종실록》, 고종 7년 1870년 1월 2일.

16 위의 책, 고종 34년 1897년 4월 24일.

17 국사편찬위원회, 《정조실록》, 정조 15년 1791년 3월 17일.

18 위의 책, 정조 16년 1792년 3월 20일.

19 위의 책, 정조 19년 1795년 3월 7일.

20 위의 책, 정조 7년 1783년 11월 5일.

21 강학구, 《선희 80년의 발자취》, 서울선희학교, 1993, 58 · 59쪽.

22 국사편찬위원회 한국사데이터베이스 http://db.history.go.kr, '제생원 양양부 이전 신축 낙성', 〈조선중앙일보〉, 1934년 5월 12일.

23 국립서울농학교 http://www.seoulnong.sc.kr

경우궁

1 국사편찬위원회, 《순조실록》, 순조 23년 1823년 2월 3일.

2 국사편찬위원회, 《정조실록》, 정조 4년 1780년 3월 10일.

3 위의 책, 정조 5년 1781년 1월 17일.

4 위의 책, 정조 6년 1782년 9월 7일.

5 위의 책, 정조 7년 1783년 2월 19일.

6 위의 책, 정조 10년 1786년 9월 14일.

7 위의 책, 정조 10년 1786년 5월 11일.

8 위의 책, 정조 11년 1787년 2월 11일; 2월 12일.

9 위의 책, 정조 14년 1790년 6월 18일.

10 위의 책.

11 위의 책, 정조 17년 1793년 3월 1일.

12 위의 책, 정조 16년 1792년 12월 20일.

13 국사편찬위원회, 《순조실록》, 순조 22년 1822년 12월 26일.

14 위의 책, 순조 23년 1823년 2월 3일.

15 국사편찬위원회, 《정조실록》, 정조 13년 1789년 10월 7일.

16 위의 책, 정조 13년 1789년 7월 11일.

17 김울림, '휘경동출토 자기청화어제사도세자묘지명', 〈미술자료〉 제66호, 국립중앙박물관, 2001, 105 · 106쪽.

18 일그러진 근대역사의 흔적 http://cafe.daum.net/distorted, '1968년 늦가을, 사도세자의 첫 무덤 '영우원' 자리 발견되다'; '사도세자 첫 무덤 영우원을 발견', 〈동아일보〉, 1968년 11월 21일.

19 국사편찬위원회, 《순조실록》, 순조 23년 1823년 2월 3일.

20 국사편찬위원회, 《철종실록》, 철종 6년 1855년 4월 10일.

21 철종 14년 1863년 2월 7일; 5월 1일; 3월 4일.

22 국사편찬위원회, 《고종실록》, 고종 44년 1907년 6월 10일.

23 국사편찬위원회, 《순조실록》, 순조 22년 1822년 12월 29일.

24 위의 책, 순조 24년 1824년 1월 21일.

25 국사편찬위원회, 《헌종실록》, 헌종 3년 1837년 4월 7일.

26 국사편찬위원회, 《고종실록》, 고종 38년 1901년 10월 11일.

27 한국학중앙연구원, 《조선 왕실의 여성》, 한국학중앙연구원 장서각, 1995, 196·197쪽.

28 국사편찬위원회, 《고종실록》, 고종 21년 1884년 10월 17일.

29 위의 책, 국사편찬위원회, 고종 21년 1884년 10월 18일.

30 위의 책, 고종 22년 1885년 12월 26일.

31 친일반민족행위진상규명위원회, 《친일반민족행위진상규명보고서 1》, 현대문화사, 2009, 733쪽.

32 국사편찬위원회, 《고종실록》, 고종 16년 1879년 3월 19일.

33 위의 책, 고종 31년 1894년 6월 22일.

34 위의 책, 고종 31년 1894년 6월 25일.

35 위의 책, 고종 33년 1896년 11월 11일.

36 길연진, 〈서울시 도심부 이전적지의 개발에 관한 연구〉, 서울대학교 환경조경학 석사논문, 1990, 79쪽; 휘문칠십년사편집위원회, 〈휘문칠십년사〉, 휘문중고등학교, 1976, 81·169쪽.

37 휘문고등학교 http://www.whimoon.hs.kr

38 휘문칠십년사편집위원회, 《휘문칠십년사》, 휘문중고등학교, 1976, 545쪽.

39 길연진, 〈서울시 도심부 이전적지의 개발에 관한 연구〉, 서울대학교 환경조경학 석사학위 논문, 1990, 102쪽.

40 위의 책, 82쪽.

41 휘문칠십년사편집위원회, 《휘문칠십년사》, 휘문중고등학교, 1976, 169쪽.

42 _____ , 《서울육백년사 문화사적편》, 서울특별시, 1995, 1083쪽.

43 위의 책, 1084쪽.

44 휘문칠십년사편집위원회, 《휘문칠십년사》, 휘문중고등학교, 1976, 169쪽.

덕안궁

1 국사편찬위원회, 《단종실록》, 단종 2년 1454년 8월 27일.

2 국사편찬위원회, 《광해군일기》 중초본, 광해 15년 1623년 1월 11일.

3 _____ , 《서울육백년사 문화사적편》, 서울특별시, 1995, 167쪽.

4 홍경모, 이종묵 역, 《사의당지, 우리집을 말한다》, 휴머니스트, 2009, 57쪽.

5 위의 책.

6   박경룡, 《명동변천사》, 서울특별시 중구문화원, 2003, 71 · 72쪽.

7   _____ , 《서울육백년사 문화사적편》, 서울특별시, 1995, 167쪽.

8   국사편찬위원회, 《태조실록》, 태조 6년 1397년 1월 3일.

9   위의 책, 태종 6년 1406년 4월 7일.

10 위의 책, 태종 10년 1410년 8월 8일.

11 국사편찬위원회, 《세조실록》 세조 3년 1457년 11월 10일.

12 위의 책, 세조 7년 1461년 3월 8일.

13 국사편찬위원회, 《예종실록》, 예종 1년 1469년 9월 26일.

14 한국고전종합데이터베이스 http://db.itkc.or.kr

15 국사편찬위원회, 《성종실록》, 성종 21년 1490년 윤 9월 6일.

16 위의 책, 성종 24년 1493년 1월 27일.

17 국사편찬위원회, 《광해군일기》 중초본, 광해 3년 1611년 10월 11일.

18 국사편찬위원회, 《인조실록》, 인조 1년 1623년 7월 12일.

19 국사편찬위원회, 《현종실록》, 현종 14년 1673년 12월 18일.

20 국사편찬위원회, 《정조실록》, 정조 1년 1777년 3월 2일.

21 국립중앙박물관 http://www.museum.go.kr

22 서울문화재 http://sca.seoul.go.kr

23 국사편찬위원회, 《고종실록》, 고종 34년 1897년 10월 20일.

24 국립문화재연구소, 《국역 호산청일기》, 민속원, 2007, 96쪽.

25 국사편찬위원회, 《고종실록》, 고종 37년 1900년 8월 3일.

26 위의 책, 고종 38년 1901년 10월 5일; 10월 14일.

27 _____ , 《서울육백년사 문화사적편》, 서울특별시, 1995, 167쪽.

28 황현, 김준 역, 《매천야록》, 교문사, 1994, 688~692쪽.

29 국사편찬위원회, 《고종실록》, 고종 40년 1903년 12월 25일.

30 진명여자중고등학교, 《진명칠십오년사》, 진명여자중고등학교, 1980, 74쪽.

31 국사편찬위원회, 《고종실록》, 고종 37년 1900년 8월 17일.

32 국사편찬위원회, 《순종실록》, 순종 즉위년 1907년 8월 7일.

33 위의 책, 순종 즉위년 1907년 12월 5일.

34 송우혜, '마지막 황태자', 〈신동아〉, 1998년 9월호, 614 · 615쪽.

35 국사편찬위원회, 《순종실록부록》, 순종 3년 1910년 8월 29일.

36 김을한, 《조선의 마지막 황태자 영친왕》, 페이퍼로드, 2010, 334쪽.

37 일그러진 근대역사의 흔적 http://cafe.daum.net/distorted, '엄순비 신전이던 덕안궁 철회'.

38 박경룡, 《정동, 역사의 뒤안길》, 서울중구문화원, 2007, 358쪽.

39 _____ , 《서울육백년사 문화사적편》, 서울특별시, 1995, 623쪽; 박경룡, 《정동, 역사의 뒤안길》, 서울중구문화원, 2007, 359·360쪽.

40 조선일보사, 《조선일보 70년사 1》, 조선일보70년역사편찬실, 1990, 6~8·108~111쪽.

제3장

자수궁

1 국사편찬위원회, 《문종실록》, 문종 즉위년 1450년 3월 21일.

2 국사편찬위원회, 《태조실록》, 태조 1년 1392년 7월 28일.

3 위의 책, 태조 1년 1392년 12월 13일.

4 위의 책, 태조 1년 1392년 8월 20일.

5 위의 책, 태조 3년 1394년 3월 1일; 4월 1일; 4월 14일; 태조 4년 1395년 4월 25일; 4월 26일.

6 위의 책, 태조 6년 1397년 2월 24일.

7 위의 책, 태조 7년 1398년 8월 26일.

8 국사편찬위원회, 《정종실록》, 정종 1년 1399년 1월 19일.

9 국사편찬위원회, 《세종실록》, 세종 19년 1437년 6월 3일.

10 위의 책, 세종 18년 1436년 1월 13일.

11 위의 책, 세종 19년 1437년 7월 6일.

12 위의 책, 세종 19년 1437년 11월 27일.

13 국사편찬위원회, 《숙종실록》, 숙종 6년 1680년 7월 27일.

14 김포군지편찬위원회, 《김포군지》, 김포군, 1993년, 1718·1719쪽.

15 한국금석문종합영상정보시스템 http://gsm.nricp.go.kr

16 국사편찬위원회, 《세종실록》, 세종 24년 1442년 5월 10일.

17 위의 책, 세종 30년 1448 7월 21일.

18 위의 책, 세종 28년 1446년 10월 5일.

19 위의 책, 세종 2년 1420년 9월 4일; 세종 4년 1422년 8월 3일.

20 위의 책, 세종 19년 1437년 6월 3일.

21 위의 책, 세종 31년 1449년 7월 19일.

22 국사편찬위원회, 《연산군일기》, 연산 1년 1495년 1월 10일.

23 한국금석문종합영상정보시스템 http://gsm.nricp.go.kr

24 전주이씨 대동종약원 http://www.rfo.co.kr

25 전주이씨 광평대군파 http://pkp.or.kr

26 국사편찬위원회, 《문종실록》, 문종 즉위년 1450년 6월 6일.

27 위의 책, 문종 즉위년 1450년 3월 21일.

28 위의 책, 문종 즉위년 1450년 4월 6일.

29 위의 책, 문종 1년 1451년 3월 28일.

30 국사편찬위원회, 《성종실록》, 성종 8년 1477년 3월 30일.

31 위의 책, 성종 16년 1485년 5월 7일.

32 위의 책, 성종 14년 1483년 6월 15일.

33 위의 책, 성종 16년 1485년 5월 9일.

34 위의 책, 성종 16년 1485년 5월 5일.

35 국사편찬위원회, 《연산군일기》, 연산 10년 1504년 윤 4월 19일.

36 국사편찬위원회, 《명종실록》, 명종 9년 1554년 10월 30일.

37 위의 책, 명종 9년 1554년 11월 6일; 11월 13일; 11월 19일.

38 위의 책, 명종 18년 1563년 6월 2일.

39 국사편찬위원회, 《인조실록》, 인조 23년 1645년 7월 22일.

40 신명호, 《궁녀》, 시공사, 2004, 78~82쪽.

41 국사편찬위원회, 《인조실록》, 인조 25년 1647년 5월 13일.

42 국사편찬위원회, 《효종실록》, 효종 10년 1659년 윤 3월 4일.

43 박상진, 《내시와 궁녀》, 가람기획, 2005, 209 · 210쪽.

44 이부섭, '대자동 두 개의 붉은 무덤', 〈고양신문〉, 2002년 1월 5일.

45 국사편찬위원회, 《현종개수실록》, 현종 2년 1661년 1월 5일.

46 국사편찬위원회, 《현종실록》, 현종 2년 1661년 2월 12일.

47 최순우, 《이조문화와 서울》, 학원사, 1961, 126쪽; 국사편찬위원회, 《현종실록》, 현종 5년 1664년 윤6월 14일; 《영조실록》, 영조 41년 1765년 8월 8일; 《정조실록》, 정조 8년 1784년 8월 12일.

48 안수정, 〈인왕산 동쪽 기슭의 권력과 경관〉, 한국교원대학교 지리교육학 석사논문, 2006, 28쪽.

49 국사편찬위원회, 《세조실록》, 세조 2년 1456년 12월 6일.

50 국사편찬위원회, 《성종실록》, 성종 24년 1493년 7월 4일.

51 '일당기사一堂紀事에 나타난 이완용의 주거지 이전 현황', 〈매일신보〉, 1913년 12월 6일.

52 이태호, 《서울의 옛 모습》, 서울시립대학교 부설 서울학연구소, 1995, 102쪽.

안국동별궁

1   국사편찬위원회, 《세종실록》, 세종 23년 1441년 1월 11일.

2   위의 책, 세종 29년 1447년 1월 16일.

3   위의 책, 세종 29년 1447년 3월 10일.

4   위의 책, 세종 30년 1448년 12월 14일.

5   강진철, 〈안동별궁고〉. 아세아여성연구 2권, 숙명여자대학교아세아여성연구소, 1963, 20쪽.

6   세종 31년 1449년 11월 19일; 강진철, 〈안동별궁고〉, 아세아여성연구 2권, 숙명여자대 학교아세아여성연구소, 1963, 20쪽; _____ , 《서울육백년사 문화사적편》, 서울특 별시, 1995, 162쪽.

7   국사편찬위원회, 《세종실록》, 세종 29년 1447년 8월 30일.

8   위의 책, 세종 30년 1448년 8월 4일.

9   국사편찬위원회, 《정조실록》, 정조 15년 1791년 2월 21일.

10   국사편찬위원회, 《세종실록》, 세종 32년 1450년 2월 17일.

11   국사편찬위원회, 《문종실록》, 문종 즉위년 1450년 2월 23일.

12   위의 책, 문종 즉위년 1450년 6월 6일.

13   위의 책.

14   국사편찬위원회, 《세조실록》, 세조 13년 1467년 2월 2일.

15   국사편찬위원회, 《세종실록》, 세종 31년 1449년 3월 18일.

16   국사편찬위원회, 《단종실록》, 단종 1년 1453년 11월 28일.

17   국사편찬위원회, 《세종실록》, 세종 32년 1450년 1월 24일.

18   국사편찬위원회, 《정조실록》, 정조 15년 1791년 2월 21일.

19   국사편찬위원회, 《세조실록》, 세조 1년 1455년 윤 6월 16일.

20   위의 책, 세조 1년 1455 윤 6월 17일.

21   위의 책, 세조 2년 1456년 6월 27일.

22   위의 책, 세조 7년 1461년 10월 20일.

23   국사편찬위원회, 《고종실록》, 고종 37년 1900년 9월 21일.

24   불교닷컴 http://www.bulkyo21.com, 구호명, '삼성, 훔쳐간 문화재 소장한 프랑스 꼴', 2006년 8월 23일.

25   혜문닷컴 http://blog.daum.net/dlfrkrtn, '삼성, 현등사 사리구 반환 결정', 2006년 9월 25일.

26   국사편찬위원회, 《세조실록》, 세조 13년 1467년 1월 12일.

27   국사편찬위원회, 《성종실록》, 성종 2년 1471년 7월 24일.

28   위의 책, 성종 3년 1472년 12월 2일.

29   위의 책, 성종 6년 1475년 10월 14일.

30   위의 책, 성종 6년 1475년 10월 15일.

31   위의 책, 성종 3년 1472년 12월 2일; 강진철, 〈안동별궁고〉. 아세아여성연구 2권, 숙명 여자대학교아세아여성연구소, 1963, 18쪽; _____ , 《서울육백년사 문화사적편》, 서울특별시, 1995, 161 · 163쪽.

32 국사편찬위원회, 《성종실록》, 성종 8년 1477년 8월 8일.

33 위의 책, 성종 25년 1494년 4월 17일.

34 위의 책, 성종 19년 1488년 12월 21일.

35 국사편찬위원회, 《연산군일기》, 연산 12년 1506년 7월 20일.

36 국사편찬위원회, 《중종실록》, 중종 17년 1522년 5월 17일.

37 위의 책, 중종 17년 1522년 5월 17일.

38 위의 책, 중종 28년 1533년 5월 23일; 5월 26일.

39 위의 책, 중종 28년 1533년 5월 26일.

40 위의 책, 중종 28년 1533년 6월 2일.

41 위의 책, 중종 27년 1532년 3월 20일.

42 위의 책, 중종 36년 1541년 11월 9일.

43 국사편찬위원회, 《인조실록》, 인조 1년 1623년 9월 26일.

44 위의 책, 인조 2년 1624년 5월 29일.

45 위의 책, 인조 2년 1624년 6월 6일.

46 위의 책, 인조 2년 1624년 6월 24일.

47 위의 책, 인조 3년 1625년 2월 27일.

48 국사편찬위원회, 《숙종실록》, 숙종 34년 1708년 11월 5일; 강진철, 〈안동별궁고〉. 아세아여성연구 2권, 숙명여자대학교아세아여성연구소, 1963, 1~11쪽.

49 국사편찬위원회, 《영조실록》, 영조 34년 1758년 11월 7일.

50 국사편찬위원회, 《숙종실록》, 숙종 45년 1719년 10월 20일.

51 국사편찬위원회, 《영조실록》, 영조 3년 1727년 12월 7일.

52 위의 책, 영조 9년 1733년 6월 21일.

53 위의 책, 영조 9년 1733년 6월 28일.

54 위의 책, 영조 23년 1747년 9월 4일.

55 위의 책, 영조 24년 1748년 11월 28일.

56 위의 책, 영조 26년 1750년 2월 7일.

57 국사편찬위원회, 《정조실록》, 정조 즉위년 1776년 4월 10일.

58 국사편찬위원회, 《철종실록》, 철종 즉위년 1849년 6월 17일.

59 황현, 김준 역, 《완역 매천야록》, 교문사, 1994, 20쪽.

60 국사편찬위원회, 《고종실록》, 고종 6년 1869년 9월 5일.

61 국사편찬위원회, 《고종실록》, 고종 16년 1879년 11월 19일.

62 위의 책, 고종 6년 1869년 9월 29일.

63 위의 책, 고종 17년 1880년 6월 23일; 강진철, 〈안동별궁고〉, 아세아여성연구 2권, 숙명여자대학교아세아여성연구소, 1963, 2쪽.

64 국사편찬위원회, 《고종실록》, 고종 18년 1881년 12월 9일.

65 위의 책, 고종 41년 1904년 11월 5일.

66 위의 책, 고종 43년 1906년 3월 16일.

67 위의 책, 고종 43년 1906년 11월 24일.

68 윤정란, 《조선의 왕비》, 이가출판사, 2003, 261쪽.

69 강진철, 〈안동별궁고〉, 아세아여성연구 2권, 숙명여자대학교아세아여성연구소, 1963, 8쪽

70 국사편찬위원회 한국사데이타베이스 http://db.history.go.kr, '별궁을 분할하여 휘문의
   숙에 불하', 〈조선중앙일보〉, 1936년 6월 17일.

71 풍문여자고등학교, 《풍문오십년사》, 국학자료원, 1995, 102쪽.

72 위의 책, 111·112쪽.

73 위의 책, 296쪽.

순화궁

1   국사편찬위원회, 《세조실록》, 세조 13년 1467년 1월 29일.

2   위의 책, 세조 13년 1467년 2월 2일.

3   세종대왕기념사업회편집부, 〈국역 국조인물고 1〉, 세종대왕기념사업회, 270쪽.

4   위의 책, 272쪽.

5   국사편찬위원회, 《세조실록》, 세조 13년 1467년 1월 29일.

6   세종대왕기념사업회편집부, 《국역 국조인물고 1》, 세종대왕기념사업회, 271쪽.

7   국사편찬위원회, 《연산군일기》, 연산 10년 1504년 4월 1일.

8   국사편찬위원회, 《중종실록》, 중종 9년 1514년 6월 15일.

9   국사편찬위원회, 《연산군일기》, 연산 4년 1498년 7월 26일.

10 위의 책, 연산 10년 1504년 10월 24일.

11 위의 책, 연산 10년 1504년 10월 25일.

12 위의 책, 연산 10년 1504년 10월 28일.

13 위의 책, 연산 8년 1502년 1월 15일.

14 위의 책, 연산 8년 1502년 1월 8일.

15 위의 책, 연산 9년 1503년 3월 6일.

16 위의 책, 연산 10년 1504년 12월 14일.

17 위의 책, 연산 11년 1505년 1월 5일.

18 국사편찬위원회, 《중종실록》, 중종 1년 1506년 9월 11일.

19 위의 책, 중종 1년 1506년 9월 25일.

20 위의 책, 중종 3년 1508년 10월 7일.

21 위의 책, 중종 7년 1512년 12월 12일.

22　위의 책, 중종 8년 1513년 2월 11일.

23　국사편찬위원회, 《연산군일기》, 연산 8년 1502년 3월 12일.

24　국사편찬위원회, 《중종실록》, 중종 4년 1519년 11월 11일.
　　1519년(중종 14) 조광조에 의해 중종반정 공신 117명 가운데 공이 없이 공신에 책봉된
　　76명의 공신호를 삭탈하고 토지와 노비를 환수한 사건이다.

25　국사편찬위원회, 《중종실록》, 중종 28년 1533년 3월 21일.

26　위의 책, 중종 27년 1532년 2월 2일.

27　세종대왕기념사업회편집부, 《국역 국조인물고 1》, 세종대왕기념사업회, 252쪽.

28　위의 책, 249쪽.

29　국사편찬위원회, 《인조실록》 부록 〈인조대왕 묘지문〉.

30　국사편찬위원회, 《영조실록》, 영조 41년 1765년 12월 18일.

31　영조 41년 1765년 12월 18일.

32　국사편찬위원회, 《인조실록》, 인조 10년 1632년 12월 11일.

33　위의 책, 인조 10년 1632년 3월 11일.

34　정정남, 〈인사동 194번지의 도시적 연구와 18세기 한성부 구윤옥 가옥에 관한 연구〉, 건
　　축역사연구 제17권 제3호 통권 58호, 2008, 29·31쪽.

35　국사편찬위원회, 《영조실록》, 영조 41년 1765년 12월 18일.

36　위의 책, 영조 49년 1773년 2월 15일.

37　국사편찬위원회, 《헌종실록》, 헌종 3년 1837년 2월 26일.

38　위의 책, 헌종 13년 1847년 7월 18일.

39　위의 책, 헌종 13년 1847년 10월 20일.

40　최영희, 〈'명미가례시일긔'의 서예미학적 연구〉, 성균관대학교 대학원 동양미학 박사논
　　문, 2010, 21쪽.

41　위의 책, 16쪽.

42　노진하·이상해, 〈낙선재 일곽 건축의 조영에 관한 복원적 고찰〉, 건축역사연구 제4권
　　제1호 통권 7호, 한국건축역사학회, 1995, 48~53쪽.

43　국사편찬위원회, 《헌종실록》, 헌종 15년 1849년 6월 6일.

44　국사편찬위원회, 《고종실록》, 고종 44년 1907년 6월 1일.

45　국사편찬위원회, 《순종실록》 부록, 순종 4년 1911년 4월 24일.

46　반민족문제연구소, 《친일파99인 1》, 돌베개, 1993, 148·149쪽.

47　국사편찬위원회, 《순종실록》 부록, 순종 3년 1910년 10월 7일.

48　임대식, 〈이완용의 변신과정과 재산축적〉, 역사비평 통권 24호, 1993, 174쪽.

49　임대식, 〈이완용의 변신과정과 재산축적〉, 역사비평 통권 24호, 1993, 76쪽.

50　서울특별시편찬위원회, 〈서울육백년사〉 제4권, 서울특별시, 1981, 1163쪽.

51　이덕주, 〈태화기독교사회복지관의 역사〉, 태화기독교사회복지관, 1993, 113쪽.

52 위의 책, 114·115쪽.

53 위의 책, 116·117쪽.

54 위의 책, 121쪽.

55 위의 책, 126쪽.

56 위의 책, 127쪽.

57 위의 책, 265쪽.

58 위의 책, 277쪽.

59 위의 책, 76쪽.

60 위의 책, 321쪽.

61 위의 책, 327쪽.

62 위의 책, 331·329쪽.

63 기독교대한감리회 중앙교회 기획위원회, 〈중앙교회 107년사〉, 기독교대한감리회 중앙
교회, 1998, 206쪽.

64 이덕주, 〈태화기독교사회복지관의 역사〉, 태화기독교사회복지관, 1993, 492·493쪽.

65 기독교대한감리회 중앙교회 기획위원회, 〈중앙교회 107년사〉, 기독교대한감리회 중앙
교회, 1998, 19·20쪽.

66 위의 책, 64쪽.

67 위의 책, 48쪽.

68 위의 책, 106쪽.

69 위의 책, 206쪽.

70 위의 책, 211쪽.

71 위의 책, 212쪽.

72 정정남, 〈인사동 194번지의 도시적 연구와 18세기 한성부 구윤옥 가옥에 관한 연구〉, 건
축역사연구 제17권 제3호 통권 58호, 2008, 32·36·37쪽.

용동궁

1 국사편찬위원회, 《명종실록》, 명종 12년 1557년 8월 17일.

2 위의 책, 명종 6년 1551년 5월 30일.

3 위의 책, 명종 10년 1555년 12월 3일.

4 위의 책, 명종 11년 1556년 10월 22일.

5 위의 책, 명종 12년 1557년 8월 15일.

6 위의 책, 명종 16년 1561년 5월 24일; 5월 28일.

7 위의 책, 명종 16년 1561년 7월 21일; 10월 21일.

8 위의 책, 명종 18년 1563년 9월 20일.

9 _____ , 《서울육백년사 문화사적편》, 서울특별시, 1995, 280쪽.

10 국사편찬위원회, 《선조수정실록》, 선조 25년 1592년 3월 3일.

11 국사편찬위원회, 《선조실록》, 선조 28년 1595년 5월 19일.

12 위의 책, 선조 26년 1593년 4월 18일.

13 위의 책, 선조 36년 1603년 3월 22일.

14 국사편찬위원회, 《인조실록》, 인조 15년 1637년 3월 6일.

15 국사편찬위원회, 《고종실록》, 고종 19년 1882년 6월 10일.

16 묄렌도르프, 신복룡 · 김운경 역, 《묄렌도르프자전 외》, 집문당, 1999, 82쪽.

17 박경룡, 《정동, 역사의 뒤안길》, 서울중구문화원, 2007, 288 · 289쪽.

18 국사편찬위원회, 《영조실록》, 영조 5년 1729년 1월 9일.

19 민족문화추진회, 《국역 만기요람 1》, 민중서관공무국, 1971, 168쪽.

20 _____ , 《숙명 70년사》, 숙명여자중고등학교, 1976, 35쪽.

21 위의 책, 32쪽.

22 위의 책, 45쪽.

23 위의 책, 35쪽.

24 위의 책, 58쪽.

25 한상권, 《차미리사 평전》, 푸른역사, 2008, 132 · 133쪽.

26 창학100주년사 편찬위원회, 《숙명 100년》 1906~2006 Ⅰ, 창학100주년사편찬위원회, 2008, 218쪽.

27 _____ , 《숙명 70년사》, 숙명여자중고등학교, 1976, 179 · 180쪽.

28 위의 책, 181쪽.

29 위의 책, 182쪽.

30 묄렌도르프, 신복룡 · 김운경 역, 《묄렌도르프자전 외》, 집문당, 1999, 78쪽.

31 위의 책, 81 · 82쪽.

32 위의 책.

창성궁

1 예산문화원 http://yesan.cult21.or.kr

2 과천시 과천문화원, 《과천시지 1》, 과천시지편찬위원회, 2007, 448쪽.

3 국사편찬위원회, 《영조실록》, 영조 34년 1758년 1월 8일.

4 위의 책, 영조 34년 1758년 1월 17일.

5 위의 책, 영조 34년 1758년 3월 19일.

6 국사편찬위원회, 《정조실록》, 정조 7년 1783년 2월 6일.

7 과천시 과천문화원, 《과천시지 1》, 과천시지편찬위원회, 2007, 447~449쪽.

8 _____ , 《서울지도》, 서울역사박물관 유물관리과, 2006, 42쪽.

9 국사편찬위원회, 《영조실록》, 영조 14년 1738년 2월 30일.

10 위의 책, 영조 11년 1735년 4월 4일.

11 한국금석문종합영상정보시스템 http://gsm.nricp.go.kr

12 국사편찬위원회, 《영조실록》, 영조 24년 1748년 6월 24일.

13 위의 책, 영조 24년 1748년 7월 8일.

14 〈화평옹주·금성위 박명원 묘비문〉.

15 국사편찬위원회, 《영조실록》, 영조 28년 1752년 11월 25일.

16 위의 책, 영조 28년 1752년 11월 27일.

17 위의 책, 영조 30년 1754년 11월 27일.

18 위의 책, 영조 33년 1757년 1월 23일.

19 위의 책, 영조 33년 1757년 2월 15일.

20 위의 책, 영조 33년 1757년 2월 15일.

21 국사편찬위원회, 《정조실록》, 정조 즉위년 1776년 7월 5일.

22 위의 책, 정조 2년 1778년 윤 6월 21일.

23 국사편찬위원회, 《순조실록》, 순조 8년 1808년 5월 17일.

24 국사편찬위원회, 《영조실록》, 영조 40년 1764년 10월 16일.

25 위의 책, 영조 50년 1774년 6월 5일.

26 국사편찬위원회, 《정조실록》, 정조 즉위년 1776년 5월 14일.

27 국사편찬위원회, 《순조실록》, 순조 21년 1821년 9월 3일.

28 국사편찬위원회, 《정조실록》, 정조 5년 1781년 윤 5월 25일.

29 문화재청 http://www.cha.go.kr

30 정승모, 《조선 후기 지역사회구조 연구》, 민속원, 2010, 310쪽.

31 옥선희, 《북촌탐닉》, 프르메, 2009, 165쪽.

32 국사편찬위원회, 《영조실록》, 영조 48년 1772년 12월 18일.

33 포아트 http://www.4art.co.kr, 유준상, '무의자 권옥연', 2009년 5월 9일.

34 국사편찬위원회, 《정조실록》, 정조 즉위년 1776년 9월 24일; 10월 25일.

35 위의 책, 정조 1년 1777년 5월 21일.

36 국사편찬위원회, 《순조실록》, 순조 1년 1801년 3월 3일.

37 부천시 오정구청 http://ojeong.bucheonsi.com

38 위의 홈페이지.

39 _____ , 《진명 75년사》, 진명여자중고등학교, 1980, 59쪽.

40 위의 책, 77쪽.

41 위의 책, 59·60쪽.

42 위의 책, 61쪽.

43 위의 책, 58쪽.

44 _____ , 《진명 75년사》, 진명여자중고등학교, 1980, 60쪽; 한희숙, 〈구한말 순헌황귀비 엄비의 생애와 활동〉, 아시아여성연구 제45집 2호, 숙명여자대학교아시아여성연구소, 2006, 226~230쪽.

죽동궁

1   국사편찬위원회, 《중종실록》, 중종 1년 1506년 9월 3일.

2   국사편찬위원회, 《명종실록》, 명종 12년 1557년 12월 7일.

3   국사편찬위원회, 《중종실록》, 중종 1년 1506년 9월 9일.

4   위의 책, 중종 1년 1506년 9월 9일.

5   국사편찬위원회, 《성종실록》, 성종 9년 1478년 11월 26일.

6   위의 책, 성종 9년 1478년 2월 21일.

7   이긍익, 《국역 연려실기술 Ⅱ》, 민족문화추진회, 1966, 227·228쪽.

8   국사편찬위원회, 《명종실록》, 명종 21년 1566년 2월 4일.

9   국사편찬위원회, 《중종실록》, 중종 39년 1544년 11월 15일.

10 국사편찬위원회, 《현종실록》, 현종 13년 1672년 3월 4일.

11 국사편찬위원회, 《순조실록》, 순조 24년 1824년 9월 8일; 순조 26년 1826년 3월 28일.

12 중랑문화원 http://culture.jungnang.seoul.kr; 이규태, 《이규태의 600년 서울》, 조선일보사, 1993. 56·57쪽.

13 국사편찬위원회, 《순조실록》, 순조 32년 1832년 6월 13일.

14 국사편찬위원회, 《고종실록》, 고종 5년 1868년 8월 26일.

15 국사편찬위원회, 《순종실록》 부록, 순종 9년 1916년 8월 19일; 순종 15년 1922년 3월 27일; 순종 10년 1917년 9월 1일; 순종 11년 1918년 8월 8일.

16 이현진, 〈순조의 장녀 명온공주의 상장의례〉, 조선시대사학회, 2011, 161쪽.

17 선원보감편찬위원회, 《선원보감 Ⅱ》, 계명사, 1989, 442·443쪽.

18 국사편찬위원회, 《철종실록》, 철종 6년 1855년 8월 26일.

19 일그러진 근대역사의 흔적 http://cafe.daum.net/distorted, '요리점 연수각으로 변한 종암동 동녕위궁터'.

20 서울대학교 규장각한국학연구원 http://e-kyujanggak.snu.ac.kr.

21 이종묵, 《효명세자의 저술과 문학》, 한국한시연구 10권, 한국한시학회, 2002년, 336쪽.

22 김일근, 〈이조친필언간 총람〉, 건국대학교 학술연구원 학술지 제12호, 1971, 208쪽.

23 국사편찬위원회, 《고종실록》, 고종 11년 1874년 11월 28일.

24 '죽동궁 민정식 우복소송', 〈중외일보〉, 1928년 1월 17일.

25 신영길, 《한양오백년가사》, 범우사, 1985, 26쪽.

26 일그러진 근대역사의 흔적 http://cafe.daum.net/distorted, '경성편람에 수록된 우정총국 옛 건물 모습'; '대경성 시중의 건물로맨스', 〈중앙일보〉, 1932년 12월 25일.

계동궁

1 국사편찬위원회, 《태종실록》, 태종 11년 1411년 6월 19일.

2 국사편찬위원회, 《세종실록》, 세종 25년 1443년 5월 3일.

3 국사편찬위원회, 《태조실록》, 태조 6년 1397년 8월 23일.

4 국사편찬위원회, 《세조실록》, 세조 6년 1460년 5월 22일.

5 위의 책, 세종 15년 1433 7월 3일.

6 위의 책, 세종 15년 1433년 7월 19일.

7 위의 책, 세종 15년 1433 7월 3일.

8 황현, 김준 역, 《매천야록》, 교문사, 20쪽.

9 국사편찬위원회, 《철종실록》, 철종 4년 1853년 2월 24일.

10 위의 책, 철종 14년 1863년 7월 20일.

11 국사편찬위원회, 《고종실록》, 고종 36년 1899년 9월 21일.

12 위의 책, 고종 41년 1904년 1월 2일.

13 국사편찬위원회, 《순종실록》, 순종 3년 1910년 8월 27일.

14 국사편찬위원회, 《순종실록》 부록, 순종 3년 1910년 10월 7일.

15 대한제국 의친왕숭모회 http://cafe.daum.net/daehan815

16 박은숙, 《갑신정변 연구》, 역사비평사, 2005, 138쪽.

17 국사편찬위원회, 《고종실록》, 고종 21년 1884년 10월 17일.

18 위의 책, 고종 21년 1884년 10월 18일.

19 박은숙, 《갑신정변 연구》, 역사비평사, 2005, 143쪽.

20 국사편찬위원회, 《고종실록》, 고종 21년 1884년 10월 18일.

21 김옥균, 조일문 역, 《갑신일록》, 건국대학교출판부, 1971년, 20·98·99쪽.

22 국사편찬위원회, 《고종실록》, 고종 21년 1884년 10월 19일.

23 위의 책, 고종 21년 1884년 10월 20일.

24 박은숙, 《갑신정변 연구》, 역사비평사, 2005, 503·504·505·507·508·547·548·554·556쪽.

25 국사편찬위원회, 《고종실록》, 고종 24년 1887년 윤 4월 19일.

26 _____ , 《동작구지》, 서울특별시동작구, 1994, 700쪽.

27 동작구 문화관광 http://tour.dongjak.go.kr

28 _____ , 《동작구지》, 서울특별시동작구, 1994, 122쪽.

29 위의 책, 700쪽.

사동궁

1 국사편찬위원회, 《고종실록》, 고종 34년 1897년 10월 20일.

2 위의 책, 고종 13년 1876년 윤5월 11일.

3 위의 책, 고종 14년 1877년 11월 3일.

4 황현, 김준 역, 《매천야록》, 교문사, 1994, 104쪽.

5 이규태, 《이규태의 600년 서울》, 조선일보사, 1993, 42쪽; 이해경, 《나의 아버지 의친왕》, 진, 1997, 42쪽.

6 국사편찬위원회, 《순종실록》, 순종 즉위년 1907년 10월 1일.

7 국사편찬위원회, 《고종실록》, 고종 5년 1868년 윤4월 10일.

8 위의 책, 고종 17년 1880년 1월 29일.

9 국사편찬위원회, 《고종실록》, 고종 43년 1906년 5월 27일.

10 황현, 김준 역, 《매천야록》, 교문사, 1994, 104쪽.

11 _____ , 《성북구지》, 서울특별시 성북구, 1993년, 804쪽.

12 _____ , 《서울육백년사 문화사적편》, 서울특별시, 1995, 807쪽.

13 위의 책, 875쪽.

14 국사편찬위원회, 《고종실록》, 고종 3년 1866 2월 15일.

15 이해경, 《나의 아버지 의친왕》, 진, 1997, 52쪽.

16 국사편찬위원회, 《순종실록》 부록, 순종 4년 1911년 11월 9일.

17 위의 책, 순종 16년 1923년 11월 29일.

18 이해경, 《나의 아버지 의친왕》, 진, 1997, 30 · 33쪽.

19 국사편찬위원회, 《고종실록》, 고종 28년 1891년 12월 29일.

20 위의 책, 고종 29년, 1892년 1월 17일.

21 위의 책, 고종 29년 1892년 9월 24일.

22 위의 책, 고종 29년 1892년 9월 25일.

23 위의 책, 고종 37년 1900년 8월 17일.

24 위의 책, 고종 43년 1906년 7월 12일.

25 이해경, 《나의 아버지 의친왕》, 진, 242쪽.

26 위의 책, 142쪽.

27 이해경, 《나의 아버지 의친왕》, 진, 142쪽; '왕위계승을 거부, 쓸쓸히 일생을 마친 이강공', 〈경향신문〉 1955년 8월 18일.

28 위의 책; 윤승아, '의친왕, 왕비묘 29일 합장', 〈경향신문〉, 1996년 11월 27일.

29 이해경, 《나의 아버지 의친왕》, 진, 1997, 114쪽.

30 위의 책, 165쪽.

31 위의 책, 113쪽.

32 조남철, 《조남철 회고록》, 한국기원, 2004, 135·137쪽.

33 대한황실재건회 http://cafe.daum.net/KoreanEmpire, '의친왕궁의 소유권 분규'; '의친왕궁은 어대로', 〈대한일보〉, 1948년 9월 14일.

34 의협신문 http://www.doctorsnews.co.kr, '의협 100년의 발자취(2)', 2008년 8월 13일.

35 J. 스콧 버거슨, 안종설 역, 《대한민국 사용후기》, 갤리온, 2007, 48~51쪽.

수진궁

1 국사편찬위원회, 《세종실록》, 세종 28년 1446년 3월 7일; 1446년 3월 25일.

2 위의 책, 세종 28년 1446년 3월 7일.

3 위의 책, 세종 27년 1445년 1월 16일.

4 위의 책, 세종 28년 1446년 3월 25일.

5 위의 책, 세종 28년 1446년 3월 30일.

6 국사편찬위원회, 《성종실록》, 성종 5년 1474년 10월 18일.

7 위의 책, 성종 즉위년 1469년 11월 28일.

8 국사편찬위원회, 《중종실록》, 중종 20년 1525년 12월 14일.

9 국사편찬위원회, 《연산군일기》, 연산 10년 1504년 7월 27일; 연산 11년 1505년 6월 27일.

10 국사편찬위원회, 《중종실록》, 중종 12년 1517년 5월 11일; 중종 16년 1521년 12월 1일.

11 국사편찬위원회, 《광해군일기》 중초본, 광해 5년 1613년 5월 4일.

12 위의 책, 광해 5년 1613년 4월 25일.

13 국사편찬위원회, 《숙종실록》, 숙종 20년 1694년 2월 26일.

14 성남문화원 http://www.seongnamculture.or.kr

15 권기홍 외, 《성남시지》, 성남시, 1982, 782쪽.

16 국사편찬위원회, 《세조실록》, 세조 9년 1463년 11월 5일.

17 국사편찬위원회, 《숙종실록》, 숙종 22년 1696년 8월 9일.

18 국사편찬위원회, 《정조실록》, 정조 22년 1798년 9월 7일.

19 국사편찬위원회, 《세조실록》, 세조 11년 1465년 7월 24일.

20 국사편찬위원회, 《예종실록》, 예종 1년 1469년 9월 28일.

21 국사편찬위원회, 《성종실록》, 성종 1년 1470년 2월 2일.

22 위의 책, 성종 3년 1472년 2월 23일.

23 위의 책, 성종 4년 1473년 10월 15일.

24 위의 책, 성종 5년 1474년 윤 6월 12일.

25 위의 책, 성종 19년 1488년 10월 8일.

26 국사편찬위원회, 《고종실록》, 고종 9년 1872년 7월 25일.

27 국사편찬위원회, 《승정원일기》, 고종 9년 1872년 12월 12일.

28 국사편찬위원회, 《인조실록》, 인조 4년 1626년 3월 21일.

29 국사편찬위원회, 《숙종실록》, 숙종 18년 1692년 2월 27일.

30 국사편찬위원회, 《영조실록》, 영조 21년 1745년 7월 2일.

31 위의 책, 영조 21년 1745년 8월 26일.

32 남양주시청 http://www.nyj.go.kr

33 국사편찬위원회, 《고종실록》, 고종 9년 1872년 8월 1일.

34 국사편찬위원회, 《영조실록》, 영조 39년 1763년 4월 26일.

35 국사편찬위원회, 《광해군일기》 중초본, 광해 10년 1618년 9월 24일.

36 국사편찬위원회, 《숙종실록》, 숙종 27년 1701년 11월 8일.

37 국사편찬위원회, 《영조실록》, 영조 31년 1755년 6월 5일.

38 국사편찬위원회, 《효종실록》, 효종 1년 1650년 3월 7일.

39 위의 책, 효종 8년 1657년 2월 5일.

40 국사편찬위원회, 《숙종실록》, 숙종 21년 1695년 3월 14일.

41 위의 책, 숙종 21년 1695년 3월 30일.

42 국사편찬위원회, 《영조실록》, 영조 36년 1760년 12월 22일.

43 위의 책, 영조 48년 1772년 8월 28일.

44 국가기록원 http://www.archives.go.kr

45 국사편찬위원회, 《숙종실록》, 숙종 7년 1681년 12월 13일.

46 국사편찬위원회, 《숙종실록》, 숙종 10년 1684년 12월 25일.

47 권기흥 외, 〈성남시지〉, 성남시, 1982, 764쪽.

48 국사편찬위원회, 《숙종실록》, 숙종 1691년 4월 2일.

49 국사편찬위원회, 《정조실록》, 정조 22년 1798년 9월 7일.

50 국사편찬위원회, 《순종실록》, 순종 즉위년 1907년 11월 27일.

51 국사편찬위원회, 《정조실록》, 정조 22년 1798년 9월 7일.

52 국사편찬위원회, 《순종실록》, 순종 즉위년 1907년 11월 27일.

53 이광린, 《유길준》, 동아일보사, 1992, 159·164·165·169쪽.

54 기독교대한감리회 중앙교회 기획위원회, 《중앙교회 107년사》, 기독교대한감리회 중앙
    교회, 1998, 26·28쪽.

55 서울대학교 규장각한국학연구원 http://e-kyujanggak.snu.ac.kr

❖ 사진 출처

24쪽　상원사목조목수동자좌상: 월정사 성보박물관.

25쪽　명주적삼, 의숙공주 발원문: 월정사 성보박물관.

34쪽　광해군의 청색운보문단 솜 중치막과 폐비 유씨의 홍색 토주 겹장저고리: 해인사 성보박물관.

51쪽　용흥구궁소지: 국립고궁박물관.

61쪽　《신한첩곤》: 국립청주박물관.

64쪽　건구고궁, 어제어필 역효장묘유감, 구저기: 국립고궁박물관.

66쪽　의령원 재실: 이희철, 《중앙30년》, 중앙여자고등학교, 1970.

68쪽　동심사의 과거와 현재: 이희철, 《중앙30년》, 중앙여자고등학교, 1970.

72쪽　동양척식주식회사 사택 모형: 인문학박물관.

120쪽　철종 어진: 국립고궁박물관.

133쪽　평락정: 국립고궁박물관.

140쪽　〈수은묘도〉, 〈영희전도〉: 서울대학교 규장각한국학연구원.

　　　　〈경모궁도설〉: 고려대학교 박물관.

148쪽　《최숙원방 호산청일기》: 한국학중앙연구원 장서각.

149쪽　전자은어사묘, 영조 어진: 국립고궁박물관.

153쪽　〈묘소도형여산론〉, 〈소령원도〉, 〈소령원화소정계도〉, 〈소령원배치도〉: 한국학중앙연구원 장서각.

164쪽　봉안각, 송현고궁기, 저경궁향대청기회, 저경궁추기: 국립고궁박물관.

169쪽　경성치과의학전문학교: 서울대학교치과병원 https://www.snudh.org

170쪽　조선은행: 최석로, 《사진으로 보는 조선시대: 생활과 풍속》, 서문당, 1986, 12쪽.

186쪽　경성측우소: 일그러진 근대역사의 흔적 http://cafe.daum.net/distorted

192쪽　수경원: 연세대학교 http://www.yonsei.ac.kr

196쪽　등세심대상화구점: 국립고궁박물관.

210쪽　성일편 편액: 국립고궁박물관.

211쪽　《현사궁별묘영건도감의궤》, 《현목수빈입묘도감의궤》, 〈진향문〉: 한국학중앙연구원 장서각.

215쪽　원서동 휘문고: 휘문칠십년사편집위원회, 《휘문칠십년사》, 휘문중고등학교, 1976.

223쪽 《정유년호산청일기》: 한국학중앙연구원 장서각.

224쪽 궁중 복장을 한 엄화귀비: 최석로, 《사진으로 보는 조선시대: 생활과 풍속》, 서문당, 1986, 183쪽.

225쪽 《순헌귀비빈궁혼궁의궤》: 한국학중앙연구원 장서각.

229쪽 1929영 덕안궁의 모습: 경성부, 《경성부사》 제1권, 경성부, 1982, 433쪽.

246쪽 자수궁교: 경성부, 《경성부사》 제1권, 경성부, 1982, 358쪽.

253쪽 현등사석탑 사리구: 현등사 성보박물관.

262쪽 풍문여학교와 안국동별궁전경: 풍문여자고등학교, 《풍문오십년사》, 국학자료원, 1995.

275쪽 별유천지: 이덕주, 〈태화기독교사회복지관의 역사〉, 태화기독교사회복지관, 1993, 115쪽.

〈한국독립선언도〉: 이덕주, 〈태화기독교 사회복지관의 역사〉, 태화기독교사회복지관, 1993, 118쪽.

277쪽 1930년대의 옛 태화관과 선교사 사택: 이덕주, 〈태화기독교 사회복지관의 역사〉, 태화기독교사회복지관, 1993, 269쪽.

1979년 헐리기 전의 태화관: 이덕주, 〈태화기독교 사회복지관의 역사〉, 태화기독교사회복지관, 1993, 496쪽.

1981년 4월 철거 중인 태화관: 기독교대한감리회 중앙교회 기획위원회, 〈중앙교회 107년사〉, 기독교대한감리회 중앙교회, 1998, 215쪽.

286쪽 명신여학교 학감 주택: 숙명구십년사편찬실, 〈숙명구십년사〉, 숙명여자중고등학교, 1996.

288쪽 숙명여학교 조감도(1963년): 숙명구십년사편찬실, 《숙명구십년사》, 숙명여자중고등학교, 1996.

숙명고등여학교: 이규헌, 《사진으로 보는 근대한국: 산하와 풍물》, 서문당, 1986, 45쪽.

291쪽 용동궁: 묄렌도르프, 신복룡·김운경 역, 《묄렌도르프자전 외》, 집문당, 1999, 75쪽.

301쪽 화유옹주와 창성위의 부장품: 국립고궁박물관.

304쪽 경선궁 하사문과 영친왕궁 하사문: 〈진명여자고등학교 기념관〉.

305쪽 진명여학교 구 교사: 진명여자중고등학교, 《진명칠십오년사》, 진명여자중고등학교, 1980.

339쪽 이준 공저: 아오야기 쓰나타로, 〈최근경성안내기〉, 조선연구회, 1915년 239쪽; 일그러진 근대역사의 흔적 http://cafe.daum.net/distorted

이강 공저: 아오야기 쓰나타로, 〈최근경성안내기〉, 조선연구회, 1915년 237쪽; 일그러진 근대역사의 흔적 http://cafe.daum.net/distorted

355쪽 숙신공주 증직교지: 한국학중앙연구원 장서각.

357쪽 귀인 김씨묘와 청화백자 묘지: 경희대학교 중앙박물관.

조선 왕조 가계도

혼인 ——
자식 ——

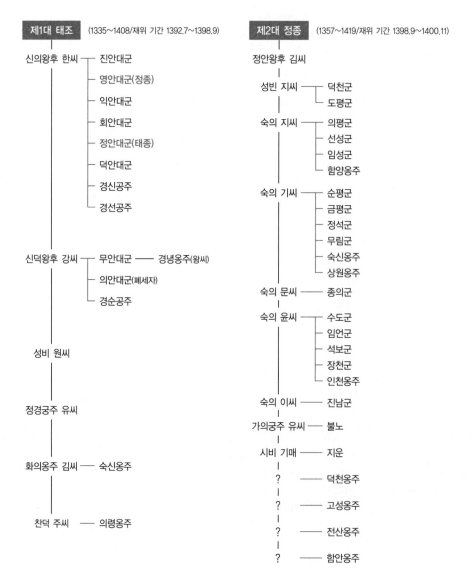

제1대 태조 (1335~1408/재위 기간 1392.7~1398.9)

신의왕후 한씨 ┬ 진안대군
　　　　　　 ├ 영안대군(정종)
　　　　　　 ├ 익안대군
　　　　　　 ├ 회안대군
　　　　　　 ├ 정안대군(태종)
　　　　　　 ├ 덕안대군
　　　　　　 ├ 경신공주
　　　　　　 └ 경선공주

신덕왕후 강씨 ┬ 무안대군 —— 경녕옹주(왕씨)
　　　　　　 ├ 의안대군(폐세자)
　　　　　　 └ 경순공주

성비 원씨

정경궁주 유씨

화의옹주 김씨 —— 숙신옹주

찬덕 주씨 —— 의령옹주

제2대 정종 (1357~1419/재위 기간 1398.9~1400.11)

정안왕후 김씨

성빈 지씨 ┬ 덕천군
　　　　 └ 도평군

숙의 지씨 ┬ 의평군
　　　　 ├ 선성군
　　　　 ├ 임성군
　　　　 └ 함양옹주

숙의 기씨 ┬ 순평군
　　　　 ├ 금평군
　　　　 ├ 정석군
　　　　 ├ 무림군
　　　　 ├ 숙신옹주
　　　　 └ 상원옹주

숙의 문씨 —— 종의군

숙의 윤씨 ┬ 수도군
　　　　 ├ 임언군
　　　　 ├ 석보군
　　　　 ├ 장천군
　　　　 └ 인천옹주

숙의 이씨 —— 진남군

가의궁주 유씨 —— 불노

시비 기매 —— 지운

? —— 덕천옹주

? —— 고성옹주

? —— 전산옹주

? —— 함안옹주

396

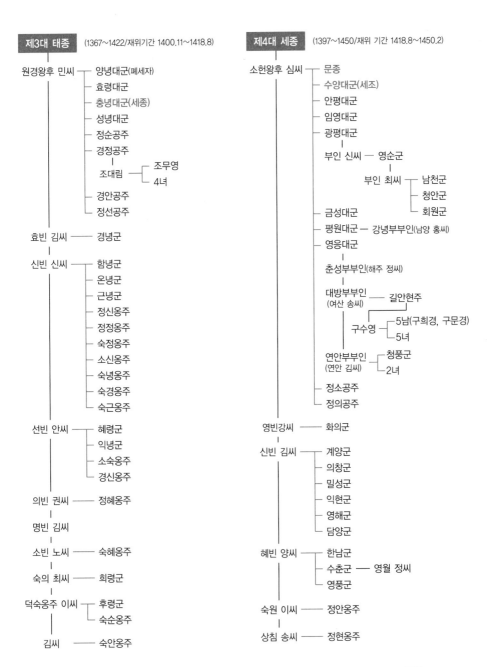

제3대 태종 (1367~1422/재위기간 1400.11~1418.8)

원경왕후 민씨 ── 양녕대군(폐세자)
　　　　　　── 효령대군
　　　　　　── 충녕대군(세종)
　　　　　　── 성녕대군
　　　　　　── 정순공주
　　　　　　── 경정공주
　　　　　　│
　　　　　　조대림 ┬ 조무영
　　　　　　　　　 └ 4녀
　　　　　　── 경안공주
　　　　　　── 정선공주

효빈 김씨 ── 경녕군

신빈 신씨 ── 함녕군
　　　　　── 온녕군
　　　　　── 근녕군
　　　　　── 정신옹주
　　　　　── 정정옹주
　　　　　── 숙정옹주
　　　　　── 소신옹주
　　　　　── 숙녕옹주
　　　　　── 숙경옹주
　　　　　── 숙근옹주

선빈 안씨 ── 혜령군
　　　　　── 익녕군
　　　　　── 소숙옹주
　　　　　── 경신옹주

의빈 권씨 ── 정혜옹주

명빈 김씨

소빈 노씨 ── 숙혜옹주

숙의 최씨 ── 희령군

덕숙옹주 이씨 ┬ 후령군
　　　　　　 └ 숙순옹주

김씨 ── 숙안옹주

제4대 세종 (1397~1450/재위 기간 1418.8~1450.2)

소헌왕후 심씨 ── 문종
　　　　　　 ── 수양대군(세조)
　　　　　　 ── 안평대군
　　　　　　 ── 임영대군
　　　　　　 ── 광평대군
　　　　　　　　│
　　　　　　 부인 신씨 ── 영순군
　　　　　　　　　　　　　　│
　　　　　　　　　　 부인 최씨 ┬ 남천군
　　　　　　　　　　　　　　　 ├ 청안군
　　　　　　 ── 금성대군　　　└ 회원군
　　　　　　 ── 평원대군 ── 강녕부부인(남양 홍씨)
　　　　　　 ── 영응대군
　　　　　　　　│
　　　　　　 춘성부부인(해주 정씨)
　　　　　　　　│
　　　　　　 대방부부인 ┬ 길안현주
　　　　　　 (여산 송씨) │
　　　　　　　　　　 구수영 ┬ 5남(구희경, 구문경)
　　　　　　　　　　　　　　└ 5녀
　　　　　　 연안부부인 ┬ 청풍군
　　　　　　 (연안 김씨) └ 2녀
　　　　　　 ── 정소공주
　　　　　　 ── 정의공주

영빈강씨 ── 화의군

신빈 김씨 ── 계양군
　　　　　── 의창군
　　　　　── 밀성군
　　　　　── 익현군
　　　　　── 영해군
　　　　　── 담양군

혜빈 양씨 ── 한남군
　　　　　── 수춘군 ── 영월 정씨
　　　　　── 영풍군

숙원 이씨 ── 정안옹주

상침 송씨 ── 정현옹주

397

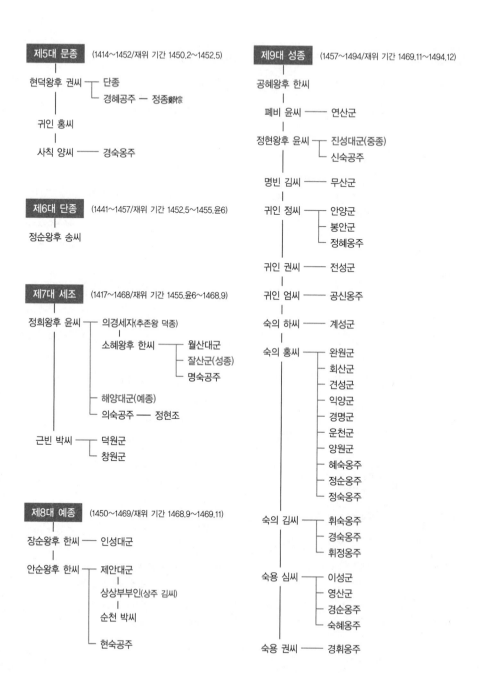

제5대 문종 (1414~1452/재위 기간 1450.2~1452.5)

현덕왕후 권씨 ┬ 단종
　　　　　　 └ 경혜공주 ― 정종鄭悰

귀인 홍씨
　│
사칙 양씨 ―― 경숙옹주

제6대 단종 (1441~1457/재위 기간 1452.5~1455.윤6)

정순왕후 송씨

제7대 세조 (1417~1468/재위 기간 1455.윤6~1468.9)

정희왕후 윤씨 ┬ 의경세자(추존왕 덕종)
　　　　　　　 │　소혜왕후 한씨 ┬ 월산대군
　　　　　　　 │　　　　　　　　 ├ 잘산군(성종)
　　　　　　　 │　　　　　　　　 └ 명숙공주
　　　　　　　 ├ 해양대군(예종)
　　　　　　　 └ 의숙공주 ― 정현조

근빈 박씨 ┬ 덕원군
　　　　　 └ 창원군

제8대 예종 (1450~1469/재위 기간 1468.9~1469.11)

장순왕후 한씨 ―― 인성대군

안순왕후 한씨 ┬ 제안대군
　　　　　　　 │　상상부부인(상주 김씨)
　　　　　　　 │　　│
　　　　　　　 │　순천 박씨
　　　　　　　 └ 현숙공주

제9대 성종 (1457~1494/재위 기간 1469.11~1494.12)

공혜왕후 한씨

폐비 윤씨 ―― 연산군

정현왕후 윤씨 ┬ 진성대군(중종)
　　　　　　　 └ 신숙공주

명빈 김씨 ―― 무산군

귀인 정씨 ┬ 안양군
　　　　　 ├ 봉안군
　　　　　 └ 정혜옹주

귀인 권씨 ―― 전성군

귀인 엄씨 ―― 공신옹주

숙의 하씨 ―― 계성군

숙의 홍씨 ┬ 완원군
　　　　　 ├ 회산군
　　　　　 ├ 견성군
　　　　　 ├ 익양군
　　　　　 ├ 경명군
　　　　　 ├ 운천군
　　　　　 ├ 양원군
　　　　　 ├ 혜숙옹주
　　　　　 ├ 정순옹주
　　　　　 └ 정숙옹주

숙의 김씨 ┬ 휘숙옹주
　　　　　 ├ 경숙옹주
　　　　　 └ 휘정옹주

숙용 심씨 ┬ 이성군
　　　　　 ├ 영산군
　　　　　 ├ 경순옹주
　　　　　 └ 숙혜옹주

숙용 권씨 ―― 경휘옹주

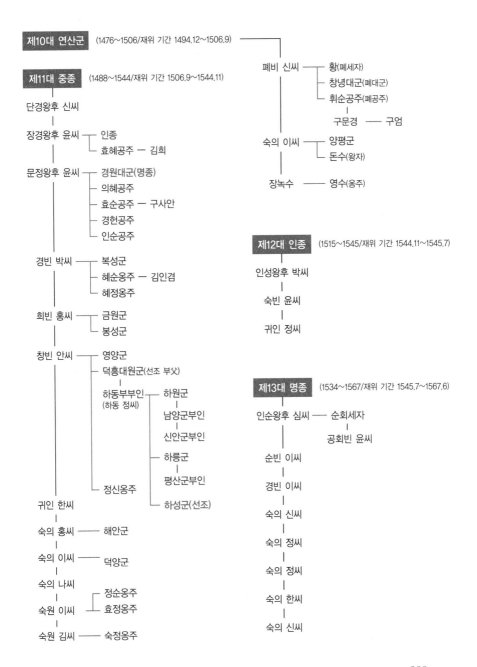

제10대 연산군 (1476~1506/재위 기간 1494.12~1506.9)

제11대 중종 (1488~1544/재위 기간 1506.9~1544.11)

단경왕후 신씨

장경왕후 윤씨 ─┬─ 인종
　　　　　　　└─ 효혜공주 ─ 김희

문정왕후 윤씨 ─┬─ 경원대군(명종)
　　　　　　　├─ 의혜공주
　　　　　　　├─ 효순공주 ─ 구사안
　　　　　　　├─ 경헌공주
　　　　　　　└─ 인순공주

경빈 박씨 ─┬─ 복성군
　　　　　├─ 혜순옹주 ─ 김인겸
　　　　　└─ 혜정옹주

희빈 홍씨 ─┬─ 금원군
　　　　　└─ 봉성군

창빈 안씨 ─┬─ 영양군
　　　　　├─ 덕흥대원군(선조 부父)
　　　　　│　　하동부부인 ─┬─ 하원군
　　　　　│　　(하동 정씨)　│
　　　　　│　　　　　　　　├─ 남양군부인
　　　　　│　　　　　　　　├─ 신안군부인
　　　　　│　　　　　　　　├─ 하릉군
　　　　　│　　　　　　　　│　　평산군부인
　　　　　├─ 정신옹주　　　└─ 하성군(선조)
귀인 한씨

숙의 홍씨 ─── 해안군

숙의 이씨 ─── 덕양군

숙의 나씨

숙원 이씨 ─┬─ 정순옹주
　　　　　└─ 효정옹주

숙원 김씨 ─── 숙정옹주

폐비 신씨 ─┬─ 황(폐세자)
　　　　　├─ 창녕대군(폐대군)
　　　　　└─ 휘순공주(폐공주)
　　　　　　　　│
　　　　　　　구문경 ─── 구엄

숙의 이씨 ─┬─ 양평군
　　　　　└─ 돈수(왕자)

장녹수 ─── 영수(옹주)

제12대 인종 (1515~1545/재위 기간 1544.11~1545.7)

인성왕후 박씨

숙빈 윤씨

귀인 정씨

제13대 명종 (1534~1567/재위 기간 1545.7~1567.6)

인순왕후 심씨 ─── 순회세자
　　　　　　　　　　│
　　　　　　　　공회빈 윤씨

순빈 이씨

경빈 이씨

숙의 신씨

숙의 정씨

숙의 정씨

숙의 한씨

숙의 신씨

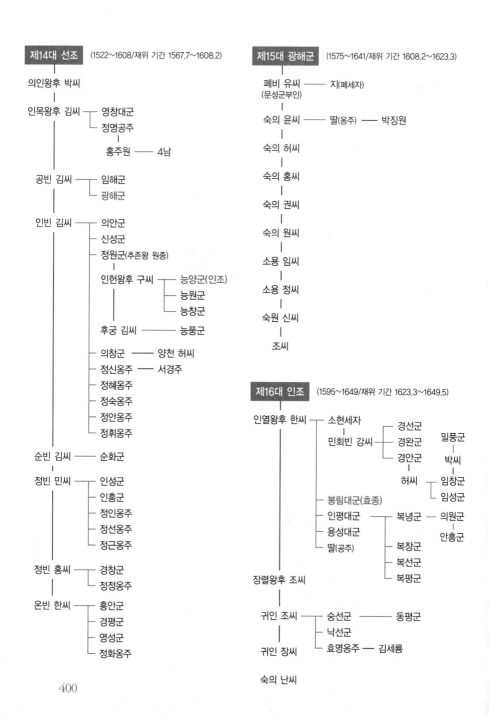

제14대 선조 (1522~1608/재위 기간 1567.7~1608.2)

의인왕후 박씨

인목왕후 김씨 ┬ 영창대군
　　　　　　└ 정명공주
　　　　　　　　│
　　　　　　　　홍주원 ── 4남

공빈 김씨 ┬ 임해군
　　　　　└ 광해군

인빈 김씨 ┬ 의안군
　　　　　├ 신성군
　　　　　├ 정원군(추존왕 원종)
　　　　　│
　　　　　├ 인헌왕후 구씨 ┬ 능양군(인조)
　　　　　│　　　　　　　├ 능원군
　　　　　│　　　　　　　└ 능창군
　　　　　│
　　　　　├ 후궁 김씨 ── 능풍군
　　　　　│
　　　　　├ 의창군 ── 양천 허씨
　　　　　├ 정신옹주 ── 서경주
　　　　　├ 정혜옹주
　　　　　├ 정숙옹주
　　　　　├ 정안옹주
　　　　　└ 정휘옹주

순빈 김씨 ── 순화군

정빈 민씨 ┬ 인성군
　　　　　├ 인흥군
　　　　　├ 정인옹주
　　　　　├ 정선옹주
　　　　　└ 정근옹주

정빈 홍씨 ┬ 경창군
　　　　　└ 정정옹주

온빈 한씨 ┬ 흥안군
　　　　　├ 경평군
　　　　　├ 영성군
　　　　　└ 정화옹주

제15대 광해군 (1575~1641/재위 기간 1608.2~1623.3)

폐비 유씨 ── 지(폐세자)
(문성군부인)

숙의 윤씨 ── 딸(옹주) ── 박징원

숙의 허씨

숙의 홍씨

숙의 권씨

숙의 원씨

소용 임씨

소용 정씨

숙원 신씨

조씨

제16대 인조 (1595~1649/재위 기간 1623.3~1649.5)

인열왕후 한씨 ┬ 소현세자
　　　　　　　├ 민회빈 강씨 ┬ 경선군
　　　　　　　│　　　　　　├ 경완군　　　밀풍군
　　　　　　　│　　　　　　└ 경안군　　　박씨
　　　　　　　│　　　　　　　허씨 ┬ 임창군
　　　　　　　│　　　　　　　　　└ 임성군
　　　　　　　├ 봉림대군(효종)
　　　　　　　├ 인평대군 ┬ 복녕군 ── 의원군
　　　　　　　├ 용성대군 │　　　　　　안흥군
　　　　　　　└ 딸(공주) ├ 복창군
　　　　　　　　　　　　　├ 복선군
　　　　　　　　　　　　　└ 복평군

장렬왕후 조씨

귀인 조씨 ┬ 숭선군 ── 동평군
　　　　　├ 낙선군
　　　　　└ 효명옹주 ── 김세룡

귀인 장씨

숙의 난씨

400

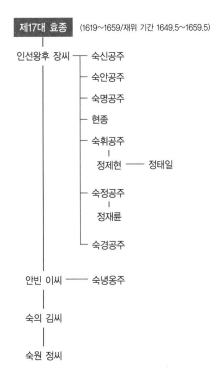

제17대 효종 (1619~1659/재위 기간 1649.5~1659.5)

인선왕후 장씨 ┬ 숙신공주
　　　　　　 ├ 숙안공주
　　　　　　 ├ 숙명공주
　　　　　　 ├ 현종
　　　　　　 ├ 숙휘공주
　　　　　　 │
　　　　　　 정제현 ── 정태일
　　　　　　 ├ 숙정공주
　　　　　　 │
　　　　　　 정재륜
　　　　　　 └ 숙경공주

안빈 이씨 ── 숙녕옹주
│
숙의 김씨
│
숙원 정씨

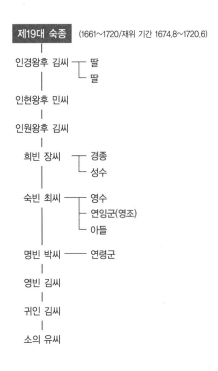

제19대 숙종 (1661~1720/재위 기간 1674.8~1720.6)

인경왕후 김씨 ┬ 딸
　　　　　　 └ 딸

인현왕후 민씨

인원왕후 김씨

희빈 장씨 ┬ 경종
　　　　　 └ 성수

숙빈 최씨 ┬ 영수
　　　　　 ├ 연잉군(영조)
　　　　　 └ 아들

명빈 박씨 ── 연령군
│
영빈 김씨
│
귀인 김씨
│
소의 유씨

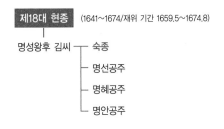

제18대 현종 (1641~1674/재위 기간 1659.5~1674.8)

명성왕후 김씨 ┬ 숙종
　　　　　　 ├ 명선공주
　　　　　　 ├ 명혜공주
　　　　　　 └ 명안공주

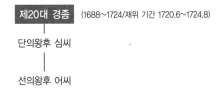

제20대 경종 (1688~1724/재위 기간 1720.6~1724.8)

단의왕후 심씨
│
선의왕후 어씨

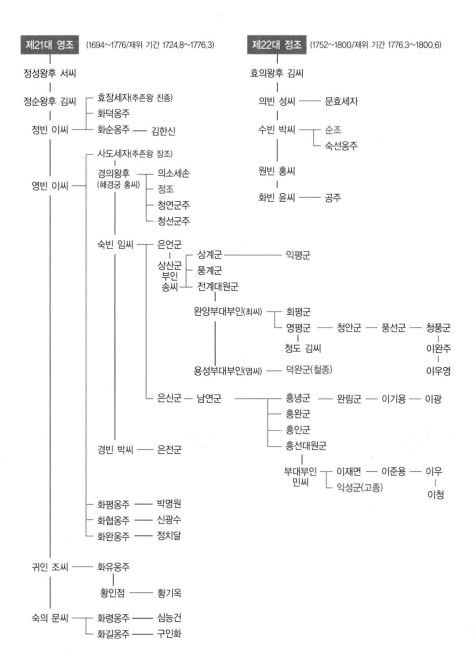

제21대 영조 (1694~1776/재위 기간 1724.8~1776.3)

정성왕후 서씨

정순왕후 김씨 ── 효장세자(추존왕 진종)
├ 화덕옹주
정빈 이씨 ── 화순옹주 ── 김한신

영빈 이씨 ── 사도세자(추존왕 장조)
경의왕후 ── 의소세손
(혜경궁 홍씨) ── 정조
├ 청연군주
└ 청선군주

숙빈 임씨 ── 은언군
상산군 ── 상계군 ── 익평군
부인 ── 풍계군
송씨 └ 전계대원군

완양부대부인(최씨) ── 회평군
└ 영평군 ── 청안군 ── 풍선군 ── 청풍군
청도 김씨 이완주
이우영
용성부대부인(염씨) ── 덕완군(철종)

은신군 ── 남연군 ── 흥녕군 ── 완림군 ── 이기용 ── 이광
├ 흥완군
├ 흥인군
└ 흥선대원군
부대부인 ── 이재면 ── 이준용 ── 이우
민씨 └ 익성군(고종) 이청

경빈 박씨 ── 은전군

화평옹주 ── 박명원
화협옹주 ── 신광수
화완옹주 ── 정치달

귀인 조씨 ── 화유옹주

황인점 ── 황기옥

숙의 문씨 ── 화령옹주 ── 심능건
└ 화길옹주 ── 구인화

제22대 정조 (1752~1800/재위 기간 1776.3~1800.6)

효의왕후 김씨

의빈 성씨 ── 문효세자

수빈 박씨 ── 순조
└ 숙선옹주

원빈 홍씨

화빈 윤씨 ── 공주

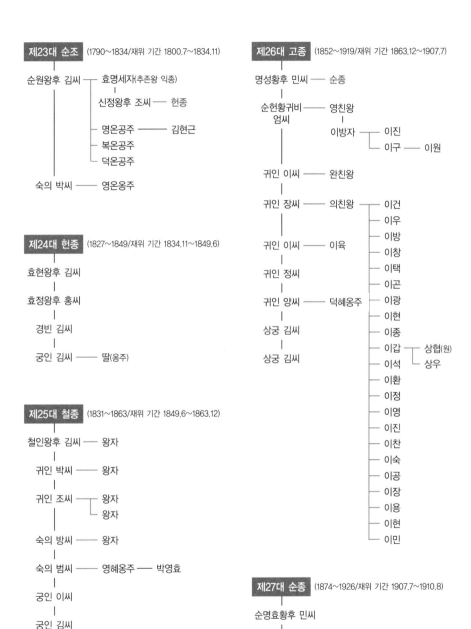

제23대 순조 (1790~1834/재위 기간 1800.7~1834.11)

순원왕후 김씨 ── 효명세자(추존왕 익종)

신정왕후 조씨 ── 헌종

명온공주 ──── 김현근
복온공주
덕온공주

숙의 박씨 ── 영온옹주

제24대 헌종 (1827~1849/재위 기간 1834.11~1849.6)

효현왕후 김씨

효정왕후 홍씨

경빈 김씨

궁인 김씨 ── 딸(옹주)

제25대 철종 (1831~1863/재위 기간 1849.6~1863.12)

철인왕후 김씨 ── 왕자

귀인 박씨 ── 왕자

귀인 조씨 ┬ 왕자
          └ 왕자

숙의 방씨 ── 왕자

숙의 범씨 ── 영혜옹주 ── 박영효

궁인 이씨

궁인 김씨

궁인 박씨

제26대 고종 (1852~1919/재위 기간 1863.12~1907.7)

명성황후 민씨 ── 순종

순헌황귀비 ── 영친왕
엄씨
            이방자 ┬ 이진
                   └ 이구 ── 이원

귀인 이씨 ── 완친왕

귀인 장씨 ── 의친왕 ┬ 이건
                   ├ 이우
귀인 이씨 ── 이육   ├ 이방
                   ├ 이창
귀인 정씨   ├ 이택
                   ├ 이곤
귀인 양씨 ── 덕혜옹주 ├ 이광
                   ├ 이현
상궁 김씨   ├ 이종
                   ├ 이갑 ┬ 상협(원)
상궁 김씨   ├ 이석 └ 상우
                   ├ 이환
                   ├ 이정
                   ├ 이영
                   ├ 이진
                   ├ 이찬
                   ├ 이숙
                   ├ 이공
                   ├ 이장
                   ├ 이용
                   ├ 이현
                   └ 이민

제27대 순종 (1874~1926/재위 기간 1907.7~1910.8)

순명효황후 민씨

순정효황후 윤씨

조선의 숨겨진 왕가 이야기

이순자 글·사진

발 행 일 초판 1쇄 2013년 2월 15일
        초판 2쇄 2013년 2월 22일
발 행 처 평단문화사
발 행 인 최석두

등록번호 제1-765호 / 등록일 1988년 7월 6일
주   소 서울시 마포구 서교동 480-9 에이스빌딩 3층
전화번호 (02)325-8144(代) FAX (02)325-8143
이 메 일 pyongdan@hanmail.net
I S B N 978-89-7343-375-9 03910

이 도서의 국립중앙도서관 출판시도서목록(CIP)은 e-CIP 홈페이지
(http://www.nl.go.kr/ecip)에서 이용하실 수 있습니다.
(CIP제어번호: CIP2013000274)

저희는 매출액의 2%를 불우이웃돕기에 사용하고 있습니다.